HUMANITIES AND SOCIETY

后形而上学思想

Jürgen Habermas

[德国] 于尔根·哈贝马斯 著　曹卫东 付德根 译

译林出版社

图书在版编目（CIP）数据
后形而上学思想／（德）哈贝马斯著；曹卫东，付德根译．—南京：
译林出版社，2012.4（2020.7重印）
（人文与社会译丛／刘东主编）
ISBN 978-7-5447-2862-1

I.①后… II.①哈… ②曹… ③付… III.①哲学理论－德国－现代
IV.①B516.59

中国版本图书馆 CIP 数据核字（2012）第 107446 号

著作权合同登记号　图字：10-2011-31 号

后形而上学思想 ［德国］哈贝马斯 ／ 著　曹卫东　付德根 ／ 译

责任编辑　李瑞华　王　蕾
装帧设计　胡　苨　黄　晨
责任印制　单　莉

原文出版　Suhrkamp, 1992
出版发行　译林出版社
地　　址　南京市湖南路 1 号 A 楼
邮　　箱　yilin@yilin.com
网　　址　www.yilin.com
市场热线　025-86633278
排　　版　南京展望文化发展有限公司
印　　刷　江苏凤凰扬州鑫华印刷有限公司
开　　本　880 毫米 × 1230 毫米 1/32
印　　张　8.75
插　　页　2
版　　次　2012 年 4 月第 1 版　2020 年 7 月第 6 次印刷
书　　号　ISBN 978-7-5447-2862-1
定　　价　58.00 元

主 编 的 话

刘 东

总算不负几年来的苦心——该为这套书写篇短序了。

此项翻译工程的缘起,先要追溯到自己内心的某些变化。虽说越来越惯于乡间的生活,每天只打一两通电话,但这种离群索居并不意味着我已修炼到了出家遁世的地步。毋宁说,坚守沉默少语的状态,倒是为了咬定问题不放,而且在当下的世道中,若还有哪路学说能引我出神,就不能只是玄妙得叫人着魔,还要有助于思入所属的社群。如此嘈嘈切切鼓荡难平的心气,或不免受了世事的恶刺激,不过也恰是这道底线,帮我部分摆脱了中西"精神分裂症"——至少我可以倚仗着中国文化的本根,去参验外缘的社会学说了,既然儒学作为一种本真的心向,正是要从对现世生活的终极肯定出发,把人间问题当成全部灵感的源头。

不宁惟是,这种从人文思入社会的诉求,还同国际学界的发展不期相合。擅长把捉非确定性问题的哲学,看来有点走出自我囿闭的低潮,而这又跟它把焦点对准了社会不无关系。现行通则的加速崩解和相互证伪,使得就算今后仍有普适的基准可言,也要有待于更加透辟的思力,正是在文明的此一根基处,批判的事业又有了用武之地。由此就决定了,尽管同在关注世俗的事务与规则,但跟既定框架内的策论不同,真正体现出人文关怀的社会学说,决不会是医头医脚式的小修小补,而必须以激进亢奋的姿态,去怀疑、颠覆和重估全部的价值预设。有意思的是,也许再没有哪个时代,会有这么多书生想要焕发制度智慧，这既凸显了文明的深层危机，又表达了超越的不竭潜力。

于是自然就想到翻译——把这些制度智慧引进汉语世界来。需要说明的是，尽管此类翻译向称严肃的学业，无论编者、译者还是读者，都会因其理论色彩和语言风格而备尝艰涩，但该工程却绝非寻常意义上的“纯学术”。此中辩谈的话题和学理，将会贴近我们的伦常日用，渗入我们的表象世界，改铸我们的公民文化，根本不容任何学院人垄断。同样，尽管这些选题大多分量厚重，且多为国外学府指定的必读书，也不必将其标榜为“新经典”。此类方生方成的思想实验，仍要应付尖刻的批判围攻，保持着知识创化时的紧张度，尚没有资格被当成享受保护的“老残遗产”。所以说白了：除非来此对话者早已功力尽失，这里就只有激活思想的马刺。

主持此类工程之烦难，足以让任何聪明人望而却步，大约也惟有愚钝如我者，才会在十年苦熬之余再作冯妇。然则晨钟暮鼓黄卷青灯中，毕竟尚有历代的高僧暗中相伴，他们和我声应气求，不甘心被宿命贬低为人类的亚种，遂把迻译工作当成了日常功课，要以艰难的咀嚼咬穿文化的篱笆。师法着这些先烈，当初酝酿这套丛书时，我曾在哈佛费正清中心放胆讲道：“在作者、编者和读者间初步形成的这种‘良性循环’景象，作为整个社会多元分化进程的缩影，偏巧正跟我们的国运连在一起，如果我们至少眼下尚无理由否认，今后中国历史的主要变因之一，仍然在于大陆知识阶层的一念之中，那么我们就总还有权想象，在孔老夫子的故乡，中华民族其实就靠这么写着读着，而默默修持着自己的心念，而默默挑战着自身的极限！”惟愿认同此道者日众，则华夏一族虽历经劫难，终不致因我辈而沦为文化小国。

一九九九年六月于京郊溪翁庄

目　　录

前　言

本书收集了我两年来所撰写的哲学论文,编排是按照时间顺序进行的。当然,从这种随意的编排当中,也可以看出它们之间的内在联系。

前三篇论文是对近来要求回归形而上学思想的思潮所作出的反应。文章坚持一种带有怀疑色彩,但并不悲观失望的理性概念。第二编中的论文所讨论的是语言分析中的实用主义转型。它们的写作风格和前面的有所不同;它们在当代意义理论和行为理论语境中对交往理性概念进行阐明;其中有重叠的地方,虽说显得多余,但我没有把它们删除。第七篇论文从一个比较外围的角度讨论了和前面三篇相同的主题,而且是结合当前占统治地位的理性批判的语境主义变体来展开讨论。最后两篇论文从这种论证结构中清理出了两条线索,并且加以发挥:一条是个体的不可言说问题,另一条是,尽管本质上具有修辞特征,哲学文本为何没有融入文学范畴?

哈贝马斯
1988 年 2 月于法兰克福

第一编　回归形而上学?

第一章　移动的现代视界

二十世纪哲学究竟在何种程度上堪称现代哲学?

看起来这似乎是一个非常幼稚的问题,其实不然。早在本世纪之初,哲学思想不就出现了同绘画转向抽象、音乐由八音度转变为十二音度以及文学打破了传统叙事结构一样的发展断层吗? 如果像哲学这样一桩在很大程度上受益于古典文化及其复兴的事业果真能够面向由于革新、试验和加速发展而永远处于变动状态的现代精神,那么,人们或许就可以进一步提出这样的问题:哲学是否也会像当代建筑一样面临着现代的老化问题?(作为后现代建筑的)当代建筑以一种温和的挑战姿态重新使用那些已经成为历史或被抛弃的装饰物,那么,哲学与这种后现代建筑之间有无相似之处呢?

至少在术语上有类似的地方。当代哲学家也在庆贺他们告别了现代(步入后现代)。他们中有些人自称后分析哲学家,另一些人则自封为后结构主义者或后马克思主义者。现象学家由于尚未达到他们的“后主义”(Postismus),因而险些不被信任。

1　四种哲学思潮

柏拉图主义和亚里士多德主义,甚至理性主义和经验主义,都已有若干世纪的历史。今天,各种思潮日新月异。哲学思潮

说到底是一种效果史现象。它们遮蔽了学院哲学的永恒发展过程。学院哲学的变化周期比较漫长，因而与问题和学派的不断
11 更迭形成鲜明的对比。尽管如此，由于学院哲学提出了其问题，并且产生了广泛的影响，因此，它在本世纪也形成了四种思潮，分别是分析哲学、现象学、西方马克思主义和结构主义。这四种思潮之间差别很大，我们只要深入考察一下，立刻就会发现这一点。不过，它们到底还是一条思想大河中的四种各具特色的思想体系。黑格尔称哲学思想为“精神形态”(Gestalten des Geistes)，这一说法非常贴切。因为一种独特的精神形态一旦被认可了其独特性和命名，就已经偏离了其原旨，也就注定要走向消亡。就此而言，“后主义”并非一味地见风使舵；作为时代精神的测量仪，我们倒是应当认真对待这种“后主义”。

上述四种思潮在形式、结构和影响等方面都有着相当大的差别。尤其是现象学和分析哲学在学科内部留下了十分深刻的印迹。它们早已有了自己的史家和标准像。个别著作已经称得上是经典文献：分析哲学方面有摩尔的《伦理学原理》，罗素和怀特海的《数学原理》，现象学方面则有胡塞尔的《逻辑研究》。维特根斯坦的《逻辑哲学论》和《哲学研究》之间，海德格尔的《存在与时间》和《关于人道主义的通信》之间，都有着一定的不同，这表明(他们各自的哲学都发生了)某种转向。此外，这两种思潮内部也发生了分化。语言分析分为科学论和日常语言论。现象学则在人类学方向上拓展，并沿着本体论方向深化，接着双管齐下，吸收了存在主义的现实性。继法国最后一批具有创造性的代表人物如萨特、梅洛-庞蒂之后，现象学似乎已经四分五裂，相反，分析哲学却在第二次世界大战之后的几十年里独步一时，时至今日，由于有了奎因和戴维森，分析哲学依然占据着垄断地位。

各种力量的空前集中，看来已经完全从内部决定了这种为
规范的自我批判所左右，并根据自身的问题不断进行自我调整
的(分析哲学)传统的走向。分析哲学传统最终在库恩那里形成
一种后经验主义科学哲学的历史主义，在罗蒂那里则形成一种
后分析语言哲学的语境主义。而且，正是在这种自我扬弃中，分 12
析哲学取得了丰硕的成果，进而促使语言分析继续决定着这一
领域的阐释水准。

结构主义和后马克思主义代表了另外一种截然不同的思想类型。结构主义是由外界(索绪尔的语言学和皮亚杰的心理学)促成的，西方马克思主义(卢卡奇、布洛赫和葛兰西)则继承了黑格尔主义传统，把马克思的思想从政治经济学恢复成反思哲学。但是，早在社会理论温床上的思辨思想萌芽之前，上述这两种思潮就在各种精神科学和社会科学中为自己铺平了道路。

早在本世纪二十年代，西方马克思主义就已经开始与弗洛
伊德的元心理学联姻，并因此而激发流亡纽约的法兰克福社会
研究所出版了许多跨学科的研究成果。在这方面，西方马克思
主义同经过巴什拉的科学批判、列维-斯特劳斯的人类学、拉康
的精神分析理论而迅速发展起来的结构主义之间有着诸多相似
之处。然而当马克思主义社会理论在阿多诺的否定辩证法中恢
复成一种纯粹哲学时，结构主义才通过本想对它加以克服的福
科和德里达等人刚刚进入哲学思想的领域。由此可见，这些哲
学思潮告别现代的形式是截然不同的。在西方马克思主义尚未
丧失活力的领域里，其理论生产的社会科学特征和专业哲学特
征越来越明显；与此同时，后结构主义今天看来似乎已经成为一
种被尼采推向极端的理性批判。分析哲学不断自我扬弃，现象
学则在自行消解，结果就是科学化和世界观化。 13

2 现代思想的主题

上述四种思潮是本世纪所特有的。这样讲是不是就意味着我们的概述不只是对它们作简单的编年排列呢？它们是现代所特有的思想吗？如果是,那么,远离它们是否就意味着告别现代呢？

二十世纪哲学从十九世纪兴起的后亚里士多德逻辑学和弗雷格的语义学那里借用了新的表现工具和分析工具,这点引起了人们的高度重视。但是网罗一切思潮的特殊的现代因素与其说是方法,不如说是思想主题。四种现代思想主题标志着现代与传统的决裂。概括地说,这四种现代思想主题是:后形而上学思想,语言学转向,理性的定位,以及理论优于实践的关系的颠倒——或者说是对逻各斯中心主义的克服。

经验科学已经获得了一种自足自律的地位,这点实际上已不足为奇——从实证主义角度对经验科学的自主性加以弘扬也不再新鲜。但即使是尼采,在他对柏拉图主义的拒斥中,也仍然离不开强大的传统理论概念,及其对总体性的把握,和对通往真理的特殊途径的诉求。只有在一种平和的后形而上学思想的前提下,这种强大的理论概念才会瓦解——这种理论概念不仅要把握人类世界,而且要从内部结构上掌握自然界。科学活动的程序合理性依然决定着命题的真伪。由于这种反形而上学的情绪,维也纳学派的逻辑经验主义者想确定一种能够彻底划清科学和形而上学界限的意义范畴也就注定徒劳无益。不仅如此,早期胡塞尔和青年霍克海默以及后来的结构主义者都用各自不同的方式使哲学思想承认科学的示范地位。今天人们对于什么
14 是科学持一种比较宽容的态度。

从意识哲学向语言哲学的范式转换，导致了一场同样深刻的变革。语言符号先前一直被认为是精神表现的工具和附件，然而，符号意义的中间领域现在展现了其特有的尊严。语言与世界以及命题与事态之间的关系取代了主客体关系。建构世界的重任从先验主体性头上转移到语法结构身上。语言学家的重建工作代替了难以检验的反思。由于连接符号、构成命题和作出表达等所遵守的规则可以从作为先验之物的语言结构中推导出来，所以，不仅分析哲学和结构主义创立了一种崭新的方法论基础，胡塞尔的意义理论和形式语义学之间也建立起了联系，甚至批判理论最终也未能摆脱语言学转向。

此外，本体论意义上的现象学以终极性、时间性和历史性的名义剥夺了理性的古典属性。先验意识应当在生活世界的实践中把自己呈现出来，并在历史形态中使自己丰富起来。人类学意义上的现象学则把肉体、行为和语言作为其他的表现媒介而补充了进去。维特根斯坦的语言游戏语法、伽达默尔的效果历史中的传统语境、列维-斯特劳斯的深层结构以及黑格尔派马克思主义者的历史总体性等，都试图把偶像化的抽象理性重新放回到其语境当中，并把理性定位在它所特有的活动范围内。

把马克思主义思想推向极端最终颠覆了理论与实践之间的
古典关系。但无论是从皮尔斯到米德和杜威的实用主义，皮亚 15
杰的成长心理学或维果斯基的语言理论，还是舍勒的知识社会
学和胡塞尔对生活世界的分析，都充分证明了我们的认识能力
深深地扎根在前科学的实践以及我们与人和物的交往中。这样
也就澄清了实践哲学在现象学和(从早期马尔库塞和后期萨特
以来的)马克思主义之间所建立的盘根错节关系。

3　认识与偏见

撇开学派间的壁垒不论，后形而上学思想、语言学转向、理性的定位以及逻各斯中心主义的克服等思想主题，都属于二十世纪哲学研究最重要的原动力。当然，它们所带来的不仅是新的认识，同样也有新的偏见。

比如说，科学的方法论蓝本尽管使哲学发展成为一门没有认识特权的专业学科，但另一方面，它也培植起一种科学主义(Szientismus)，从而不仅把对哲学思想的表述提高到一个更加严格的分析高度，而且也树立起许多惊人的科学理想——不管是像物理学和神经生理学这样的学科，还是像行为主义这样的方法论。

语言学转向进一步把哲学研究放到了一个更加可靠的方法论基础上，并将它带出了意识理论的困境。但在此过程中也形成了一种本体论的语言观，使语言阐释世界的功能相对独立于内在的学习过程，并把语言图景的变换神化为一种充满诗意的原始事件(Ursprungsgeschehen)。

怀疑论的理性概念使哲学彻底醒悟过来，并且同时明确了哲学作为理性保护神的角色。但是，从另一个角度看，一种彻底的理性批判也流行开来，不仅反对知性膨胀成为工具理性，而且把理性与压制(Repression)彻底等同起来，目的是为了从某个他
16 者那里寻求一种宿命论或怀疑论的出路。

澄清理论与实践之间的关系，最终使哲学思想没有沾染上独立的幻想，并且使哲学开阔了眼界，认识到了诸多超出断言范围的有效性要求。然而，这也使得许多人陷入了唯生产力论，实践被还原成劳动，由符号构成的生活世界、交往行为以及话语之

间的多重关系被遮蔽了。

当前,在一种已经越来越模糊的情境中,许多新的聚合却日益明确。但是,围绕那些永恒主题所展开的争论一如既往,诸如有关多元声音中理性同一性的争论,有关科学复调中哲学思想的地位的争论,有关内行与外行(Esoterik und Exoterik)的争论,有关专门科学与启蒙的争论,最终还有关于哲学与文学之间界限的争论等等。此外,十多年来席卷整个西方世界的复辟浪潮,也使一个自始至终伴随着现代性的主题浮上岸来,这就是又一次改头换面的形而上学的模仿实质。 17

第二章　康德之后的形而上学

迪特·亨利希大仁大义，把我的一篇评论文章① 作为契机，展开一场带有元批判性质的讨论，旨在袒露其哲学研究的宏旨。他就“何谓形而上学——何谓现代性？”② 所提出的这十二条论纲，简明扼要地提供了一种对抗规则，对此，我在这里不可能如法炮制，一一做出答复。我的论述不如说具有一种对哲学研究这一公众事业及其主题作前理解的特征。这篇文章不光是要把争论的细节阐述清楚，也要提供一个机会，使我们能够弄懂这位杰出同仁的思想动机——本着友好的态度，怀着敬重和仰慕，去审视其思路，并把它作为一面镜子，以便更好地把握自身的思想动机。

近年来，迪特·亨利希比以前更加坚定不移地做康德之后一直还在坚持的形而上学的卫道士。这种形而上学始于康德和费希特的自我意识理论，后来又吸纳了由黑格尔的现象学、荷尔德林的颂歌以及贝多芬的交响曲所构成的三重奏。亨利希高举后

---

① 哈贝马斯：《回归形而上学——德国哲学中的一种趋势》(Rückkehr zur Metaphysik—Eine Tendenz in der deutschen Philosophie)，载：《水星》(Merkur)，1985，第 439/440 期，第 898 页及下两页。亦可参阅本书附录。

② 亨利希：《何谓形而上学——何谓现代性？反对哈贝马斯的论纲》(Was ist Metaphysik—Was Moderne? Thesen gegen Jürgen Habermas)，载：《概念》(Konzepte)，Frankfurt am Main，1978，第 11—43 页。

康德形而上学的大旗，对抗当代盎格鲁-撒克逊思想中的自然主义背景哲学——事实上就是要在分析唯物主义面前证明其有效性。亨利希的这一抉择开辟了一条新思路，它要求把认知和行为主体的自我关系与自我理解作为出发点。主体应当回到作为自我解释的标准视界，并且具有建构世界功能的主体性那里，而不必根据偶然的事和物所构成的世界来理解自身。 18

因此，形而上学、对自然主义的拒绝以及回归主体性也就构成了亨利希哲学研究的主题。亨利希研究哲学从来不隐讳其关怀对象：

> 自我通过对自身正确性标准的考察，来为它的存在操心。最终，自我或许能够替其自身的可能性找到内在原因，使自我不会像面对自然那样感到陌生和无关痛痒，因为在自然面前它必须尽量捍卫自身。①

亨利希这段话忽视了“自身可能性的内在原因”应当满足的条件。亨利希难道是一开始就对这些条件作了限制，以至于最终只有和物质相对并从内在渗透到自然当中的精神，亦即无论如何都能在柏拉图传统中加以理解的精神，作为合适的选择对象尚在考虑之列？不管怎样，亨利希都认为，现代意识的地位不是由纯粹的自我捍卫的偶在性决定的，而是取决于怎样捍卫一种有意识的、创新自适的生活。但是，如果这种有意识的生活只有借助形而上学手段才能醒悟过来，那么形而上学和现代性之

---

① 亨利希：《现代哲学的基本结构》(Die Grundstruktur der modernen Philosophie)，附录：《论自我意识和自我捍卫》(Über Selbstbewußtsein und Selbsterhaltung)，载艾柏林编：《主体性与自我捍卫》(Subjektivität und Selbsterhaltung)，Frankfurt am Main，1976，第 114 页。

间便保持着一种内在联系。亨利希的《论纲》所讨论的就是这种联系。

亨利希在研究过程中把恢复(形而上学与现代性之间的)这种联系同那种回归形而上学的做法区别了开来。回归形而上学遭到了似乎只会惹是生非的现代性的拒绝。此外,亨利希还和“出于同样动机”要求“克服形而上学”的做法划清界限。亨利希完全有理由反对(把他和上述两种做法)混为一谈。就此而言,我觉得我和他在基本信念上还是比较接近的。这里指的是具有深远意义、包括政治意义的思想抉择问题。在自我意识、自我决定以及自我实现的旗帜下,现代性的规范内涵释放了出来,但
19 是,决不能把它和自我捍卫或自我支配的盲目主体性等同起来。

谁如果把它们混为一谈,则不是强调前者就是偏袒后者,从而要么彻底丧失现代性的规范内涵,要么回过头用资产阶级意识形态的认知-工具遗产(尽管它需要加以补充)来界定现代性的规范内涵。黑格尔认为,即使人们根据其思想的政治意义来评价哲学家,哲学家也不应感到愤慨。亨利希并不属于反对“1789 年理念”(人们在宽松时代才敢这么称呼)的伟大同盟。在该同盟里,诸如列奥·斯特劳斯、海德格尔以及阿诺德·盖伦这样彼此差殊极其明显的宏儒大哲并肩作战。即便是从卡尔·施密特到列奥·施特劳斯所选择的这样一条看上去似非而是的路子,到了我们这一代业已变得可能。之所以如此,是由于人们把现代理性和工具理性等同起来,这种等同意味着告别(现代性)。亨利希坚决反对这样做,并且振振有辞;固然,他也会对我关于表面上纯粹的哲学思想却包含着丰富的政治内涵的尖锐观点有所保留。因此,尽管亨利希代表的是整个同盟,但我们还是必须就其方案本身进行讨论。我将根据形而上学、反自然主义和主体性理论这三个关键词语来逐步展开我的问题。

1

把科学史上的范式概念应用到哲学史上，并根据“存在”、“意识”和“语言”对哲学史进行大致分期，这样做已不足为奇了。根据施奈德巴赫和图根哈特[1]，可以相应地区分出三种思维方式，即本体论、反思哲学和语言学分析。尽管柏拉图和亚里士多德之间矛盾重重，但是，随着巴门尼德而产生的形而上学思想一般都把存在者的存在问题作为出发点——因此，这是一种本体 20
论意义上的形而上学思想。真知追求的永远都是普遍性、永恒性和必然性。无论是以数学为摹本，把真知理解为直观和回忆，还是以逻辑学为摹本，把真知看作沉思和话语，认识所把握的都是存在者自身的结构。众所周知，本体论思想转向唯灵论(Mentalismus)，主要是由对存在先于思想的怀疑以及对方法问题的具体反思所促成的。认知主体的自我关涉打开了通往表象领域的大门，而表象领域是内在的、固有的，它属于我们所有人，并领先于所表现的客观世界。形而上学最初是关于普遍性、永恒性和必然性的科学；它只有在意识理论中还能找到等价物，而这种意识理论从先验的角度阐明普遍综合判断的客观性所必需的主观条件。

我们如果就这样来确定形而上学一词，那么，在现代反思哲学前提下可以说不存在什么严格意义上的形而上学思想。有的顶多只是经意识哲学改造之后的形而上学问题。这样我们就可以解释康德对待形而上学的暧昧立场，以及他的理性批判对形

---

① 图根哈特、沃尔夫：《逻辑学-语义学概论》(Logisch-semantische Propädeutik)，Stuttgart，1983，第7页及下两页。

而上学这个概念的意义的改变。另一方面，我们也可以像亨利希那样坚持用“形而上学”一词来指称对形而上学问题，或有关人和世界的整体性的问题所作的任何一种探讨。这么做同样不无道理。原因在于无论莱布尼茨或斯宾诺莎或谢林，他们的方案丝毫没有越出自柏拉图和亚里士多德即开始构建的庞大体系所形成的传统，康德的两个王国的学说就更不必说了。在海德格尔看来，连尼采都是一位形而上学思想家，因为他是一位处于主体性原则支配之下的现代思想家。这样光围绕概念名词争论不休并没有什么实际意义。那么，真正的争论焦点又是什么呢？

哲学的重建使命无可非议——亨利希称之为对“智性的基
21 本活动方式的阐明”。在重建过程中，我们不仅要考虑到(对象明确的)自然(知识)的形而上学和道德的形而上学这两个蓝本，也要充分注意到康德把理性分为客观认识潜能、道德认识潜能以及审美判断潜能这样一种建筑术。具有言语行为能力的主体所具备的一切类潜能，经过合理重建，确切地说是诉诸我们在已经取得成效的生产过程中直接获得的知识，都可以充分地发挥出来。从这个角度来讲，哲学活动是科学活动的延续。除了追问普遍性之外，哲学并不高出个别科学一筹，当然也不永远具有掌握真理的特权。尽管数列的自然结构的确“无可置疑”，“但事实上任何一种数论都难免会出错”(亨利希，《论纲2》)。代数学的前提完全适用于伦理学。

因此，除了细枝末节问题外，在哲学的理论作用上我们的意见不会有深刻的分歧。相反，哲学在探究所有生活实践时所发挥的严格意义上的启蒙作用才是争论的焦点。[①] 我在其他地方

---

① 施耐德巴赫：《哲学》(Philosophie)，载玛腾斯、施耐德巴赫编：《哲学基础教程》(Grundkurs Philosophie)，Hamburg，1985，第46—76页。

已经把哲学作为“解释者”(Interpret)和作为“示范者”(Platzhalter)所发挥的不同作用区别了开来。[①] 这里的争论涉及到的是康德所说的“不容回避”的问题。从一定意义上讲,这些问题是自发产生的,并希望获得标准答案。哲学应当促成一种“有意识”的生活,它在反思的自我理解中得以澄明,并在一种非严格意义上得到“把握”。就此而言,哲学思想的使命始终都在于对传统做出回应,也就是说,要通过对尚能使现代性的子女们深信 22
不疑的东西的不断深入细致的观察,来掌握高级文化中发展起来的宗教学神圣知识和宇宙学世俗知识。在康德之后“形而上学”是否还有可能这种口舌之争背后,隐藏着的实际上是围绕通过批判能够领会的那些古老真理的存在时间和有效范围所展开的争论,以及有关古老真理在被批判领会过程中发生意义转化的方式方法的争论。

如果我们想从发生学的角度来讨论这个范围内的问题,就不如谈谈形而上学问题和宗教问题,这样会清楚一些。因此,我并不认为我们欧洲人无需领会犹太教-基督教起源的救世史实质,就能完全理解道德和习俗、人格和个体、自由和解放等概念——尽管它们或许比柏拉图思想中围绕秩序和理念直观所形成的众多概念更为我们所关注。其他人从另外的传统出发来探询这些结构我们的自我理解的概念的丰富内涵。但是,如果没有社会化的中介,对世界上任何一种伟大的宗教不从哲学的角度加以转化,那么,这种语义学潜能总有一天会变得无从识得;每一代人都必须对这种语义学潜能重新加以阐释,才能保证留

① 哈贝马斯:《哲学作为示范者和解释者》(Die Philosophie Als Phatzhalter und Interpret),载:《道德意识与交往行为》(Moralbewußtsein und kommunikatives Handeln),Frankfurt am Main,1983,第 9 页及下两页。

存下来的主体间共享的自我理解不会衰变。有了这种自我理解，人与人之间才能交流。捍卫和阐明这样一种人性——不是通过直接的介入，而是通过间接的理论努力——无疑是哲学家所肩负的一项义不容辞的使命，他们这样做，当然不会被扣上“意义传递者”（Sinnvermittler）这样一顶不太雅观的帽子。

但在德国，“意义传递者”与其说指的是那些一直拥护形而上学的人，不如说是指那些和早期霍克海默一样坚持批判形而上学的人，因为他们认为，唯心主义的基本概念过分轻松地把卑
23 微生活处境中的具体烦恼给掩饰过去了。怀疑主义是有其道理的。[1] 由于意识形态批判和理性批判总是不断地揭示出形而上学和蒙昧主义之间古老联盟的最新翻版，因此，霍克海默所提出的对策是很有说服力的。为了捍卫伟大哲学思想的那些概念母题，霍克海默把它们移植到了一种具有跨学科性质的社会理论的基本概念中，从而形成了新的视角。当然，马克思主义的历史哲学还没有经受批判，霍克海默试图在这种哲学的框架中进行这种改造。但是这并不会使唯物主义怀疑论的理由贬值，这种怀疑论针对的是热情洋溢的思想的意识形态误用；它也不会使正确的直觉贬值，这种直觉指的是哲学丧失了它相对于科学的自律性，它必须与之合作。科学或者说示范科学，如对其他经验科学具有规范作用的物理学和神经生理学，是一种深受哲学家青睐的虚构，仅此而已。在高度分化并充满张力的范围内，哲学和各种科学之间存在着不同水平上的亲和关系，其中，有些或多或少依赖于哲学思想，其余的则多多少少可以接受这种思辨的

---

[1] 布隆克霍斯特：《运气的辩证实证主义》（Dialektischer Positivismus des Glücks），载：《哲学研究杂志》（Z. f. philos. Forschung），1985，第39期，第353页及下两页。

提升。当哲学从科学体系中走了出来,通过回答那些必然会遇到的问题,对虽充满确然性却并不十分透明的生活世界进行启蒙时,哲学已不再控制它自身的各个细节了。

我们暂且把生活世界这个概念放到一边,因为我在许多地方已对它作过阐述。[①] 我想如果能认识到个体的生活历史和主体间的生活方式共同构成了生活世界,并在其整体结构中占有一席之地,这就足够了。我们生活历史的视野及我们先天就置身其中的生活方式,构成了一种我们所熟悉的透明整体;但我们 24
只是在反思之前对它熟悉,一旦进入反思,立刻便会觉得陌生。无论从哪个角度看,生活世界的这种整体性都既不言而喻又有待确证,同时也是一种陌生的存在,其中有许多值得重视的问题,如"人是什么"等。因此,生活世界是对我们再熟悉不过的整个世界的基础加以追问的自然源头。由此,哲学的基本问题才和整体发生了关系,并获得了整合和终极的特征。正如康德所说,只有沿着自我关涉(因而也是二律背反)的思路,才能穷尽哲学的基本问题。[②]

但解答这些问题的可能性也受到了生活世界自身不断变化的影响。就在快要进入现代之际,文化通过自我理解所取得的各种成就,还结合在各种同生活世界的整个视界有着相同结构的解释系统中。紧紧围绕着"我"和"我们"、此时和此地而直接建立起来的生活世界(其统一性难免会具有假定色彩),直到那时还表现为神话叙事、宗教教义和形而上学解释所构成的统一

① 哈贝马斯:《交往行为理论》(Theorie des kommunikativen Handelns),Frankfurt am Main, 1981,第2卷,第182—239页;以及《现代性的哲学话语》(Der philos. Diskurs der Moderne),Frankfurt am Main, 1985,第376页及下两页。

② 库仑卡姆普夫:《二律背反与辩证法》(Antinomie und Dialektk),stuttgart, 1970。

整体。但是,形而上学的解释形式在现代失去了其价值,并发生了变化,尽管它们还替理论保存着原始神话所具有的统一力量:宗教和形而上学的基本概念所依赖的整个价值体系,随着科学、道德和法律等专家文化的兴起以及艺术走向自律而崩溃了。康德的三大“批判”是对不同的理性区域彼此独立所做出的一种反应。针对客观知识、道德实践认识以及审美判断的论证形式,在十八世纪就已经分道扬镳,并且在无疑能够自行确定其有效性
25 标准的机制范围内各行其是。如今,哲学可以用谱系学、回忆、存在的澄明、哲学信仰、解构等名义建立起特有的有效性标准,但它得付出代价,把自己限制在已经达到的分化和论证水平上,换言之,哲学必须放弃其信仰地位。哲学所剩下的以及力所能及的就是通过解释把专家知识和需要探讨的日常实践沟通起来。哲学剩下的就是通过阐释来推动生活世界的自我理解进程。这个进程和整体性密切相关,同时又必须借助于专家文化的客观化、道德化和审美化的干预,使生活世界避免过分异化。

今天,哲学阐明正常人的知性所依据的有效性标准,已超出了哲学自身的管辖范围。哲学必须在不由它自主的理性条件下从事活动。所以,相对于科学、道德和艺术而言,作为解释者的哲学不可能再具有认识本质的特权,拥有的最多只是可能会出错的知识。哲学必须放弃其传统形式,即作为一种干预社会化过程的学说,而保留其纯理论。最终,哲学也无法再根据价值的高低,把不同生活方式的复合总体性加以等级化;哲学只能把握生活世界的一般结构。从上述三个意义上说,康德之后,不可能还有什么“终极性”和“整合性”的形而上学思想。①

---

① 参阅亨利希:《逃避路线》(Fluchtlinien),Frankfurt am Main,1982 年,第 99 页及下两页。

2

亨利希坚持认为，哲学思想说到底为一种二元论所决定，它
表现为两种“基本”理论，即有关物质和精神的一般理论。这样
一种观点，除了亨利希之外，我们还在辩证唯物主义那里碰到
过。这种把唯物主义和唯心主义截然对立起来的做法在现代思
想中占据着主导地位。不可否认，在有关心和身的广泛讨论中， 26
古代关于被认知的事物(res cogitans)和客观的事物(res exten-
sa)究竟孰先孰后的争论依然激动人心。特别是在盎格鲁-撒克
逊世界，一种笛卡尔式的本体论前提仍然在不断地发挥作用，尽
管存在着一种源于黑格尔的实用主义。[①] 在这样的前提下，认
知或行为主体同作为一切客体以及事实之总和的世界完全处于
对立状态；与此同时，主体也必须把自己理解为世界中众多客体
(以及众多事实)中的一员。要么是从经验主义角度把主体的这
种双重地位解释成“一与众或众中之一”，从休谟到奎因都是这
样，不是从表象论就是从语言分析的角度对主体加以描述；要么
是像亨利希这样从先验哲学出发把它理解为主体性的基本境
况。在理论结构中，要么是主体在内部世界中的地位居先，要么
是主体超越世界的地位得势。主体不是从自然主义角度根据他
所认可的世界进程对自身加以理解，就是一开始就躲开这种自
我客观化的过程，为此，他从唯心主义角度把表现在反思中的、
既在世界之内又在世界之外的状况说成是有意识的生活的基本
现象。不管如何，争论双方在这个问题上的意见是一致的。亨

① 比瑞编：《精神的分析哲学》(Analytische Philosophie des Geistes)，Meisenheim，1981。

利希的目的是想恢复其意义。因为这样一种本体论前提的终结,也就意味着亨利希所说的自然主义和形而上学之间的抉择的终结。

亨利希认为,只要不把笛卡尔关于精神和肉体截然对立的语言游戏当回事,就可以摆脱自然主义问题所带来的压力。对此我不敢苟同。首先应当检验的是,那些摆脱了笛卡尔语言游戏的人是否有充足的理由用“语言”、“行为”或“肉体”来“体现”
27 先验意识,并把理性“固定”在社会和历史中,所有这些尝试在历史上都留下了十分可观的论证潜力。无论是从洪堡经弗雷格到维特根斯坦,或经狄尔泰到伽达默尔;还是从皮尔斯经米德到盖伦,以及从费尔巴哈经普莱斯纳到海洛-庞蒂,都做出了充分的论证。所有这些尝试都不应该落入现象学人类学的死胡同。但它们有可能对本体论先见进行一次深刻的修正,如从语用学的角度克服逻各斯中心主义传统,因为它在本体论上局限于追问存在者的存在,在认识论上只关注客观认识的条件,在语义学上仅看重断言命题的真值效果。沿着语用学这条路,我们可以揭开变得更加复杂的世界的面纱,并彻底抛弃传统的心-身问题所必须依靠的前提。[①]

其次应当考虑到,自然主义问题所带来的压力并不会因此就彻底消失。对于从先验问题出发却并不坚持把概念同现象彻底分开的理论而言,这种压力不过是改头换面了一番而已。它们必须就康德怎样才能同达尔文达成一致的问题做出答复。在我看来,自马克思以来,现代性的规范内涵显然只有在唯物主义的前提下才能获得确定并保持下来。“自在的自然”和客观自然并不是一回事。马克思想勾画出理智之人(homo sapiens)的社

① 哈贝马斯:《交往行为理论》,第 1 卷,第 115—151 页。

会文化生活方式的发生过程，这种生活方式虽然超越了物理对象意义上的自在的自然，但可以说开始把一部分的客观自然一同考虑进去了。这样一种自然主义不一定就伴随着文化、社会和个体的客观主义自我描述。作为具有言语和行为能力的主 28
体，在一切科学之前我们就具有了进入由符号构成的生活世界以及社会个体的劳动结果和创造潜能的内在途径。我从来都不明白，我们在科学中为何总是局限于我们进入自然所具备的外在途径，人为地把我们同我们的前理论知识分离开来，并从生活世界中疏离出来——即使我们能够这样做。耗子心理学只有针对耗子才有效。但总体而言，自然主义决不强迫主体从自然主义的角度进行陌生化的自我描述。主体如果想在他自己的世界里辨认出自我，根本不必固执于一种适合描述事物的语言的语法，或相应的理论语言的语法。

在我看来，语言行为主义也属于这样一种还原主义的理论结构。从莫里斯到奎因而逐步建立起来的语言理论给人的印象十分深刻，其自然主义并不源于语言分析方法，而源于经验主义本体论的前提。从意识哲学向语言分析的转型决不是这条路线的先决条件，表明这一点的有洪堡思想中的语言哲学雏形，皮尔斯的符号学，以及语言学转向对语义学（弗雷格）和早期逻辑经验主义科学理论中的心理主义所具有的批判意义。事实上，分析唯物主义从未给我留下什么特别的印象。原因正在于它是一种形而上学立场，我所说的这一立场，在有效范围内普遍坚持用科学手段贯彻一条抽象的纲领。这种一举确立起一种人类的客观主义自我理解的企图，实际上在科学主义背景假设上才能成功，它认为自然科学（以现代物理学为核心）完全称得上是一切可以接受的知识的范式和最高权威。尽管如此，它们并不是要从物理学、生物化学、神经生理学或社会生物学角度对众所周知

29 的社会科学事实和历史事实进行还原，相反，它们唯一关心的是：在颠覆自然世界观的基础上，理解直觉地认识到的这一切，即作为整体的生活世界的原则可能性，以及从自然科学观察者的角度使其陌生化和对其进行客观解释的原则可能性。

我感觉到自然主义问题的压力并不在于自然主义思想活动当中，而完全在于其他某个地方，那里，社会科学范围内的自然主义解释策略成功在望。我在这里很少会感到一种毫无前途而又错综复杂的学习理论，也从未想到过目前虽气势如虹但已接近临界点的博弈，因为我们不可能把一切都还愿为策略行为；相反，我所思考的是一种社会系统理论，它的基本概念比较易于把握和理解。这一理论的出发点是极度复杂情形中自我关涉系统捍卫自我的各种基本现象，并从一种超越一切本体论的元生物学角度使生活世界陌生化。

3

卢曼把从玛图拉纳以及其他人那里借用来的其系统理论的基本概念铺展得很开，并使它们变得十分灵活，以至于能够支持一种颇具竞争实力的哲学范式。随着系统和周围世界相分化而完成的世界进程观念废除了理性地建立起来的存在者世界，与认识主体密切相关并且能够想像的客观世界，以及客观存在并且能够用语言表现的事态世界等通用的本体论前提。特别是主体哲学的全部遗产能够轻而易举地被通过自我关涉而建立起来的系统理论所接纳和吸收。① 因此，这种自然主义虽然活跃在哲学水平上，但必须在实际过程中加以把握。它根本不可能在

① 参阅我对卢曼的评论，见：《现代性的哲学话语》，第 426—446 页。

一种有意识的生活理论中找到在范式上与之相对的立场，足以 30
使在其世界中的人从非客观主义的角度描述自己。主体有意识的生活具有双重立场，我担心，这和系统在一定范围内捍卫自身而具备的双重指涉——自我和周围世界——过于相似了。

我认为，一种供交往理论使用的语言范式在很大程度上能够抵制这种自然主义，其理由在这里本不必讨论。但亨利希的怀疑迫使我至少得就意识范式和理解范式之间的区别做出深入阐发。

近百年来，围绕着从古典推理逻辑向现代陈述逻辑的转变、从根据对象对知识作理论解释向根据事态对知识作理论解释的转变、从对理解和交往活动的意向主义解释向语言理论解释的转变，一句话，从对意识事实的反思分析向对公共语法事实的重建分析的转变，人们提出了各式各样的论证。就此而言，意识哲学的解释力量和语言理论解决问题的能力这两者之间并不对称，因为意识哲学的着眼点在于表现和处理客体的主体的自我关涉，而语言理论的出发点则是语法表达的理解条件。我赞同亨利希的意见，对使用个别语言表达(如单数第一人称)加以语义分析，并不能充分解释清楚自我意识现象。可是，亨利希反过来又放弃了用意识理论解释逻辑和语法表达形式的前提。为此，他强调认为自我关系和语言能力同源同宗。此外，亨利希的第十条论纲还认为，“语言交往所发挥的功能包含着言说者的自
我关系，而这是其构成条件之一，是他与生俱来的，就像主词和 31
谓词的命题形式一样”。这条看上去也很有说服力。这样一来，围绕着言语主体的自我关系和语言表达形式而形成的两个范式具有同等重要地位这样的问题似乎已经不言而喻了。但是，这样一种妥协是经不住考验的，旋即便会破裂。比如说，我们在建构语言理论时必须明确，究竟是让作为虚无缥缈的意识因素的

无形意向还是让语言符号媒介中所表现出来的意义处于优先地位。人们会得出两条截然不同的解决途径，关键要看人们是把主体间在语言公共体中所分享到的意义当作基本概念，还是从不同的言语者不断重复而表现出来的意向中推导出主体之间对某一意义相同的表达的理解来。

但第三条途径显得更有优势。一旦语言理论不再从语义学的角度探讨对命题的理解，而是从语用学的角度探讨言语者相互之间就某事达成共识的表述，那么，自我关涉和命题形式就会受到同等关注。要想就某事达成共识，参与者不仅要理解他们在表述过程中所使用的命题的意义，而且相互之间在没有旁观者的语言共同体中要同时承担起言语者和听众的角色。言语者的角色所决定的这种相互关系使得自我关系成为可能，而自我关系决不会把认知或行为主体的独立反思当作前提意识。相反，自我关涉源自互动关系。[1]

这就是说，一个言语者要想通过行动把信息传送给一个听众——在面前有众多潜在在场者时——就必须学会完全从他对
32 手的角度观察和理解问题，就像听众在他那里接受了这一视角一样。交往行为当中视角互换所产生的自我关系，可以根据在转换关系中联系在一起的三个人称代词所构成的系统加以探讨，并根据交往样式的不同加以区分。

这样就可以摆脱掉反思哲学关于主体性和自我关涉的概念从一开始就遇到的麻烦。在认知过程中自我关涉的主体碰上了被他当作客体的自我，在这一范畴下，这种自我已经是派生的，而不是原始自我关涉的始作俑者本来的他者——自我。克尔凯郭尔通过谢林从费希特那里把这个问题接受了过来，并以此为

① 哈贝马斯：《交往行为理论》，第 2 卷，第 112 页及下两页。

出发点进行思考，使在实存当中进行自我反思的人陷于"致命的病态"。让我们回过头来看看本文第一部分开始的三个步骤。第一：自我只有在自我意识中才能得以理解。由于反思不可能深入到这种自我关涉的背后，因此，主体性的自我只是他对待自身的态度。第二：自我对待自身的这样一种态度，作为对待上述意义上的自我的态度，不是自我设定，就是有关他者的自我设定。克尔凯郭尔认为第一种选择（如费希特的知识学）难以贯彻，于是，他毫不犹豫地做出了第二种选择。实际生存的人的自我就是这样一种派生的、被设定的态度，因而也是一种对待自身和他者的态度。克尔凯郭尔认为，先于自我意识的自我的"他者"就是基督救世主，在亨利希看来则是在反思之前就已经熟悉的无以名状的有意识的生活，既可以用佛教加以解释，也可以从柏拉图的角度加以解释。[①] 两种解释都立足于宗教层面，因而也就立足于一种语言，它既是源于古代形而上学的语言，同时也超越了现代意识立场。 33

我压根就没想到要阻止亨利希追求这些漫无边际的思想。亨利希提到了"气馁"。在我们替宗教话语中所保存的经验和内涵找到一种合适的语言之前，其修辞力量还有存在的理由。尽管如此，我们可以肯定，随着范式的变换，费希特的起点问题会变得毫无意义[②]。这就是说，通过听众从言语者那里接受过来

---

① 亨利希：《晦涩与明晰》（Dunkelheit und Vergewisserung），载：《统一性：东西方的思路》（All-Einheit. Wege eines Gedankens in Ost und West），Stuttgart，1985，第33页及下两页。

② 亨利希：《费希特的原始认识》（Fichtes ursprüngliche Einsicht），Frankfurt am Main，1967。

的视角在行为中所建立起来的自我关系[1],其自我不会像在反思关系中那样被当作认识对象,而是作为一个主体,他是在参与语言互动过程中形成的,并且具有语言能力和行为能力。主体间性的语言结构所建立起来,并贯穿着新老自我的相互关系的自我关系不必把前语言的主体性当作前提,因为,一切称得上是主体性的东西,哪怕是还十分原始的自在存在,都是教化过程中语言媒介不断强迫个体化所造成的结果。只要有交往行为,教化过程就不会中断。米德认为,没有社会化,也就没有个体化;同样,缺少个体化,也不可能有社会化。[2] 进而言之,一种靠语用学获得这一认识的社会理论也就必须放弃通常所说的卢梭主
34 义(亨利希将它归咎于我)。

---

① 对个体性而言,这并不排除认识发展具有前语言根源:随着原始的统治意识,一定会形成一种并不十分完整的自我关系。但是,这种个体发生学的假设并不看重描述元认识能力在所掌握的母语的发展阶段上的作用形式,依靠母语,知性活动已经具备了语言结构。

② 参阅本书论米德一文,第 216 页及下两页。

第三章　后形而上学思想的主题

当前的哲学研究状况不那么一目了然了。我说的不是哲学流派之间的争论——因为争论一直都是哲学研究前进的手段——而是有关一种前提的争论。该前提是黑格尔之后所有流派的立足根本(这就是对待形而上学的态度)。今天,这种态度已经变得暧昧难懂。

长期以来,实证主义及其后继者的立场一直都很明确;他们认为,形而上学问题毫无意义,因而也站不住脚,可以置之不理。这种狂热的反形而上学立场无疑暴露了他们想使经验科学思想成为绝对思想这样一种含糊的科学主义意图。尼采克服形而上学始终拖泥带水。海德格尔对形而上学历史的解构[①],阿多诺对披着伪装的现代本源哲学所作的意识形态批判[②],都是为了建立一种"否定辩证法",并围绕着形而上学一直孜孜以求却始终未能如愿的东西而展开。如今,从这股否定主义的死灰中,又复燃起要求更新形而上学的火焰;(革命后的形而上学)要么宣称自己从康德那里惊醒,要么干脆步康德先验辩证法的后尘。[③]

---

① 海德格尔:《尼采》(Nietzsche),卷1和2,Pfullingen,1961。

② 阿多诺:《认识论的元批判》(Zur Metakritik der Erkenntnistheorie)stuttgart,1956。

③ 亨利希:《逃避路线》;施佩曼:《哲学文集》(Philosophische Essays),Stuttgart,1983。

上述思潮我们认真对待，它们一直头顶着封闭的世界图景的超现实光环而显得摇曳无定，而这些世界图景是通过拙劣的推理由科学理论碎片拼凑而成的。新纪元则以一种反讽的方式，通过抽象地行使一种越来越不透明的科学体系的主权，满足了已丧失殆尽的一和全的要求，但是，在分散的世界图景的汪洋大海中，封闭的世界图景只有在隐秘的亚文化岛屿上还能站住
35 脚跟。

尽管存在这种非了然性，我觉得，我们的处境和黑格尔的第一代弟子并没有本质差别。当时哲学研究的基本状况已经发生变化。也就是说，从那时起，我们在后形而上学思想面前已经别无选择。[①]（在本文中）我想首先回顾一下形而上学思想的几个内容，然后再探讨它所面临的四个不安的主题。它们对作为思维方式的形而上学提出了疑问，最终对它加以贬斥。撇开亚里士多德这条线不论，我把一直可以追溯到柏拉图的哲学唯心论思想看作是“形而上学思想”，它途经普罗提诺和新柏拉图主义、奥古斯丁和托马斯、皮科·德·米兰德拉、库萨的尼古拉、笛卡尔、斯宾诺莎和莱布尼茨，一直延续到康德、费希特、谢林和黑格尔。古代唯物论和怀疑论，中世纪后期的唯名论和近代经验论，无疑都是反形而上学的逆流。但它们并没有走出形而上学思想的视野。我之所以敢于把形形色色的形而上学思想归结起来，是因为从一定意义上讲，我只想探讨三个方面的内容，也就是说，我将集中讨论本源哲学的同一性主题、存在与思想的一致问题以及理论生活的神圣意义。归纳起来说，就是同一性思想、理念论以及强大的理论概念。当然，在向现代主体哲学过渡的过程中，这三方面内容都发生了断裂，而且各不相同。

---

① 这些前提我在《现代性的哲学话语》中已经作了论述。

1　形而上学面面观

同一性思想：古代哲学继承了神话的整体概念；但有所不同的是，它在抽象的水平上把万物归"一"。起源不再是生动的叙事所呈现的历史谱系的初始场面的开端，即世界的始基；相反， 36
这些开端被剥夺了空间和时间的维度，抽象成了始基，作为无限物，它相对于有限世界，或作为有限世界的基础。这种始基无论是作为凌驾于世界之上的创世主，还是作为自然的本质原因，或再抽象一步作为存在，都形成了一种视角，由此看来，世界内部的事物和事件尽管丰富多彩，但还是能够整齐划一，成为特殊的实体，同时也可以理解为整体的各个部分。神话世界的同一性表现为另外一番情况，它是特殊物之间的永恒联系，是相似物与非相似物的协调一致，是表象和反思的反映，是具体关联、重叠和相互纠结。唯心论的同一性思想打破了神话的这种混沌世界观。唯心论认为，一和多作为同一性和差异性的抽象关系，是一组基本关系，形而上学思想既把它当作一种逻辑关系，也把它视为存在关系。一既是原理和本质，也是原则和本源。从论证和发生意义上讲，多源于一；由于这个本源，多表现为一种整饬有序的多样性。[①]

唯心论：一和全是思想不懈努力的结果。存在概念是随着叙事的语法形式和抽象水平向根据几何学摹本进行演绎解释过渡而形成的。因此，自巴门尼德以来，抽象的思想同其结果即存在之间便建立起了一种内在联系。柏拉图由此认为，统一秩序

---

① 巴伊尔瓦尔特斯：《一元思想》(Denken des Einen)，Frankfurt am Main，1985。

决定了本质现象的多样性,而这种秩序本身在本质上又是抽象的。我们规整现象的种属,依照的就是事物自身的理想秩序。的确,柏拉图的理式(Idee)既不是纯粹的概念,也不是纯粹的图
37 像,而是从丰富多彩的多样性中提取出来的典型和范例。这些理式深深地扎根在质料当中,自身内部就包含着普遍同一性的承诺,因为它们处于等级森严的概念金字塔的顶端,就其本质而言,这些理式以包容其他一切概念的善的概念为内在参照。理想的抽象本质赋予了存在其他一些特征,诸如普遍性、必然性和永恒性等。

建立在经验基础之上的推理知识和建立在知性直观基础之上的回忆知识这样两种知识形式在理式论中所形成的紧张关系,以及概念与现象、形式与质料等的似是而非的对立,都为形而上学历史提供了内在的动力。这就是说,唯心论从一开始就搞错了,理式事实上一直包含着被它当作质料甚至于非存在的物而予以排斥的一切,只不过它们是双重形态罢了。这些便是经验性的个别事物的物质内涵,通过比较的抽象,从这些个别事物身上完全能够发现理式。①

作为意识哲学的第一哲学(prima philosophia):唯名论和经验论在揭示形而上学起点上的矛盾,并从中得出激进的结论方面功不可没。唯名论思想把事物的形式削弱成认知主体所赋予的事物的名称(signa rerum),即我们给事物的命名。休谟甚

---

① 阿多诺:《认识论的元批判》,第 29 页:“本源哲学坚持回避偶然性而转向主体,即转向纯粹同一性。与此同时,本源哲学担心自己会陷入单纯主体性的或然性之中。因为作为孤立的因素,单纯的主体性从未达到过纯粹同一性的高度,而是与其对手一样有刺可挑。伟大的哲学从未摆脱掉这种二律背反。”关于非同一性在形而上学中的意义,请参阅哈格:《哲学中的进步》(Der Fortschritt in der Philosophie),Frankfurt am Main,1983。

至把唯名论所忽视的非实体化的个别事物融入到感知主体再现对象所依赖的感官印象中。在因范式转变而被揭示出来的主体性这一新的基础上，唯心论以相反的策略对同一性思想和理念论一同进行了更新。自笛卡尔以来，自我意识，即认知主体与自 38
身的关系，提供了一把打开我们对于对象的内在绝对想像领域的钥匙。因此，形而上学思想在德国唯心论那里表现为主体性理论。自我意识不是作为先验能力的本源被放到一个基础的位置上，就是作为精神本身被提高到绝对的高度。观念本质变成了一种具有创造性的理性的规定范围，以至于现在在真正的反思转向过程中一切都和这个独一无二的创造主体性发生了关系。无论是从基础主义的角度把理性当作使整个世界成为可能的主体性，还是从辩证法的角度把理性看作是自然和历史前进过程中显示出来的精神——在两种情况下，理性活动都既是整体反思，同时也是自我关涉的反思。

由于这种反思继承了形而上学的遗产。因此，它断定同一性先于差异性，精神先于物质。黑格尔的逻辑学把一和多、无限和有限、普遍和特殊、必然和偶然相应地联系了起来，但即使这种逻辑学最终也不得不确定一元性、普遍性和必然性在唯心论中的统治地位。因为中介概念本身就同时贯穿着整体性和自我关涉的理性活动。[①]

强大的理论概念：任何一种具有世界影响的宗教都描绘出一条拯救个体灵魂的特殊途径，比如，佛教提倡苦行，基督教要求遁世。哲学则把过沉思的生活，即理论生活方式(bios theo- 39
retikos)当作拯救途径。理论生活方式居于古代生活方式之首，

---

① 参阅亨利希：《现实中的黑格尔》(Hegel im Kontext)，Frankfurt am Main，1971，35页及下两页。

高于政治家、教育家和医生的实践生活方式。由于成为了一种示范性的生活方式，理论本身也深受感染；它替少数人打开了真理的大门，对大多数人而言，这扇门却一直都是关闭的。理论要求放弃自然的世界观，并希望与超验事物（Ausseralltaegliche）建立起联系。通过沉思冥想，对恒星运行轨道和宇宙的周而复始加以再现，这当中就保存着理论的神圣源头——希腊城邦把选派去参加公众节日的代表叫做“theoros”（理论家）。[1]

到了近代，理论概念失去了同神圣事件的这种联系，从而也就失去了原有的精英特征，逐步退化为一种社会特权。理论所剩下的只有远离日常经验和兴趣的唯心论解释。那种使科学免受地域偏见影响的方法论立场，在德国高校传统中，直到胡塞尔还十分强盛，形成了一种重理论、轻实践的倾向，并有其内在根据。在轻视唯物论和实用论之际，逐渐形成了一种绝对主义的理论观，它不仅凌驾于经验和个别科学之上，而且剔除了其世俗源头所遗留下来的蛛丝马迹，变得十分“纯粹”。这样，同一性思想便自成一个体系，它把自己融入它所把握的整体性，想以此来满足一切前提由自己加以证明的要求。在现代意识哲学中，理
40 论生活的独立性升华成为了一种绝对自明的理论。[2]

以上我通过阐释同一性思想、理念论和强大理论概念在意识哲学中的转型对直到黑格尔依然生机勃勃的形而上学思想作了概括。但真正使这种思维方式成了问题的是从外界向形而上学发起攻击，并具有社会原因的历史发展过程：

——追求一和全的整体性思想受到了新型程序合理性的质

---

① 施奈尔：《精神的发现》(Die Entdeckung des Geistes)，Hamburg 1955，第 401 页及下两页。

② 关于费希特的终极论证观念，请阅读荷斯勒：《黑格尔体系》(Hegels System)，第 1 卷，Hamburg，1987，第 22 页及下两页。

疑。这种程序合理性是随着十七世纪自然科学的经验方法和十八世纪道德科学、法学理论以及法治国家机构中形式论的兴起而确立起来的。自然哲学和自然法理论面临着一种新的论证要求的挑战,从而动摇了哲学的认识特权。

——在十九世纪出现了历史解释科学,它们反映的是越来越复杂的现代社会中新的时间经验和偶在经验。随着历史意识的渗入,有限性维度相对于唯心论的那种偶像化和不确定的理性而越来越具有说服力。由此便形成了一股对传统的基本概念加以解先验化的潮流。

——在十九世纪,对交往方式和生活方式的物化和功能化的批判,以及科学技术的客观主义自我理解的批判,也随之广泛开展起来。这些动机也促进了对把一切都用主客体关系加以概念化的哲学基础的批判。正是在这个意义上,发生了意识哲学向语言哲学的范式转换。

——最终,理性对于实践的经典领先地位不得不让位于越
来越清楚的相互依存关系。把理论活动放到其实际的发生和应
用语境当中,这就唤醒了人们注重行为和交往的日常语境的意
识。比如说,这些日常语境和生活世界概念一起要求达到哲学 41
高度。

接下来我想详细探讨导致形而上学思想动摇的不同方面,以及向后形而上学思想过渡给我们带来的新问题。至于我们应当如何对待形而上学之后所出现的问题,我想还是像往常一样从交往行为理论的角度加以阐述。

2 程序合理性

只要哲学坚持认为,认知理性在具有合理结构的世界中确

认自身，或者说，认知理性赋予自然和历史以一种合理结构——不论是通过一种先验的保证，还是通过使世界辩证化——那么，哲学就都还忠实于其形而上学开端的。一种内部合理的整体性，无论是世界的整体性，还是建构世界的主体性的整体性，保证了其各个环节和组成部分都能分享到理性。理性被认为是一种实质理性，它能统辖世界本质，并从中识别自身。因此，理性是整体与其组成部分的统一。

相反，现代经验科学和早已自律的道德只相信自身行为和方法的合理性，亦即科学认识的方法或道德认识得以可能的抽象前提。由于理性萎缩成了形式合理性，因此，内容合理性变成了结果有效性。而这种有效性又取决于人们解决问题所遵守的操作程序的合理性。我们所要解决的问题，既包括研究者共同体和有组织的科研活动中出现的经验问题和理论问题，也包括民主国家和法律体系中出现的道德-实践问题。在世界中，自发的或由主体建立起来的，以及在精神教化过程中生发出来的事
42 物秩序再也不是合理的，只有我们按照正确方法接触现实时对问题的解决才是合理的。程序合理性无法继续保证多元现象的先验同一性。

形而上学把本质和现象区别开来所依据的视角，和对存在者的整体性的期待一起消失得无影无踪。科学对现象加以概括的基本结构，仅仅和解释理论的有效性范围相吻合，而不再存在于整体性的相关领域中。它们不再关注个体在宇宙中的位置，以及个体在理性建筑术或制度中的地位。自然知识和自然法都失去了其本质特征，而且方式一致。随着自然科学和精神科学在方法论上分道扬镳，形成了一种内与外的视角差别，取代了本质与现象的视角差别。

对客观化的经验科学而言，只有立足于观察之上的客观自

然知识还大有前途，解释科学相反只有从交往参与者的行事立场中才能找到进入历史-文化世界的途径。自然科学中观察者的特殊视角以及精神科学中参与者的特殊视角，与对象领域的分化是一致的。自然反对从内部进行理解和重建，而只接受通过观察得到的有悖直觉的规律知识；但社会整体性和文化传统却从内部展示出一种同参与者的直觉知识密切相关的解释文化。解释意义语境的本质知识，对客观自然界不起任何作用；只有在那些非存在者的范围内，解释学才能发挥其替代作用。而在这些范围内，根据形而上学的理解，理想本质根本无从谈起。

现代科学的方法论知识最终也失去了其自给自足的封闭特 43
征。思想既追求整体性，也要求自我关涉；通过对自然和历史的整体把握，思想表明并论证了自己是哲学知识——不是提供终极论据，就是通过普遍概念不断进行深入的自我解释。反之，科学理论的前提，作为假设，必须由结果加以验证——可以是经验证明，也可以由同其他已被广泛接受的陈述的关系加以证明。科学理论的易错论和第一哲学所追求的知识类型是互不相容的。每一种全面、完善而彻底的陈述体系都必须由语言来表达，而且无需论述和分析、改进和革新。它实际上已经变成了其历史效果。这种封闭特征和科学知识进步过程中毫无偏见的开放性是水火不容的。

因此，随着认识由实质合理性变为程序合理性，形而上学也陷入了尴尬境地。十九世纪中叶以来，经验科学的权威迫使哲学接受同化。[①] 从此以后，此起彼伏地要求回归形而上学的呼声被打上了反动的烙印。然而，竭力把哲学和自然科学以及精

---

① 施耐德巴赫：《1831—1933 年的德国哲学》（Philosophie in Deutschland 1831—1933），Frankfurt am Main，1983，第 120 页及下两页。

神科学，或者说竭力把哲学和逻辑学以及数学相同化，只会带来新的问题。

但是，无论是莫勒绍特和毕希纳的庸俗唯物主义或马赫以来的实证主义建构自然科学世界图景的目标，还是狄尔泰和历史主义把哲学转化为哲学史和世界观类型，或是维也纳学派把哲学限定为一种方法论和科学论——所有这些反动潮流似乎都
44 使哲学放弃了其特殊地位，也就是说，放弃注重整体认识，但并不真的同总是被奉为圭臬的科学进行抗争。

在哲学和科学之间进行抉择，结果便出现了一种分工，以确保哲学拥有自己的方法和对象领域。众所周知，这条路线是由现象学和分析哲学各自用不同的方式开创的。可是，人类学、心理学和社会学对哲学的这块领地并不十分看重；人文科学则越过了抽象概念和分析的分界，直入哲学的堂奥。

转向非理性算是最后一条出路了。这种形态的哲学保持了其领地与整体性的联系，但代价是放弃了其实力雄厚的认识。非理性主义哲学，或是表现为实存的澄明和哲学的信仰（雅斯贝尔斯），或是表现为补充科学的神话（科拉科夫斯基），或是表现为神秘的存在思想（海德格尔），或是表现为语言的治疗（维特根斯坦）、解构活动（德里达）或否定辩证法（阿多诺）。这种反科学主义的划界只能解释哲学不是什么，或不能是什么。然而，作为一种非科学，哲学无需确定其自身的地位。正确确定已是不可能了，因为只有按照程序，说到底就是按照论证程序，才能从程序合理性的角度阐明认识活动。

今天，哲学的这种尴尬处境要求我们重新确定科学和哲学的关系。一旦哲学放弃第一科学和百科全书的诉求，就能保持其在科学体系中的地位，而且既不是通过把自己同化到特殊的示范科学，也不是通过远离科学。哲学不得不接受经验科学的

易错论式自我理解和程序合理性，哲学既不能拥有特殊的真理观，也不能拥有自己独有的方法和对象领域，甚至连一种属于自己的直观方式也不行。只有这样哲学才能在内部分工中发挥其 45
最大效力①，也就是说，才能坚持其普遍性的问题和合理重建的操作方法。这种方法依据的是有关言语、行为和判断的主体所具有的前理论直观知识。但这样一来，柏拉图的回忆说也就完全显露出其非话语特征。这件副产品把哲学看作是合理性的一个不可或缺的搭档。

即便哲学真的就这样在科学体系中安营扎寨，它也并不因此就非得要彻底放弃与作为形而上学之标志的整体性的联系。如果没有具体的认识要求，维持这样一种整体性联系的确没有什么意义。但是，生活世界总是作为不成问题的、非对象化的和前理论的整体性，作为每天想当然的领域和常识的领域而让我们大家直觉地感知到。哲学总是以一种笨拙的方式同常识纠缠在一起。和它一样，哲学也是在生活世界范围内活动；它们和这种视界越来越模糊的日常知识的整体性之间的关系也很相似。但是，反思以及带有澄明、批判和解构色彩的分析所发挥的颠覆力量，使得哲学又完全有悖于人的常识。由于和生活世界的这种密切相关而又支离破碎的关系，哲学也适合担任科学体系这边的角色，即担任解释者的角色。这样，哲学便把科技、法律和道德等专家文化与交往的日常实践沟通了起来，其方法同文艺批评沟通生活和艺术是一样的。② 当然，哲学与之保持一种非对象化关系的生活世界，不容和普遍统一的整体性混为一谈。

---

① 哈贝马斯：《哲学作为示范者和解释者》，见：《道德意识与交往行为》，第 9 页及下两页。

② 参阅我对德里达的论述：《现代性的哲学话语》，第 219 页及下两页。

关于这种普遍统一的整体性，形而上学试图给出一个摹本，确切
46 地说，是想给出一种世界观。后形而上学则不然，它凭着另一种世界观行事。

3　理性的定位

后形而上学思想最初深受对以黑格尔为典型的唯心论的批判的影响。黑格尔的第一代弟子对其恩师著作中所隐含的普遍性、永恒性和必然性必先于特殊性、有限性和偶然性这样一种唯心论的理性观已经作了批判。费尔巴哈强调客观性的优先地位，强调要把主体性置于内在自然以及内在自然与外在自然的对立之中。马克思认为精神扎根于物质生产，并表现为社会关系的总和。克尔凯郭尔用自身实存的事实性和彻底的自我意志的内在性来反对历史中的空想理性。所有这些论点都反对自我关涉而又追求整体性的辩证法思想，强调精神的终极性——马克思称之为绝对精神的"腐败过程"。固然，整个青年黑格尔派都把自然、社会和历史的优先性物化为一种自在物，并因而有不由自主地倒退到前批判思想水平上去的危险。[①] 青年黑格尔派完全有能力用客观性、终极性和事实性的名义提供所急需的理性，这种理性源于自然历史，表现在具有一定社会和历史语境的人身上。可是，他们却紧承康德和黑格尔的衣钵不放，故而未能兑现这种急需的理性。于是，他们便打开了通往尼采的彻底理
47 性批判的大门，这种理性批判本身反而又是整体性的。

① 马克思也未深入思考过自在的自然、为我们的自然同社会之间的关系。恩格斯的自然辩证法把历史唯物主义扩展成为辩证唯物主义，因而使回归前批判思想变得不证自明。

理性的地位明确之后，相应的理性概念并不是沿着上述路线建立起来的，而是另外一种针对主体哲学的基础主义批判所导致的后果。在这场始于康德的讨论中，先验哲学的基本概念作为范式尽管还未被抛弃，但已经发生了动摇。

先验主体性的超越地位是由诸如普遍性、永恒性以及必然性等形而上学特征逐步转化而来的，最初和它发生冲突的是新兴精神科学的前提。就其对象领域而言，这些精神科学涉及到的是早已由符号建构好的对象，它们仿佛是先验的产物，地位十分显赫。尽管如此，它们还是要接受纯粹经验的分析。福科曾经对人文科学如何宣扬多元化和个体化的先验主体创造其世界、符号体系、生活方式以及制度所依赖的前提作过描述。在福科的笔下，人文科学孤立无援，把自己卷入了既是经验的又是先验的这样一种模棱两可的双重视角中。[①] 狄尔泰由此看到对历史理性进行批判的必要性。他试图对先验哲学的基本概念彻底加以改造，以使摆脱了一切偶然性和本质必然性而且没有本源的综合能力从现时起在世界中能有一席之地，又不必放弃它们同建构世界过程之间的内在联系。

历史主义和生命哲学赋予了传统中介、审美经验以及肉体、社会和历史的个体存在以一种认识论意义。但是，这种认识论意义必须脱先验主体的经典概念的束缚。“生命”的生产率取代了先验综合，看来很具体，却又没有一定的结构。另一方面，胡
塞尔毫不犹豫地把他所坚持的先验自我和每一位现象学家的实 48
际意识等同起来。上述两条论证思路在海德格尔的《存在与时间》中合而为一了。具有创造力的主体性最终被“此在”从知性

① 参阅福科：《事物的秩序》(Die Ordnung der Dinge)，Frankfurt am Main，1969，最后一章。

王国中驱逐了出去，它虽未被放到历史的彼岸，但已置于历史性和个体性的范围内。被抛入的筹划思想形态成了决定性的力量，它与总是对我的实存的操心密切相关。

先验主体的历史化和个体化迫使基本概念的建筑术发生变化。先验主体失去了其作为相对于“全”的“一”和“多”中之“一”这样一种众所周知的双重身份。作为先验意识，康德的主体还和作为整个客体之总和的世界处于对峙状态。与此同时，它作为世界中的经验意识，又表现为众多实体之一。反之，海德格尔是想把筹划世界的主体性本身当作在世界中的存在，当作实际历史环境中的个别此在，而又不失去其先验的能动性。虽然先验意识在创立世界过程中具有原发性，但它还是应该把历史事实和内在世界的存在当作前提条件。当然，这些前提条件本身不允许被认为是存在物或在世界中的事物。相反，它们从内部对主体在世界中的创造性加以限制，把创立世界的能动性限定在其源头。代替未成和已成（constituens und constitutum）之间的先验区别，出现了另一种区别，这就是打开了世界中可能遇到的视界的世界筹划与世界中实际遇到的世界筹划之间的本体论区别。

但这就面临着一个问题，即解释世界，允许存在者存在，是否还能被认为是一种主动性（Aktivität），并且可以归功于主体的努力。在《存在与时间》中，海德格尔对这个观点还持赞同态度。个体的此在尽管实际上扎根于世界当中，但还保持着独立
49 筹划世界的资格，即具有独自创造世界的潜能。可是，在做出这一判断时，海德格尔必然会遇到这样一个问题，该问题胡塞尔在讨论笛卡尔第五沉思录时曾经作过努力，但是毫无结果；萨特在《存在与虚无》的第三章里也未能替它找到一条解决的办法。这个问题就是：一旦意识彻底分裂成无数个创立世界的单子，那

么，从各个单子的角度来看，如何才能建构起一个主体间性的世界，而且，在这个世界上，一种主体性不仅能够把另一种主体性当作客观对象，并且还能在筹划世界的原始能动性中与之照面。如果按照此在的现有前提，那么，这个主体间性问题就无法解决，因为此在只有在孤立状态下真正有可能筹划自身。①

海德格尔在其后期哲学中做出了另一种选择。他再也不把个体的此在附加到解释世界的过程中，也不再把建构世界看作一种劳动（Leistung），而是视之为随机应变的本源力量所造就的一个无以名状的巨大事件。本体论的转变依靠的是作为处于存在历史彼岸的事件的语言这个媒介。主体间性问题因此也就变得毫无意义。但存在自身却获得了自立，它以迅雷不及掩耳之势控制了语言世界观的语法演变。后期海德格尔把语言创造意义的潜力抬举到绝对的高度。但他这样做又导致了一个新的问题。这就是说，语言解释世界所发挥的预断力量，使得世界内部的整个学习过程失去了意义。本体论的前理解永远处于统治地位，它确定了社会化的个体在世界中的实践范围。具有宿命论意味的是，与世界内部事物的照面只能发生在具有先验规则的意义语境中，以至于它们本身能够免除问题的成功解决、知识的累积以及生产水平和道德知识的变化等所带来的影响。这样一来，我们将无法澄清意义视界的变移和它们的实际有效范围之间的辩证作用。 50

所有这些想使理性先验化的努力仍然局限于先验哲学范围之内，都陷入了先验哲学的先天概念之中。只有转向一种新的范式，即交往范式，才能避免做出错误的抉择。具有语言和行为能力的主体用共同的生活世界作背景，就世界中的事物达成共

① 托伊尼森：《论他者》（Der Andere），Berlin，1977，第176页及下两页。

识。相对于语言中介而言，他们既是自律的，又是依附的：他们能够把使他们的实践得以可能的语法规则系统据为己用。两个环节同源同宗。[1] 一方面，主体一直都是出现在一个由语言建构和阐释的世界里，并且依赖着合乎语法的意义语境。就此而言，相对于言语主体，语言只是一种前提和客体；另一方面，由语言建构和阐释的生活世界的立足点在于语言共同体中的交往实践。在交往过程中，语言所建立起来的共识取决于交往参与者对待可以批判的有效性要求所持的肯定或否定立场。有了语言建立起来的共识，时空中才能形成广泛的互动。

自然语言不仅揭示出了社会化的个体赖以存在的各种世界的范围，而且强迫主体付出自己的努力，即强迫主体在世界内部从事一种探索有效性要求的实践。在实践过程中，阐释世界的特定意义要不断地接受检验，在检验中，它们能够证明它们的价值。在作为交往行为源泉的生活世界和作为该行为结果的生活世界之间，形成了一个循环过程，其中，先验主体消失得无影无
51 踪。很显然，是哲学中的语言学转向为我们准备了概念手段，用以分析体现在交往行为当中的理性。

4　语言学转向

在前两节中，我阐述了后黑格尔思想摆脱以意识哲学形态出现的形而上学概念的途径。接着同一性思想和唯心论，我想对理论与实践的关系加以探讨，但在此之前，我想先讨论一下替后形而上学铺平了道路的意识哲学批判。从意识哲学向语言哲

---

① 参阅我对泰勒的答复，见霍耐特、约阿斯（主编）：《交往行为》（Kommunikatives Handeln），Frankfurt am Main，1986，第 328 页及下两页。

学过渡，不仅仅是方法论上的革新，还带来了实实在在的好处。它把我们带出了形而上学思想和反形而上学思想，即唯心论和唯物论之间无休止的争论怪圈，并使我们有可能着手处理形而上学的基本概念无法解决的问题，即个体性问题。此外，在意识哲学批判中，完全不同的动机也交织到了一起。我认为最重要的起码有以下四个动机：

(1)谁要是选择认知主体的自我关涉作为其分析的出发点，就必须面对自费希特以来便一直存在的异议，即自我意识根本不可能是什么本源现象，因为，一旦认知主体反躬自问，把自己当作对象，意识生命的能动性便不再是它必须接受的对象形式。[①] 从尼采以来这种从基本概念上强迫对象化和自我对象化的做法也成了批判主流思想即工具理性的靶子；主流思想即工具理性的批判涉及到整个现代生活语境。 52

(2)自弗雷格以来，逻辑学和语义学给了从意识哲学概念策略中产生出来的对象理论以沉重的打击。具有判断、行为和经验能力的主体的行动所能面向的对象，胡塞尔称之为意向性对象。但是，这种意向对象的概念并不能够表现所意味和所陈述的事态的命题结构。[②]

(3)此外，自然主义对把意识作为基础、绝对前提和本源表示怀疑。(他们认为，果真如此，)势必要把康德和达尔文扯到一起。后来，随着弗洛伊德、皮亚杰和索绪尔的理论，又出现了“第三种”范畴，从而避免了意识哲学基本概念的二元论。除了具有

---

① 弗兰克论述了寻求走出这种困境的非自我主义意识理论，参阅其《个体的不可隐遁性》(Die Unhintergehbarkeit von Individualität)，Frankfurt am Main，1986，第33—64页。

② 图根哈特：《语言分析哲学导论》(Vorlesungen zur Einfüehrung in die sprachanalytische Philosophie)，1976，Frankfurt am Main，第72—106页。

表达能力的肉体、行为、举止以及语言等范畴之外,还可以引入世界关联;早在具有语言和行为能力的主体和世界中的事物建立起客观联系之前,其社会化机制就已经被放到了这些世界关联当中。①

(4)当然,直到发生语言学转向,这些怀疑才找到可靠的方法论基础。这个方法论基础是由洪堡打下的,其特点在于避开了传统的语言观。根据这种语言观,语言是按照对象名称的排列模式而设想出来的,是一种思想内涵之外的沟通工具。新的语言观具有先验特征,其范式意义首先在于它在方法论上优于主体哲学,因为主体哲学必须依靠对意识事实作反身理解。不论是想依赖内在经验或知性直观,还是直接的自明性,对于观念
53 空间或体验大潮中出现的实体的描述都摆脱不了纯粹主观的特征。观察在主体间的有效性可以用经验面上的实践加以验证,亦即通过把知觉有规则地转化为数字加以验证。我们根据表达观念和思想的语法结构对它们加以分析,似乎可以达到同样的客观程度。语法所表达的是一些公众性的东西,找出其中的结构,无须考虑纯粹的主观性。此外,数学和逻辑的范例还有助于引导哲学进入语法表达的公共客观领域。弗雷格和皮尔斯是这场转折的关键人物。②

但是,语言学转向最初是在语义哲学范围内完成的,它付出了抽象化的代价,但也保护新范式解决问题的潜力不被消耗殆

---

① 普莱斯纳和盖伦的哲学人类学的主题,被梅洛-庞蒂的人类学现象学重新加以讨论,参阅瓦尔登费尔斯:《现象学在法国》(Phänomenologie in Frankreich), Frankfurt am Main, 1983;亦可参阅霍耐特和约阿斯:《社会行为与人的本质》(Soziales Handeln und menschliche Natur),Frankfurt am Main, 1980。

② 参阅皮尔斯的中期作品,见阿佩尔(主编):《实用主义论集》(Schriften zum Pragmatismus),Frankfurt am Main, 1976,第 141 页及下两页。

尽。从本质上讲，语义学分析仍然是一种命题形式分析，而且首先是一种断言命题形式分析。语义学分析不考虑说话者的言语情境、措辞及其语境、要求、对话角色和所持立场，一句话，置语用学于不顾。因为语用学想让形式语义学从事另外一种研究，即从事经验研究。科学理论也用同样的方法把探求的逻辑与有关探求的动力学的问题隔离开来，认为探求的动力学属于心理学家、历史学家和社会学家研究的范畴。

语义哲学的抽象化把语言格式化了，从而使语言的自我关涉特征变得模糊不清。[①] 对于这一点，只要举一个例子就可以
说明问题。就非语言行为而言，行为者的意图无法从显而易见 54
的举止中推断出来，最多只能间接地加以猜测。相反，语言行为能够使听者领会说话者的意图。语言表达本身能够自我识别，因为它们具有自我关涉的结构，而且，它们的实际意义表现在它们所表达的内容当中。

维特根斯坦和奥斯丁[②] 首先发现了语言所具有的这种集行事和命题于一身的双重结构。这一发现是把语用学部分引入形式分析的第一步。随着向形式语用学的过渡，语言分析才重新获得了主体哲学最初被迫放弃了的维度和问题。接下来便是要分析必须满足的先决条件，以便交往参与者能够就世界中的事物达成共识，而达成共识的这些语用学前提的独特之处在于它们具有强烈的理想化色彩。比如说，假设所有对话参与者都使用具有相同意义的语言表达命题，这是不可避免的但同样也是理想化的；原因在于，说话者当下所坚持的在一定语境中有效

---

① 阿佩尔：《哲学的改造》(Transformation der Philosophie)，第 2 卷，Frankfurt am Main，1973 年，第 2 章，第 155 页及下两页。

② 塞尔：《言语行为》(Sprechakte)，Frankfurt am Main，1971。

的东西，超越了所有受语境约束的局部有效性水平。交往实践的现实前提尽管理想化，但也在所难免，其规范内涵就在于要在有关现象界的知性理解和经验理解之间建立起张力关系。反事实的前提成为社会事实——这种批判的锋芒深深地扎根于必须通过以交往为趋向的行为进行再生产的社会现实内部。

55 语言学转向不只是命题语义学一手促成的，符号学，比如索绪尔，也做出了积极的贡献。但是，结构主义同样也陷入了抽象的错误推理。由于结构主义把普遍的语言形式提高到先验的地位，因此，它也就把主体及其言语（Rede）降低为纯粹偶然的东西。主体如何言说及其所作所为，应当由基本的规则系统加以解释。具有语言和行为能力的主体的个体性和创造性，乃至主体性所拥有的一切本质特征，只是一些多余现象，要么被置之不理，要么被贬斥为自恋症状。要想在结构主义的前提下恢复主体的权利，就必须把一切个体性和创造性都转移到只有直觉才能把握的前语言领域中。[1]

语用学转向为走出结构主义抽象开辟了道路。先验能力绝对不会回到语法规则系统本身中去，相反，语言综合是建构在中断了的主体性中的交往活动的结果。语法规则固然保证了语言表达的意义同一性，但同时也必须为对这些假定具有统一意义的表达作特殊性或创造性使用留有余地。事实上，说话者的意图经常偏离其所用的表达的标准意义，由此，我们不难认识到笼罩着一切语言共识的差异性的阴影："所以，一切理解同时也是一种不理解，思想和情感上的所有一致同时也是一种分歧。"（洪堡语。）由于主体间的语言沟通从本质上讲存在着许多漏洞，由

① 弗兰克：《何谓新结构主义》（Was ist Neostrukturalismus），Frankfurt am Main，1983，第 23 讲，455 页及下两页。

于语言共识并没有彻底消除说话者视角的差异性，而是把这种
差异性作为必不可少的前提，所以，以交往为趋向的行为也适合
于充当使社会化和个体化融为一体的教化过程的媒介。人称代 56
词的语法作用要求说者听者持一种以言行事的立场；凭着这样
一种立场，一方与作为另一个自我的他者照面——只有意识到
他们之间绝对不同，并且不可替代，一方才能从另一方身上识别
出自身。所以，尽管非同一性是脆弱的，并且还不断受到客观化
的歪曲，因而在形而上学的基本概念网络中捉摸不定，但是，它
在交往的日常实践中一般还是能够把捉到的。[①] 不过，我们只
有放弃理论对实践的经典优先地位，并同时克服掉逻各斯中心
论的狭隘理性观，才能确定非同一性这条世俗的拯救途径的有
效范围。

5　超验的萎缩

一旦哲学退回到科学体系中，把自己确立为众多学院科目之一，哲学就必须放弃其掌握真理和理论的神圣意义的特权。今天，我们说哲学是少数人的事情，是就其作为专家特有的知识而言的。不过，和其他学科不同的是，哲学仍然和前理论知识以及生活世界非对象化的整体之间保持着一定的联系。正因如此，哲学思想才能够回过头来把自己应用于整个科学体系，并进行一种超越方法论和科学理论界限的科学的自我反思——和形而上学对知识的终极论证截然相反——它揭示出了科学理论结构的前科学实践中的意义基础。从皮尔斯到奎因的实用主义，从狄尔泰到伽达默尔的哲学解释学、舍勒的知识社会学、胡塞尔

① 参阅哈格：《哲学的进步》，第 50 页及下两页。

57 对生活世界的分析，从梅洛-庞蒂到阿佩尔的认识人类学，以及自库恩以来的后经验主义科学理论等，都阐明了发生与价值之间的内在联系。内在的认识能力同样也扎根于对待人和物的前科学实践。这样，理论之于实践的经典优先地位也就被颠覆了。

可是，对哲学自身而言，这种类型的认识却成了不安的根源；尤有甚者，由此还产生了现代形式的怀疑论。当专家文化无需辩解，一切有效性范畴的决定权都已收归己有之后，哲学再也不具备其他什么特殊的有效性范畴，能够免受实践之于理论的根本优先性的干扰。结果便是人们对理性地位确定之后所提出的普遍主义要求不断表示疑义。语境主义把一切真值要求都限制在局部的语言游戏和传统上接受的话语规则中，并把所有理性标准吸收到仅仅在原地适用的习性或惯例中。如今，这种语境主义已经控制了许多领域。[①]

关于这场争论，我在此不可能展开详细论述，我在剩下的篇幅里只想对一个相反的观点加以探讨。如果哲学把目光仅局限于科学范围内的真值问题，那么，即便认识到实践先于理论具有十分重要的意义，它也只会导致彻底的理性怀疑论。具有反讽意味的是，哲学本身助长了这样一种认识论上的短见，并先从本体论角度，接着又从认识论角度，甚至还从语言分析角度把理性单面化，也就是使理性成了存在于所有存在者当中的逻各斯，成了表现和处理客体的能力，成了确定事实的言语，即专门针对断
58 言论命题的真值效果。西方对逻各斯俯首贴耳，从而把理性还原成语言的众多功能之一，即表现事态的功能。最终的结果是，只有对真值问题的处理方法还算得上是合理的，而正义问题、趣

① 罗蒂：《协同性还是客观性？》(Solidarity or Objectivity)，见拉基曼和魏斯特(编)：《后分析哲学》(Post-Analytic Philosophy)，New York，1985，第3页及下两页。

味问题甚至真诚的自我表现问题等等都被排挤到了理性范围之外。这样一来,专注于真值问题的科学文化所涉及和确定的一切,也就是说,专家文化所深入和立足的一切语境,似乎都变成非理性的了。语境主义只不过是逻各斯中心主义的反面罢了。

但是,只要哲学不变成科学的自我反思,并把目光转移到科学体系之外,变换视角,关注纷繁复杂的生活世界,就能从逻各斯中心主义中解脱出来。哲学揭示出了一种早就在日常交往实践中活动的理性。① 这种理性在此尽管只要求语言所阐释的具体世界范围内的陈述具有真值性,规范具有正确性,主体具有真诚性,但是可供批判检验的这些要求同时也越出了它们的表达和使用语境。在日常交往实践的有效范围内,出现了一种跨越多种层面的交往理性。这种交往理性同时还为彻底被扭曲的交往和生活方式提供了一种准绳。这些被扭曲的交往和生活方式具体表现为对在向现代性过渡过程中所获得的理性潜能有选择地加以充分利用。

哲学在沟通专家知识和有待深究的日常实践之间充当了解释者;就此角色而言,哲学可以使用这种专家知识,并使人们意识到这种畸形的生活世界。但它只能发挥批判力量,因为它已不再拥有一种关于好的生活的肯定理论。形而上学之后,具体的生活世界只是作为背景而存在,其非对象性的整体性避免了被理论作为对象加以把握。马克思主义哲学现实化的名言也可 59
以这样来理解:随着形而上学和宗教世界观的瓦解,具有多方面价值的文化解释系统中所分化出来的一切,只有在生活世界的实践的经验语境中还能组合起来,并恢复原有秩序。

---

① 马蒂森:《纷繁复杂的生活世界与交往行为理论》(Das Dickicht der Lebenswelt und die Theorie des kommunikativen Handelns),München,1985。

从形而上学觉醒之后，哲学理论放弃了其超常的地位。超常事物所具有的丰富的经验内涵转移到了自律的艺术当中。当然，经过这场紧缩，彻底世俗化的日常生活无论如何也不可能一点不受超常事件毁灭性和颠覆性侵入的影响。从外部看，尽管宗教建构世界观的功能还在被削弱，但它对于在日常生活中和超常事物打交道仍然具有不可代替的规范作用。因此，后形而上学思想和宗教实践也可以平等共存——而且不只是在非共时物的共同性的意义上。这种持续的共存只要宗教语言仍然具有启示作用和必不可少的语义学内涵——而且这些内涵是哲学语言(暂时?)所无法表达的——并继续拒绝转化成论证话语，那么，哲学哪怕是以后形而上学形态出现，同样既不能取代宗教，
60 也不能排挤宗教。

第二编　实用主义转型

第四章　论行为、言语行为、以语言为中介的互动以及生活世界

1

如果尽可能地使用简单明了的实例，我们就能够比较清楚地阐明行为与语言（行为与言语）之间的复杂联系。[①] 关于“行为”（Handeln），我想举日常活动或手工活动加以说明，诸如奔跑、递交、敲打或锯开等；关于“言语”（Sprechen），则可以用命令、坦白或断定等言语行为加以说明。两种情况下，我们都可以从一种比较宽泛的意义上来讨论“行为”。但是，为了不抹杀我们所遇到的差异，我从一开始就选用两种不同的描述模式。狭义上的行为，比如简单的非言语活动，在我看来是一种目的行为（Zwecktätigkeit），借助这种行为，行为者进入世界，目的是要通过选择和使用恰当的手段来实现预定的目标。而所谓语言表达行为，我认为言说者是用它来和其他人就世界中的事物达成共识的。我想先从行为者的角度，也就是从第一人称的角度来展开描述，并把这种描述与从第三人称角度所展开的描述加以对照。所谓第三人称，就是观察者，他观察到行为者如何通过目的行为实现其目的，或如何通过一种言语行为与他人就某事达成

① 本文是对我的语用学理论的概要论述，因此，这里并没有展开详细的论证。

共识。就言语行为而言，从第二人称角度展开描述始终是有可能的(你〈他〉命令我放下武器)；就目的行为来看，从第二人称的角度展开描述则是有条件的，具体而言，就是要把目的行为放到
63 合作关系当中(你〈他〉把武器交给我)。

1.1 言语与行为

我们首先来考察描述视角之间的差别，以此来阐明上述两种非言语行为和言语行为为何要依赖各自所特有的理解前提。我如果看到一位朋友在大街的另一边匆匆而过，当然可以断定他的路过是一种行为。“他跑过了大街”，这句话也可以说是对行为的描述，但他的目的可能有许多种，因为我们这样描述可能是认为行为者的意图是要尽快到达大街前方的某个地点。但是，作为观察者，我们无法推断行为者的这种意图；相反，我们设定一种具有普遍意义的语境，来确定对这种意图的猜测。尽管如此，行为实际上还是需要进一步加以分析的。情况有多种多样，这位朋友可能是不想耽误了火车，或者是不想上课迟到，或者是有一个约会；当然也有可能是他感到被盯梢，因此想溜走；或者是由于其他原因想逃避麻烦；或者就是在闲逛等等。从一个观察者的视角出发，我们可以确定一种行为，但无法肯定地描述出其特定的行为计划，因为这需要我们对其中的行为意图有所认识。我们可以根据表象来推断行为意图，并假设这就是行为者的意图；但要想确切地断定这种意图，我们恐怕还是要从参与者的视角出发。非语言行为决不会主动让人们认识到这一点，也就是说，它们自身不会让人们认识到它们是一种有意图的行为。相反，言语行为则满足这个条件。

如果我领会了我的朋友(或其他人)给我的命令，让我(或

他)放下武器,那么,我对她的行为就是十分清楚的:她发出了具体的命令。这种行为同样需要分析,但和朋友在大街上跑过不是处在同一个层面上。因为根据正常的字面意义,我们就可以 64
认识到言语行为中言语者的意图;听众可以从命题的使用方式,也就是与命题相关的是何种行为这个角度,来推断出表达的语义学内涵。言语行为能够自我诠释,因为它具有一种自我关涉的结构。以言行事成分通过语用的评述,来确定表达内容的实际意义。奥斯丁认识到,我们通过言说而去行事,奥斯丁的这个观点当然也可以反过来理解:即我们通过完成一种言语行为,而把所作所为言说出来。当然,言语行为的这种完成行为式意义只向有能力的听众敞开,所谓有能力的听众,就是说他能够从第二人称的角度放弃观察者立场,而采用参与者立场。人们必须说同样的语言,处身于一个由语言共同体所确立并且具有主体间性结构的生活世界当中,以便真正从对自然语言的反思当中获得好处,并把对言语行为的描述建立在理解这种言语行为内在自我解释的基础上。

言语行为和简单的非言语行为之间的区别,不仅在于前者具有自我解释的反思特征,更在于意向目的的类型不同,在于言语所能达到的效果类型不同。当然,在一般意义上,所有的行为,不管是言语行为还是非言语行为,都可以说是一种有目的的行为。但是,一旦我想把理解行为(Verständigungshandeln)与目的行为区分开来,我们就必须注意到,行为者在目的论的语言游戏中追求一定的目的,这种语言游戏的确有了一定的结果,并且带来了行为后果,它在语言理论和行为理论中的意义却是不一样的;同样的基本概念,得到的解释却不尽相同。对于我们来说,只要把目的行为宽泛地描述成一种具有一定目的,并且必然要干预客观世界的行为,这就足够了。世界中的状况需要选用

恰当的表现手段才能呈现出来，我们从一定的价值观角度所选
65 择的目的刚好满足了这一点。而且，决定行为计划的是一种语境解释，按照规定，其中的行为目的：(a)独立于干预手段；(b)是一种因果性质的作用；(c)处于客观世界当中。值得注意的是，按照这样一种目的行为的模式来归纳言语行为并非没有难处；言语者本身无论如何都不能按照(a)—(c)的描述来追求他的以言行事目的。

如果我们把言语行为理解为达到交往目的的手段，并把交往的一般目的分解成为不同的目的，比如，听众能够理解所说的意义，和能够承认表达是有效的，那么，认为言语者能够追求这些目的的描述就无法满足上述三个条件。

(a)以言行事目的不能说一定就独立于交往的语言手段。因为语法表达虽说是交往的工具，但不能和制作可口饭菜的厨艺相提并论；相反，自然语言的媒介和交往目的之间是相互解释的关系，任何一方离开另一方都无法得到解释。

(b)言语者不能把交往的目的当作是因果目的，因为，已经远远超出理解所说内容之外的以言行事效果取决于听众的合理赞同。听众必须通过自愿承认可以批判检验的有效性要求，来确保对事情有真正的理解。只有合作才能实现以言行事目的，它不像因果效果那样，可以供个别交往参与者自由支配。一个言语者不能像目的行为者掌握其干预世界内部的进程那样，自由控制一种以言行事效果。

(c)最后，从参与者的视角来看，交往过程以及它所应当带来的结果并不是世界内部所固有的。尽管相互之间有选择自
66 由，但目的行为者还是作为世界中的实体相互遭遇。他们只能把对方当作对象或对手。相反，言语者和听众之间则是一种完成行为式的立场，在这样一种立场中，他们作为语言共同体中主

体间所共有的生活世界的成员而相互照面，也就是说，他们是作为第二人称相互遭遇到一起的。由于他们相互之间达成了理解，因此，他们所追求的以言行事目的，在他们看来，就处于客观世界之外，对于客观世界，他们采取的是一种观察者的客观立场，并且能够用目的行为深入到其中。因此，他们都为对方保留一种超越的地位。

我们已经把言语行为和简单的非言语行为区别了开来，具体来说就是：这些自我解释的行为显示出一种反思结构；它们的目的是以言行事，这些目的不是在世界内部实现的目的，没有接受者的协作和赞同就无法实现，而且只能用语言媒介中的理解概念才能解释清楚。无论是哪种情况，理解的条件和行为者自身能够用来描述其目的的基本概念都是分开的。上述行为类型的相对独立性，也可以在不同的行为结果范畴那里得到确证。目的干预行为和言语行为所满足的合理性条件是不一样的。合理性所涉及到的不是对知识的拥有，而是具有言语和行为能力的主体如何运用知识。当然，非言语行为和言语行为一样，都具有一种命题知识；但是，知识的特殊运用方式决定了衡量行为效果的合理性意义。如果我们从目的行为对命题知识的非交往性运用出发，我们就会遇到目的理性概念，这和合理选择理论的理性概念是一致的。如果我们从言语行为对命题知识的交往性运用出发，我们就会遇到交往理性概念，意义理论可以根据言语行为的可接受性对交往理性概念作出解释。从直觉上讲，交往理 67
性概念的基础是论证言语的非强制性共识力量。目的理性所揭示的是从因果的角度有效干预客观世界的前提，而交往过程的合理性则是用言语行为的有效性前提，言语行为所提出的有效性要求，以及用话语兑现这些要求的理由等来衡量自身。成功的言语行为的合理性前提和目的行为的合理性前提属于不同的类型。

以上考察只能说是我们进一步论证目的理性与交往理性不能相互替代的一个导言。在这样的前提下,我把目的行为和交往行为看作是基本的行为类型,相互之间不能还原。接下来我们就来考察两种行为类型在以语言为中介的互动中所形成的联系。我所说的交往行为就出现在这种联系当中。

1.2 交往行为与策略行为

我把"社会行为"(soziales Handeln)或"互动"(Interaktion)当作一个复合概念加以使用,它们可以用行为和言语这样的基本概念来加以解释。在以语言为中介的互动中,这两种行为类型是相互联系的。当然,它们表现出不同的格局,关键是要看言语行为的以言行事力量是否承担了一种协调行为的角色,或者说,言语行为自身是否受到目的行为者相互作用的非语言动力的影响,致使特定的语言约束力一直没有发挥出来。

68 互动可以说是对如下问题的解决:多个行为者的行为计划如何才能相互协调起来,从而使他者的行为与自我的行为相互联系起来。"联系"(Anschluss)在这里主要是指把偶然遇到一起的选择可能性的活动空间压缩到一定的程度,从而使主题和行为在社会空间和历史时间范围内能够彻底结合在一起。如果我们采用的是参与者的视角,那么,联系的要求就已经从关注各自行为计划过程中产生出来了。目的行为可以说是对依靠行为者的语境意义的计划的实现。由于行为者完成了一种行为计划,他也就熟悉了一个语境,这样行为语境就构成了行为者所解释的周围环境的一个部分。这个部分是在一种可能的行为的作用下构成的,行为者认为这种行为可能性对于计划的完成具有十分重要的意义。一旦行为者只能从互动的角度,也就是说,只能依靠至少一个他者的行为(或非行为)来完成他的行为计划,行为协调的问题也就出现了。自我的计划和行为与他者的计划和行为相互联系的方式不同,所产生的以语言为中介的互动类型也就不同。

互动类型主要是根据行为的协调机制来加以区别的,而关键的区别标准在于:自然语言是否只是传达信息的一种媒介,或者同时还是社会整合的源泉。针对这两种情况,我分别提出了策略行为(strategisches Handeln)和交往行为(kommunikatives Handeln)两个概念。在交往行为中,语言理解的共识力量,亦即语言自身的约束力能够把行为协调起来;而在策略行为中,协调效果取决于行为者通过非言语行为对行为语境以及行为者之间所施加的影响。从参与者角度来看,由于信服而达到理解的机制与约束行为的影响机制之间必然会相互排斥。言语行为不能
同时具有双重意图,即既与接受者就某事达成共识,同时又对接 69
受者产生因果作用。在言语者和听众看来,共识不是由外在造成的,也不是一方强加给另一方的——无论是直接通过介入行为语境,还是用自己的成效来间接影响对方的命题立场。明显是由奖励、威胁、诱导或误导等所带来的一切,在主体之间都不能算是共识;这样的介入破坏了以言行事力量唤起信服和带来"联系"的前提。

由于交往行为依靠的是以理解为趋向的语言用法,因此,它必须满足更加严格的条件。参与的行为者都努力在共有的生活世界当中,根据共同的语境解释来一起确定其行为计划。此外,他们还作好了充分的准备,以理解过程中的言语者和听众的身份出现,来实现其定义语境和确定目标的目的。也就是说,他们绝对服从以言行事的目的。语言理解的具体功能表现为:互动

参与者就其言语行为所要求的有效性达成一致，或者充分注意到相互之间的分歧。言语行为提出了可以批判检验并且以主体间相互承认为基础的有效性要求。言语行为获得约束力的具体途径在于：言语者用他的有效性要求明确保证，必要的时候，他的有效性要求可以用正确的理由加以验证。因此，交往行为与策略行为之间的区别就在于：有效的行为协调不是建立在个体行为计划的目的理性基础之上，而是建立在交往行为的理性力量基础之上；这种交往理性表现在交往共识的前提当中。

70 当然，言语行为之所以能够发挥协调行为的作用，是由于听众理解并接受的言语行为的约束力也对具有行为意义的后果产生了影响。这种具有行为意义的后果来源于表达的语言学内涵，对于听众和言语者而言，它们可能是均衡的，也可能是不均衡的。谁如果接受了一个命令，他就会觉得有义务去完成这个命令；谁如果作出了承诺，他就会觉得在必要的时候必须履行自己的诺言；谁如果接受了一个观点，他就会相信这个观点，并把它当作行为的指南。我从以言行事效果的角度对理解和接受言语行为作出了归纳；一切其他的目的和效果都是属于“以言取效”类型。对于以言取效效果，我区分为两种，即以言取效效果1和以言取效效果2，前者来源于言语行为的意义，后者则不是从所说内容的语法效果中产生出来的，而是适用于偶然情况，并且永远受到以言行事效果的制约：H理解（以言行事效果1）和接受（以言行事效果2）给Y一些钱的要求。H给Y“一些钱”（以言取效效果1），因此使他的妻子很高兴（以言取效效果2）。后一种不受语法控制的效果一般情况下是语境解释的一个明显组成部分，而且能够被公开宣布出来，不会有损于行为的进程。如果言语者试图用他的要求促使接受者，让Y把所得到的那些钱用于盗窃，而S又承认，这种犯罪行为并没有得到H的允许，那么，情况就是另外一个样子了。在这种情况下，实施既定的犯罪行为就是一种以言取效效果，如果言语者从一开始就宣布这是他的目的，也就不会有这种效果了。

这种潜在的策略行为是一个有趣的例子，它说明了理解机制在建立互动过程中的运作方式：只有在行为者用他的要求取得了一种以言行事效果之后，他才能实现其协助一种非公开的以言取效的犯罪行为的策略目的。反过来，如果言语者事先佯 71
言，他毫无条件地追求其言语行为的以言行事目的，也就是说，他让听众对交往行为的前提实际上已经遭到单方面破坏这个事实全然不知，那么，他也能取得上述效果。潜在的策略性的语言用法和规范的语言用法处于寄生状态，因为只有当一方为了理解而使用语言的时候，它才能发挥作用。这种依附的地位揭示了语言交往所固有的规律，只要语言交往对行为者的目的行为作出一定的限制，它就能一直发挥协调的作用。

当然，即便在交往行为中，各个行为者具有目的论结构的行为链也贯穿着整个理解过程。通过语言媒介相互协同起来的是互动参与者的目的行为。但是，只有当语言媒介打破用自己的效果来衡量的行为计划，并且暂时改变行为样式的时候，它才能发挥这种协同功能。交往对无条件的言语行为的支配，使得以自我为中心的行为者的行为计划和行为进程处于主体间共有的语言结构的约束之下。这就迫使行为者交换视角：行为者必须从目的行为者的客观立场过渡到言语者的完成行为式的立场。因为目的行为者想对世界中的事物发挥影响，而言语者则想与第二人称就世界中的事物达成共识。如果不转向从交往的角度使用语言，那么，他们就无法掌握语言的约束力。因此，一旦接受者发现对方只是假装放弃了其目的趋向，潜在的策略行为也就宣告失败。

在策略行为中，言语与行为之间的格局发生了变化。这里的以言行事的约束力已经有所减弱；语言退缩成了信息媒介。
72 关于这点，我们可以用上文提到的例子来加以说明：

(1)S:“我要你给 Y 一些钱。”

在交往行为前提下，一种命令或要求的接受者必须认识清楚规范语境，只有在这个规范语境里，言语者才有资格提出他的要求，也才能够期待他有理由让他所要求的行为得到实现。要想理解这种言语行为的以言行事意义，也就是说，要想理解这种言语行为的特殊要求性质，仅仅了解到从命题(1)的陈述内容中所得出的(给钱)有效条件是远远不够的。对有效条件(a)的认识，必须要得到对以下条件(b)的认识的补充：在这些条件下，言语者才能有理由认为所要求的内容(a)是有效的，也就是说，在这种情况下，言语者才能有理由认为所要求的内容是有规范理由的：比如说这是一个朋友，是一个众所周知慷慨大方的同事，或是 S 的债主或同伙。对方在一定的情况下拒绝的也是一种规范的有效性要求：

(1′)H:“不，你没有权利要我这样做。”

明显的策略行为关系中遭到破坏的恰恰就是这些有效性要求(诸如命题真实性要求，规范正确性要求，以及主体真诚性要求等)。有效性要求的前提被悬搁了。

银行劫匪用手枪指着工作人员，让他们“举起手来”，并且把钱拿出来。这是一个极端的例子，说明在这种情况下，规范有效性(normative Gültigkeit)的前提被认可(Sanktion)的前提所取代了。任何一种没有规范的命令，其接受前提都必须用这样的认可前提来加以补充。在要求(1)的情况下同样也是如此。如果守法的接受者知道，Y 用他给的钱是打算用来犯罪的，那么，S 就必须用一种可能得到的认可来补充他的要求，并且可能会这样来表达：

(2)S:“我要你给 Y 一些钱，否则我就告诉警察你已经卷入 73
了这件事。”

“如果……那么”这样一种威胁结构集中表明规范的背景已经消失了，因为它用权力要求代替了交往行为中的有效性要求。由此也可以看出，言语与行为之间的格局已经发生了变化。在明显的策略行为中，缺少以言行事力量的言语行为把协调行为的角色给了语言外部的影响。如果语言交往活动中的共识结构被抽去，交往自身当中暂时被搁置的表达有效性只能间接地得到解释，那么，无力的语言就只能满足一些剩下的信息功能。言语行为(2)表面上看来还是一种要求，但实际上是一种威胁：

(2a)S:“如果你不给 Y 一些钱，我就告诉警察……”

威胁是这样一种典型的言语行为，它们在策略行为语境中发挥的是一种工具作用，它们失去了其以言行事的力量，并且从其他的应用语境那里获得了以言行事的意义，在这些语境中，同样的命题通常是从交往角度表达出来的。这些以言取效行为根本就不是以言行事行为，因为它们所追求的不是要接受者采取一种合理的立场。如何拒绝威胁就说明了这一点：

(2a′)S:“不，我根本没有把柄在你手里。”

否定涉及到的是威胁能够获得以言取效效果的经验条件。听众对促使他像 S 所预料的那样行动的理由提出了疑义。威胁不是像以言行事行为那样建立在能够让每个人都信服的普遍理由之上。相反，否定的力量所揭示的是特殊理由，对于具体情况
下的具体接受者来说，这些特殊理由构成了一种作出具体反应 74
的经验动机。

辱骂和简单的命令一样，通常也具有一种模糊特征。辱骂可能具有一种常规性质，比如能够表达出一种道德判断；但辱骂

也会具有以言取效特征，比如用来让接受者觉得害怕或恐惧。

2

临时导入的交往行为概念是建立在一种关于语言和理解的具体观念基础上的。这种关于语言和理解的观念必须用意义理论来加以阐明。对此，我在这里不想进一步展开论述。但我想起码应当对涉及到意义与有效性之间内在联系的形式语用学意义理论的基本观念作简单的介绍和阐述(1)。不过，这样还没有交代清楚理论命题在社会科学上的意义。交往行为概念应当用社会学行为理论来加以证明。社会学行为理论所要阐明的是社会秩序如何成为可能的问题。分析交往行为的前提可能会对社会学行为理论有所帮助。因为它揭示了把互动在更高层次上结合并稳固下来的生活世界背景层面(2)。

2.1 意义理论中的语用学转型

交往行为概念表现出了这样一种直觉，即语言内部就包含着理解的目的。理解是一个具有常规内涵的概念，它超越了语法意义上的理解概念。言语者就一件事情和他者达成理解。如
75 果双方都认为表达是正确有效的，他们才能达成这样一种理解。对某事的理解是用主体间对一种可以批判检验的基本表达的承认来加以衡量的。领会语言表达的意义，和用一种认为是有效的表达来理解某事，二者并不是一回事。尽管如此，也不能把意义问题和有效性问题截然隔离开来。意义理论的基本问题是：理解语言表达的意义究竟意味着什么。意义理论的这个基本问题不能同在何种语境中这个表达才能被有效接受这个问题分离

开来。如果我们不知道如何使用语言表达的意义来和他者就某事达成理解，我们也就无法懂得理解语言表达的意义究竟意味着什么。从理解语言表达的前提上面就可以看出，能够用语言表达建立起来的言语行为着眼于对所说内容的合理理解。因此，对表达可能具有的有效性进行探讨，不是属于理解的实际前提，而是已经属于语言理解自身的实际前提。在语言当中，意义层面和有效性层面是紧密联系在一起的。

显然，弗雷格以来的真值语义学已经利用这个观点：如果我们知道命题为真的实际情况，我们也就理解了一个断言命题。这里的代表类型是命题，而不是言语行为，而且是一个陈述命题，而不是非断言命题，也就毫不奇怪了。因为，根据这种理论，有效性问题完全处于语言与作为事实总体性的世界之间的关系当中。由于有效性和陈述的真实性等同了起来，因此，语言表达的意义和有效性在确定事实的话语中也就建立起了联系。正如毕勒已经认识到的，表现功能只是语言三种原始功能之一。用
于交往的命题，同时把言语者的意图（经历）表达出来，把事态 76
（或在世界中遇到的事情）表现出来，并与接受者之间建立起联系。这三种功能也就表现了三个基本方面：自己就某事与他者达成理解。语言表达的意义与(a)语言表达的意图，(b)语言表达的内容，及(c)其在言语行为中的使用方式之间存在着三重关系。

值得注意的是，三种著名的意义理论命题都只是从语言核心发射出去的三条意义射线中的一条出发，而且只根据一种语言功能来解释所有的意义。意向主义语用学（从格里斯到本尼特和希福）认为，言语者在一定的语境当中所表达出来的意图，或想让理解的内容具有基础意义；形式语用学（从弗雷格经过早期维特根斯坦到达米特）的出发点是命题的真实性前提或成为

真实的条件;晚期维特根斯坦所开创的意义应用理论则把一切都和语言表达发挥功能的通常的互动语境联系起来。这三种意义理论中的任意一种都和交往过程的一个方面结合在一起。它们不是从意图的角度出发把语言表达的意义解释为意向意义,就是从所说内容的角度出发解释为字面意义,或是从互动中的应用角度出发解释为表达意义。这些方面在毕勒的语言图式当中是受到同等对待的,而它们分别把其中的某个方面突现出来,因而都走进了死胡同;对此,我不想详细讨论。(塞尔在奥斯丁的基础上所阐述的)言语行为理论就是要克服上述三种理论所遇到的这些困难。

言语行为理论为言语者的意图保留了一个恰当的位置,而没有像格里斯的语用学那样把语言理解彻底还原为策略行为。在关注以言行事力量的同时,也注意到了人际关系和言语的行
77 为特征,而没有像维特根斯坦的语义学那样,把一切超越局限性的语言游戏所共有的有效性要求都排除在外。因为,有了现实条件概念,言语行为理论最终也就注意到了语言与世界以及命题与事态之间的关系。不过,由于把有效性简单地定义为命题真实性条件的满足,言语行为理论还是和真值语义学的认知主义之间保持着千丝万缕的联系。而在我看来,这正是我们所要克服的缺点所在,但前提是我们必须认识到,不只是语言的表现功能,而是所有的功能都充满了有效性要求。

“我给 Y 一些钱”这个命题在情态上是比较含混的;根据不同的语境,我们可以把这个命题分别理解为承诺(Versprechen)、坦白(Geständnis)或预言(Voraussage):

(3)S:我向你保证,我将给 Y 一些钱。

(4)S:我告诉你,我给了 Y 一些钱。

(5)S:我可以先告诉你,X(等于言语者)会给 Y 一些钱。

听众可以对这些言语行为作出相应的否定来加以拒绝。言语者的承诺、坦白或语言所关系到的有效性要求从这些否定的回答中就可以看得一清二楚:

(3′)H:不,这些事情上你总是不可信。

(4′)H:不,你只是想骗我。

(5′)H:不,你根本没有钱。

言语者用命题(3)所提出的是履行义务的规范要求,用命题(4)所提出的是关于他的意图的主体真诚性要求,用命题(5)所提出的是陈述真实性要求。此外,一种言语行为不能只从一个主要的方面加以否定。对于命令:

(1)S:我要你给 Y 一些钱。

不仅可以这样来加以拒绝:

(1′)H:不,你没有这个权利。 78

而且可以用对言语者真诚性的怀疑,或对陈述内容的实际前提的怀疑来加以拒绝:

(1″)H:不,你这样说不是认真的——你是想拿我开玩笑。

(1‴)H:不,我根本遇不着 Y,没有机会把钱给他。

这点同样也适用于记述式言语行为和表现式言语行为。一个表达是否满足了其表现功能,无疑是用真实性条件来加以衡量的;但是,是否满足了互动的语言功能或表达的语言功能,则是用类似于真实性的权威条件和真诚性条件来加以衡量的。每一种言语行为都可以在如下三个方面遭到批判,而被认为是无效的:从人为的陈述(以及陈述内容的实际前提)的角度来批判它是不真实的;从现有的规范语境(或先验规范的合法性)的角度来批判它是不正确的;从言语者的意图角度来批判它是不真诚的。我们不妨假定,这里简单交代的有效性概念的三个维度可以详细发挥开来;那么,这对于解答意义理论的基本问题究竟又有何意义呢?

达米特在用语用学重新解释有效性问题方面已经迈出了第一步,为此,他证明,真值命题必要时在简单的表现性观察命题中,可以从一些具体情境中抽离出来;在这些具体情境中,听众能够认识到,断言命题的真实性条件何时才能得到满足。依靠语用学对命题的真值(truth)与命题提出断言的理由(assertibility)所做的区分,达米特用一种间接知识代替了对真实性条件的认识。听众必须对言语者要求具体的真实性条件得到满足,必要时甚至能够对所提出的理由有所认识。如果我们知道了言语者必须援引何种理由,才能使听众信任他能够为命题提出一种
79 有效性要求,我们也就理解了陈述命题。理解的条件在日常交往实践中必须得到满足,因此,它们揭示了一种假设的论证游戏,在这种游戏中,作为正方的言语者能够说服作为反方的听众,相信一种可能存在问题的有效性要求的合理性。在真值语义学的这种认识转型之后,命题的有效性问题就不再可以说是一个脱离了交往过程,而只涉及到语言与世界之间客观关系的问题了。

因此,真实性要求显然不能再从语义学的角度,不能只从言语者的角度来加以定义。有效性要求构成了参与的主体之间相互承认的焦点。他们在推动提供言语行为和接受者采取赞同或反对立场方面所发挥的是一种语用学的作用。真值语义学的语用学转型要求对"以言行事力量"重新作出评价。奥斯丁认为,这是言语行为的非理性力量,而真正的理性力量被命题内容所垄断了。根据语用学的解释,情态能力决定了言语者在正常情况下用完成行为式命题所提出的有效性要求。这样,以言行事成分也就成了合理性的核心所在。这种合理性表现为有效性前提,与此相关的有效性要求以及用话语兑现这些有效性要求的

理由之间的联系。所以,有效性前提不再是固定在陈述部分,引入进一步的有效性要求有了自己的空间,这些有效性要求所针对的不是真实条件(或有效条件),也就是说,所针对的不是语言与客观世界之间的关系。

经过用规范正确性和主体真诚性对命题真实性进行补充,最后一步就可以把达米特的解释推而广之。在一定的情况下,言语者可以援引一些理由,来说服听众相信他有能力为他的表
达提出有效性要求。如果我们知道他所援引的是何种理由,也 80
就是说,如果我们知道是什么使得他的表达能够被接受,我们也就理解一种言语行为。在有效性要求当中,言语者所依靠的是他能够用来支持这种要求的潜在理由。理由揭示了有效性的前提,因此它们本身就属于使表达能够被接受的条件。这样,可接受性的条件也就揭示出了自然语言的总体论特征:任何一种言语行为都通过逻辑学-语义学的联系而和其他潜在的众多言语行为发生了关系,有了充分的理由之后,这些潜在的言语行为就能发挥一种语用学的作用。所以,了解一种语言,和认识语言所阐释的世界是紧密联系在一起的。或许,世界知识只是所拥有的理由比语言知识要多一些而已。世界知识与语言知识之间密不可分,这就充分证明我们开头所提出的基本思想:理解一种表达,也就意味着懂得如何运用这种表达,来与某人就某事达成共识。

如果这样一种形式语用学的命题能够得到充分发挥和缜密论证,那么,它就可以解释清楚:自然语言媒介为何会具有一种能够用于协调行为的约束力。由于言语者用他的可以批判检验的有效性要求为此提供了保证,必要的时候,还可以援引各种理由来证明言语行为的有效性,因此,凡是了解可接受性条件和领会了所说内容的听众,都要求采取一种合理的立场;如果他承认

了有效性要求，并且接受了所提供的言语行为，那么，他也就承担了其中的互动义务。这种互动义务来源于所说内容，而且对
81 所有的参与者都同等有效。

2.2 从社会行为到社会秩序

我把交往行为和策略行为当作是以语言为中介的互动的两个变形。对于交往行为而言，只有通过从结构上对主体间共同使用的语言加以限制，才能促使行为者从仅仅关注自身效果的目的理性的自我中心论当中走出来，并且成为交往理性的公共范畴。因此，超越主体的语言结构是用来从行为理论的角度解答社会秩序如何成为可能这个经典问题的。

策略行为的原子论概念本身在这方面不能提供任何相似的内容。如果它还想作为社会学行为理论的基本概念而发挥作用，它就必须解释清楚，只是从目的行为者相互影响过程中所出现的互动语境如何才能成为一种稳定的秩序。从霍布斯以来，人们就一直在尝试根据偶然相遇的目的行为者的理解结构和个人利益的计算，来解释具有超越主体的规范有效性要求的规范是如何形成的。今天，人们用语言理论来探讨这个“霍布斯式的问题”（帕森斯语）。我对从刘易斯到埃尔斯特的讨论深入分析之后觉得，独立行为者的双重偶然秩序的形成问题今天并没有得到比霍布斯时代让人觉得更为可信的解答。

人们曾尝试用现代手段来革新工具秩序的经典概念，但比这种尝试更有前途的是导入一种交往媒介；有了交往媒介，控制行为的信息潮流也就被理顺了。由于这个概念的定义是把受货币控制的市场交换当作范式，因此，建立在理性选择基础上的策
82 略行为就保持为一种适合于控制媒介的行为概念。通过货币这

个符码而流通的信息在内在特殊结构基础上左右着行为的抉择，而且不必付出更加具有冒险性的依赖有效性要求的理解努力。行为者采取的是一种极端的目的理性立场。尽管如此，对于行为者来说，转向由媒介控制的互动还是导致目的设定与手段选择在客观上颠倒了过来。媒介本身现在所传达的就是有关系统（这里是市场系统）捍卫自身存在的命令。正如马克思所认为的，手段与目的的颠倒被行为者看作是实际社会进程的物化特征。因此，由媒介所控制的互动所体现的就不再是一种扎根在抉择承担者的目的合理性当中的工具理性，而是一种自我控制的系统内部所固有的功能理性。这种命题在经济学和组织学中得到了进一步的发挥，但它所涉及到的只是特殊的行为领域；它未能满足把社会行为彻底还原为策略行为的一般解释要求。由于主宰行为的交往媒介，如作为特殊符码的金钱，和结构更加复杂的日常语境分离了开来，因此，媒介理论揭示了语言理论的另一个框架（请参阅《交往行为理论》，第 2 卷，第 384 页及下两页）。

剩下的选择也就只有放弃从行为理论的角度来阐明社会秩序的概念。在帕森斯和卢曼那里，保持界限的系统取代了与日常实践交织在一起的超越主体的语言结构。系统是在一个更加普遍的层面上引入的，被当作是行为者和以语言为中介的互动；因此它们本身就被认为是心理系统和社会系统。但是，系统理 83
论从行为理论中独立出来，必须付出客观主义的代价。系统功能主义切断了自身与生活世界及其成员的直觉知识之间的联系。掌握这些潜在知识的解释学途径引导人们（起码是有可能）参与日常交往实践。面对复杂的社会，社会科学的确需要准备从其对象那里获得反直觉的知识。但是，由语言互动网络构成的社会并没有这样去面对一个只有通过观察才能掌握的外部自然，在其符号关系和自我解释当中积淀下来的意义只对理解性的解释开放。谁如果不想断绝这条途径，而试图从内部对社会文化的生活关系加以解释，他就必须把一种能够依赖互动参与者的行为视角和解释活动的社会概念当作出发点。社会世界概念是迈向这样一种社会概念的第一步，形式语用学对交往行为的前提的分析早在一切社会学理论之前就已经遇到了生活世界概念。

在达成共识过程中应当能够建立起社会秩序，初看起来这是一个非常普遍的观点。但是，我们只要想想，每一种交往共识都要依赖对于可以批判检验的有效性要求所采取的赞成或反对的立场，我们就会清楚地发现这种观点是不可信的。每一种互动形态都必须接受双重偶然性，于是，这种双重偶然性在交往行为当中便获得了一种特殊而且棘手的异议风险，它本身存在于交往机制当中，但又始终处于在场状态。有了这种风险，每一种异议都会导致重大的损失。异议带来了多重选择；最主要的有：做简单修整；把有争议的有效性要求搁置起来，结果是共同信念的基础越来越薄弱；换用昂贵的话语，而且结果和问题效果还不
84 确切；中断交往或转向策略行为。我们不妨想想看，任何一种对于言语行为的公开赞同都要受到双重否定，也就是说，任何一种拒绝之后都会有新的拒绝，因此，经过可以批判检验的有效性要求而实现的理解过程也就不是社会整合的可靠路线。建立在能够说不的基础上的合理动机构成了问题的核心，使得语言共识形式表现为一种破坏机制，因为异议风险从经验那里不断获得新的营养。经验打破了僵化的自明性，因而是偶然性的源泉。它们打乱了人们的期待，与我们习惯的感知方式背道而驰，引起人们的惊奇，让我们看到新鲜事物。经验永远都是新鲜的，它和属己性(Vertrautheit)构成了一对平衡力量。

这样我们对惊奇和属己这对互补现象也就有了初步的了解。深层自明性中的前理解、确切性、肯定性等能够解释清楚，语言理解当中潜藏着的异议风险是如何被日常实践所把握、控制和阻止的。众所周知，胡塞尔在他晚期论“生活世界”的著作中曾尝试探讨绝对属己和彻底自明的基础。他想用现象学的方法来解释日常生活实践和世界经验的内在知识领域，前谓语领域和前范畴领域，以及被遗忘的意义基础领域。我在这里不想使用胡塞尔的方法和他引入生活世界概念的语境，但我吸收了胡塞尔研究的核心内容；在我看来，交往行为也是包含在生活世界当中的，而生活世界主要是通过吸收风险，回过头来去揭示大量的背景共识。交往行为者的理解行为是在共同信念范围内活动的；由已经得到认可的解释模式、忠诚以及技巧等构筑起来的大堤高高耸立，牢不可摧，经验和批判所带来的不安看起来则是在不停地拍打大堤，激发出思想的浪花。 85

胡塞尔用非主题知识（unthematisches Wissen）的概念已经指明了一条揭示这种意义基础的路径。当然，这里有两点限制值得注意。前反思知识贯穿在交往过程当中，没有成为主题知识，首先必须和言语行为中的主题知识区别开来。在言语行为“Mp”中，具有陈述内容的命题是主题知识的载体。完成行为式命题表达出了一种有效性要求，并且明确了命题的使用意义。随着行为宣告完成，这种自我关涉的评述将表现为知识，但它是通过完成行为式，而不像评述陈述内容那样直白。要想使以言行事行为只是被顺带表现出来的意义同主题知识一样能够为人们所掌握，“Mp”就必须转变为一种对“Mp”的描述，也就是说，把：

(1)S：我要你给 Y 一些钱。

转变成：

(1a)S通过表达(1),来要求H去做"p"。

非主题知识与只是顺带被表现出来的知识的区别在于,它不是通过简单地把参与者视角转变成观察者视角就可以掌握的;相反,非主题知识要求对前提进行分析。因为非主题知识是交往行为者必须涉及的前提,有了这些前提,言语行为才能在一个具体的情境中具有一定的意义,并最终明确自己是否有效。

但是,并非一切非主题知识都对具体的生活世界有构成意义。那些一般的生成知识对于生活世界就没有什么意义,但有了这些生成知识,有能力的言语者就能够把语法命题正确地运用到表达当中。同样,我们如何满足交往行为语用学前提的知
86 识对于生活世界也没有什么意义,这些知识包括:我们如何探讨有效性要求的知识,以及相互之间如何确立责任的知识;我们如何确定对象的知识,以及如何在语言与世界之间建立联系的知识;我们如何区分以言行事目的和以言取效目的的知识,如何区分主体世界与社会世界的知识,以及如何区分行为与论证的知识等等。所有这些都是内在知识,只能用知觉加以把握,并且要求通过反思进行合理重构,以便把"知道为何"(know how)转变为"知道如何"(know that)。但是,这样一种属于语言资质的前反思的非主题知识一般都是用于生产言语行为,它们创造而不是补充交往行为。我们必须注意的是另一种非主题知识,它不仅补充和伴随着交往行为,而且扎根在交往行为当中。这就是具体的语言知识和世界知识,它们坚持的是半公开的前谓词和前范畴,并且构成了一切主题知识和次主题知识的肯定基础。

3

但是,现象学诱发了一种从认识论那里借用过来的建构世

界的概念，不过，这个概念不能随便用到社会学当中。为了避免社会现象学的困境，社会理论必须摆脱关于认识的建构理论，退而采用语用学的立场，因为语用学就其本质而言是涉及到以语言为中介的互动的。因此，我们应当引入“生活世界”概念，把它当作交往行为的互补概念(1)。通过对前提的分析，形式语用学揭示出了生活世界的背景，但言语者从参与者的视角对形式语 87
用学的研究进行了重建。社会科学所使用的这个概念要求在方法上从第二人称的完成行为式立场转向第三人称的理论立场(2)。

3.1 形式语用学的生活世界概念

在论欧洲科学危机的文章中，胡塞尔从理性批判的角度引入了生活世界概念。胡塞尔当时所处的实际情况是：自然科学被认为是唯一的科学；在这种情况下，胡塞尔突出强调日常实践的偶然性语境是遭到排挤的意义基础。因此，生活世界与构成自然科学对象领域的那些理想化概念是相对立的。针对理想化的测量、因果假定、数学以及其中实际的技术化倾向，胡塞尔坚持认为，生活世界是现实领域，能够发挥原始的作用。从生活世界的角度出发，胡塞尔对自然科学客观主义遗忘自我的理想化进行了深入的批判。由于语言主体间性构成了主体哲学的一个盲点，因此，胡塞尔也未能认识到，日常交往实践本身就是建立在理想化前提上的。

有效性要求超越了一切单纯的局部范畴；随着这些有效性要求的提出，先验前提与经验事实之间的张力关系也就渗透到了生活世界自身的现实处境当中。交往行为理论把一切知性领域都解先验化了，为此，它在言语行为必然具有的语用学前提中，亦即在交往实践自身的核心领域，发现了先定的理想化力量；这些理想化在似乎已经超越日常生活的论证的交往形式中表现得更加清楚。理想化从先验领域下降到了生活世界当中，
88 并且用自然语言作为媒介发挥有效作用；兑现可以批判检验的有效性要求的观念需要这样的理想化。认知工具理性有选择地歪曲现代生活方式，操作灵活的交往理性的反抗力量同样也体现在这些理想化的概念当中。

言语者从前反思的角度占有一种语言资质，把它当作一种内在知识。由于这些理想化概念得益于这种语言资质，因此，在非主题知识领域里就出现了冲突，一边是追求理想化的外部知识，另一边则是能够消化风险的背景知识。正如胡塞尔所认为的，这种冲突并不是主要表现为经验科学专家知识与前理论的日常信念之间的抵牾。日常交往实践中所言说的大部分内容都是没有问题的，都没有受到批判经验的批判或意外的压力，因为它们所依靠的是得到有效性预先认可的生活世界的明确性。

一种非主题知识相对处于中心位置，它背起了使有效性要求让人信服的重担。参与者依赖的就是这种知识，并把它当作是语用学前提和语义学前提。这里首先涉及到的是(a)一种与情境相关的视界知识(Horizontwissen)，其次是(b)一种依赖主题的语境知识(Kontextwissen)。

关于(a)：熟悉的环境处于集中有序的时空视界当中，并且构成言语情境的中心。通常情况下，参与者可以假定，他们从已经协调好的视角出发，可以对言语情境的日常部分，以及不断向外扩展的环境作出多少一致的解释；他们也认为，此时此刻，他们的不同生活历史视角相互遇到了一起，必要时可以赋予共同的语境解释以不同的意义。这种视界知识通过所说内容一同悄悄地表现了出来；它使得表达不成问题，并且要求得到接受。比

如我在法兰克福的格吕堡公园里闲聊时，顺便说到加利福尼亚
下雪了；如果对方知道我刚刚从三藩市回来，或者知道我是气象 89
局的气象学家，他就不会表示任何疑问。

关于(b)：依赖主题的语境知识同样起到稳定有效性的重要作用。言语者可以在共同的语言范围、共同的文化范围、共同的教育范围等，亦即在共同的环境或共同的经验视野里，把这种语境知识确定下来。就具体主题展开评述的言语者，实际上已经悄悄地点明了一定的语境；在语境的衬托下，可以看出所言说的内容是常见的还是稀奇的，有信息还是根本就不可信。这种一同到场的语境知识能够按照需要调动信息和理由。我们假定，非主题知识被主体间所共有，并且得到了广泛认可；如果这种假定不确切，那么，语境知识也就大有必要了。我在这里所做的，就是尝试引入交往理论的生活世界概念。对于我的尝试，马德里或巴黎以及伯克利等地的专家会提出不同的疑问和疑义。

这种非主题知识很容易就会陷入问题的旋涡里。情境的视界或主题只需要对自己进行细微的调整。比如我上课只要拖堂十分钟，或离开生活世界的主题去谈谈将要起程的旅行，大家的注意力就会集中到遭到破坏的语用学前提上，而对于这些语用学前提，我们一直都是默默坚持的。这样，涉及到情境的视界知识和依赖主题的语境知识也就同生活世界的背景知识(c)区别了开来。生活世界的背景知识具有不同的表现条件，不能通过意向而表现出来；它是一种深层的非主题知识，是一直都处于表层的视界知识和语境知识的基础。

关于(c)：背景知识具有更大的稳定性，因为它永远也不会
受到偶然经验问题压力的影响。这点具体表现在：我们可以通 90
过方法论的努力，把已经明确的知识从一定的潜在背景当中分离并表现出来。为此，胡塞尔提出了形象化的方法，亦即对于修

饰世界的自由想像,或设计出对立的世界,它们能够揭示出我们潜意识中稳定而又难以把握的规范期待,并且能够把我日常实践的直观基础表现出来。塞尔的一些例子也使人想到这种方法。塞尔用这些例子阐明,只要言语行为的语义学有效性条件没有得到直觉上已经意识到的背景观点的补充,言语行为的意义也就永远都是不确定的。这些背景观点一直都是潜在的和非主题性的,而且被设定是不成问题的。于是,塞尔就把"垫子上的猫"(Katze auf der Matte)放到世界当中,想通过这样的修正使人们认识到,我们在想像垫子上的肉身时,通常都是受到地球万有引力的影响。同样,自从智人(Homo sapien)依靠使用一定的工具来维持生命时,他们就具有了关于杠杆原理的直觉知识;但是,经过从方法上对我们前理论知识的拷问,现代科学才真正把这个原理揭示出来,并使之成为一种明确的知识形式。

但是,对绝对前提进行自由变形的方法很快也就走到了极限。生活世界背景不是供我们随意驱使的,同样,我们也不能把一切都置于抽象的怀疑之下。相反,皮尔斯的语用学对这种笛卡尔式的怀疑提出了进一步的怀疑,由此,皮尔斯指出,使生活世界明确性发生动摇的问题,与历史偶然性的客观力量一道摆在了我们面前。胡塞尔已经把他对生活世界的分析和危机主题
91 结合了起来。胡塞尔从客观主义对世界和自我的遗忘中,归纳出了现代科学所导致的危机。这样一种世界历史或生活历史的危机情境所带来的问题压力在客观上改变了主题化的条件,而且,只有这样才能同最邻近和最自明的事物保持一种明确的距离。道德普遍主义的一个支派就是一个例子,它始于先知的普世宗教,对宗族或氏族内部要求虔诚的实体性道德有一种朴素的信任。不过,这个支派后来也引起了许多的复归运动,因此它的影响一直延伸到二十世纪,直到集中营敞开了大门。

和一切非主题知识一样，生活世界的背景也是潜在的，通过前反思才能表现出来。生活世界背景的第一个特征是一种绝对的明确性（unvermittelte Gewissheit）。它赋予我们共同生活、共同经历、共同言说和共同行动所依赖的知识以一种悖论的特征。背景的在场既让人觉得历历在目，又叫人感到不可捉摸，具体表现为一种既成熟而又有不足的知识形式。背景知识与可能出现的问题之间缺少一种内在联系，因为它只是在被言说出来的一瞬间才和可以批判检验的有效性要求发生接触，才被转化为可能出错的知识。绝对的明确性始终都是牢不可破的，直到它自己突然消解；因为从严格的可错性角度来看，它根本就不是什么知识。

生活世界背景的第二个特征是它的总体化力量（totalisierende Kraft）。生活世界是一种总体性，具有一个中心和许多不确定的界限；这些界限是可以穿透的，但不能逾越，因为它们带有收缩性质。在感知层面以及意义层面上，表层的视界知识和语境知识从它们的基础那里获得了一种世界观的特征。共同的言语情境构成了一个中心，可以供越来越集中的社会空间和三维的历史时间不顾一切客观的计量而集中到一起；因此，这个 92
中心不是像人类学现象学所认为的那样是每个人自身的肉体。我们所经历的空间和时间永远都是很具体的，比如村庄、地区、国家、民族、国际社会等，或代系、时代、年代以及上帝面前的个体生活历史等，它们都是我们所处的世界的解释坐标或表现坐标。我无论是在肉体之中，还是作为肉体，一直都是在一个主体间所共有的世界里，集体共同居住的生活世界就像文本和语境一样相互渗透，相互重叠，直到相互构成网络。

第三个特征是背景知识的整体论（Holismus），它和绝对性以及总体化是联系在一起的。有了这种整体论，背景知识表面上看起来是透明的，但实际上是无法穿透的：因此，生活世界是一片“灌木丛”(Dickicht)。不同的要素在其中混杂在一起，只有用不同的知识范畴，依靠问题经验，才能把它们分离开来。形式语用学家已经从等待根据事实、规范以及经验所区分开来的主题知识转向关注生活世界。这样一种鉴别的眼光使他们得出结论，认为在背景知识中，信赖、感知以及理解使得对于事情的信念具有合法性。相互纠缠在一起的基本观点，比如仇视和信赖、固执和灵活等，都是一切没有经过反思的前形式或前结构，在言语行为主题化之后，它们才分化开来，并且具有了命题知识的意义，具有了通过以言行事建立起来的人际关系的意义，具有了言语者意向中的意义。

这种非主题知识的三个特征，即绝对性、总体化力量以及整体论观念，或许可以解释清楚生活世界当中充满悖论的“基本功能”，即接近经验的偶然有限性。根据我们从经验当中刚刚得到的确切性，生活世界建立起了一道围墙，用于抵御同样也是来源
93 于经验的惊奇。如果世界知识肯定是后天获得的，而语言知识相对又具有先天性质，那么，悖论的基础则可能就在于，世界知识和语言知识在生活世界基础上是整合在一起的。

于是，批判经验的问题力量把生活世界的背景和前景区别了开来。根据我们对待在世界中所遇到的事物的实际方式，经验本身也发生了分化。个人所涉及到的包括事物和事件、人格和历史等。工具世界以及实用意义关系是通过手工处理事物和事件而建立起来的，协同世界以及历史意义关系则是经过与有关人的互动而建立起来的——一个在协作范围内，另一个则在语言共同体当中。从本体发生的角度来看，对待外部自然的技术实践，与社会内部的道德实践是慢慢分离开来的。最终，经验连同我们的内在自然、肉体、需求以及情感等都是间接的，它们

反映在外部世界的经验上。如果这些经验在审美层面上能够获得独立,那么,自律的艺术作品就承担起了启蒙的对象作用,它们唤起了新的世界观,新的立场,新的行为方式。审美经验没有和实践形式纠缠到一起,它们也没有被归入内部世界学习过程中形成的认知工具技巧和道德观念,它们同建构和解释世界的语言功能交织在了一起。

如果经验同言语行为和生活世界背景知识的三分法观念是联系在一起的,那么,经验的分类也就体现了生活世界的结构。不过,只有当我们改变了我们的方法立场,生活世界的这些普遍结构才会表现出来。"背景"、"前景"以及"生活世界中的语境部分"等名词有意义的前提在于:我们接受了一个言语者的立场, 94
他试图同他者就世界中的事物达成理解,而且还会把他的言语行为的说服力建立在大量主体间所共有的非主题知识基础上。只有当我们以行为者的身份出现,并且把交往行为看作是一个循环过程的环节,生活世界才会以一个整体的面貌出现在我们眼前;在交往行为的循环过程中,行为者不再是始作俑者,而是自身传统的产物,是所属协同群体的产物,是被抛入的社会化过程和学习过程的产物。经过这样初步的客观化之后,交往行为网络才成为生活世界再生产的媒介。

3.2 社会作为由符号建构起来的生活世界

言语者与他者就某事达成理解,所使用的任何一种言语行为都把语言表达固定在了三层世界关系当中:与言语者的关系,与听众的关系,以及与世界的关系。从互动结构来看,我们所探讨的主要是第二个方面,即人际关系。通过建立人际关系,互动参与者用他们的言语行为承担起协调的使命。言语行为发挥协调行为功能的一般途径在于：它们使多个行为者之间能够达成合理共识；当然，语言的其他两种功能，即表现功能和表达功能，也参与到了其中。因此，和行为者直接建立起来的人际关系相比较而言，协调行为的视角处于一个更加抽象的层面上。协调行为的目的一般都是要在主体间共有的生活世界中实现社会整合。当然，我们这样认为实际上已经是以一种视角转换为前提的，有了视角转换，我们就可以来追问交往行为对于生活世界的
95 再生究竟有何种贡献。在我们从方法论上完成这种立场转换之后，我们就可以对所说内容的理解，或参与理解的个人的社会化做相似的思考。就是这些角色也满足了交往行为的所有功能。从交往的角度来看，它们是用来保存和发展文化知识的；从社会化的角度来看，它们则是用来培养和维护个人认同的。

我们可以认为，生活世界的各个部分，如文化模式、合法制度以及个性结构等，是贯穿在交往行为当中的理解过程，协调行为过程以及社会化过程的浓缩和积淀。生活世界当中潜在的资源有一部分进入了交往行为，使得人们熟悉语境，它们构成了交往实践知识的主干。经过分析，这些知识逐渐凝聚下来，成为传统的解释模式；在社会群体的互动网络中，它们则凝固成为价值和规范；经过社会化过程，它们则成为了立场、资质、感觉方式以及认同。产生并维持生活世界各种成分的，是有效知识的稳定性，群体协同的稳定性，以及有能力的行为者的出现。日常交往实践的网络同在社会空间和历史时间范围内一样，远远超出了符号内涵的语用学领域，并且构成了文化、社会以及个性结构形成与再生的媒介。

在我看来，文化是储存起来的知识，交往参与者通过相互就某事达成理解，而用这些知识来支持自己的解释。社会是由合法的秩序构成的，它促使交往参与者属于一定的社会群体，确保

他们之间能够协同起来。一切促使主体能够言说并且行动的动 96
机和能力，我都把它们归入个性结构。对于交往行为而言，文化
构成了一束光环，在它的照耀下，不同的实体相遇到了一起，并
且被当作了实体。规范和经验则是作为社会世界和主观世界中
的事物与这些实体遇到一起的；对于这些规范或经验，实体可以
采取一种合乎规范或表现式的立场。对于参与其中的主体而
言，从交往行为向策略行为过渡这幅场景是在刹那间完成的，但
对于使用这个生活世界概念的社会科学家来说则就不是那么简
单了；为了防止出现普遍误解，我想先来解释一下究竟是什么导
致了这种一种情况。

如果我们从宽泛意义上把社会看作是由符号建构起来的生
活世界，那么，社会的形成和再生也就的确只能依靠交往行为。
但这并不会导致这样的后果，即在社会科学观察者看来，生活世
界中没有了策略互动。策略互动在这里具有一种特殊的意义，
这和在霍布斯的理论或博弈论中是不一样的。在霍布斯的理论
或博弈论当中，策略互动被当成作为工具秩序的社会的生产机
制。相反，在交往理论当中，策略互动则仅仅表现在已经建构起
来的生活世界的范围中，而且是作为失败的交往行为的替代物。
它们似乎是后来才占领社会空间和历史时间的，也就是说，是后
来才进入通过交往行为而建立起来的生活世界范围的。策略行
为也背负着生活世界的背景，也注意到了其生活世界中的制度
和个性；但是，两者的形式都发生了变化。在掌握目的行为语境
过程中，生活世界作为背景实际上已经被中立化了；它失去了其
作为保障共识资源的协调行为能力。和（不再为主体所共有的） 97
生活世界中的其他所有定性一样，其他的互动参与者只是作为
社会事实而遇到一起的，也就是说，是作为对象而遇到一起的，
行为者（有些时候还用以言取效效果）来对他们施加影响，促使

他们作出一定的反应。但在策略行为者的客观立场当中，他再也不能把他们当作第二人称而与他们达成理解。

因此，对于社会科学观察者来说，在他们所分析的生活世界中，会出现一些行为后果和行为系统，整合它们的不是价值、规范和理解过程，而最多只是相互影响，比如市场关系或权利关系。这样就会遇到一个永恒的经验问题，即这样一种生活世界命题是不是比霍布斯的命题更具有实在论特征。初看起来，的确是这样。市场关系和权利关系也是规范性的，一般都是受法律调控的，也就是说，是处于一定制度范围内的。即便战争也是发生在规范语境中的。内战或种族灭绝暴露出了道德崩溃的迹象，这就充分说明，对于策略互动而言，主体间所共有的生活世界同样也构成了不可缺失的基础。

生活世界的要素，诸如文化、社会以及个性结构等，构成了相互联系的复杂的意义语境，尽管它们的表现形态各不相同。文化知识表现为符号形式，表现为使用对象和技术，语词和理论，书籍和文献，当然还有行为。社会表现为制度秩序、法律规范以及错综复杂而又井然有序的实践和应用。个性结构则完全表现为人的组织基础。所有这些表现物都是语义学内容，都是可以改变的，也是可以用常规语言来流通的。在日常交往实践的市场上，一切意义都结合到了一起。尽管如此，生活世界的不
98 同成分还是构成了不同的空间；从本体论角度来看，这点在它们的时空表现方面也有所体现。

文化传统超越了集体和语言共同体的界限，只要存在，它们就不会受到社会认同或个人认同的约束，在这方面，各种具有全球影响的宗教是最好的例子。但社会却占有一定的社会空间和历史时间，作为人格及其生活历史，社会具有比较具体的传统。依赖有机成分的个性结构有着最严格的时空界限。对于个体而

言,文化和社会主要表现为跨越代际的关系形式。

尽管如此,我们也不能把生活世界的这些因素理解为相互构成周围环境的系统;通过共同的日常语言媒介,它们彼此紧密联系在了一起。只要从这种媒介当中没有分化出来像金钱或行政权力之类的特殊符码,一种永远都发挥多重功能的日常语言也就决定了生活世界的分化,因为像金钱或行政权力之类的特殊符码,会导致从生活世界的社会因素当中分化出来具有特殊功能的行为系统。即便是在很大程度上针对文化再生产(学校)、社会整合(法律)或社会化(家庭)的行为系统,相互也很难严格区分开来。通过日常语言这个共同的符码,它们相继履行了不同的功能,但都和生活世界的总体性之间保持着联系。作为一种由符号构成,并贯穿着不同表现形式和功能的意义语境,生活世界是由三种共同发生而且紧密联系的因素所组成的。

上文对生活世界概念的解释不仅回答了社会秩序如何成为
可能这个经典问题,生活世界不同组成要素之间紧密联系的观 99
念还回答了另外一个关于个体与社会之间关系的经典社会理论问题。生活世界构成的不是个体必须克服其偶然影响的环境。个体和社会构成的也不是出现在其环境中的系统,也不是作为观察者保持的外在联系。同样,生活世界构成的也不是一种把个体当作整体的一个部分加以包容的容器。和系统理论相比较,主体哲学同样也是失败的。

主体哲学认为,社会是一个由部分组成的整体,不管这个部分是国家的政治公民,或是联合起来的自由生产者。生活世界观念同样也打破了这样的思维方式。因为,通过交往而实现社会化的主体,并不是处于制度秩序或社会和文化传统之外的主体。当然,交往行为的主体各自都把他们的生活世界当作是一个主体间所共有的整体背景。但在他们获得表现和成为对象的瞬间，这种总体性必定要消失；它是由社会化个体的动机和能力，以及文化的自我理解和群体的协同性所共同组成的。生活世界仅仅是由文化传统和制度秩序以及社会化过程中出现的认同所构成的。所以，生活世界不是什么个体成员组成的组织，也不是个体成员组成的集体。相反，生活世界是日常交往实践的核心，它是由扎根在日常交往实践中的文化再生产、社会整合以及社会化相互作用的产物。

有机体一旦社会化，也就是说，一旦被社会意义关系和文化
100 意义关系所渗透和重构，它们也就会落入个人的描述。个人是符号结构，这种由符号构成的自然基础尽管被个体认为是自己的肉身，但它和整个生活世界的物质基础一样，永远都是个体的外在本质。对于社会化的个体而言，内在本质和外在本质构成了他们与周围环境之间的外部界限，而个人与文化以及社会之间则是通过语法关系保持着紧密的内在联系的。

文化传统的内涵永远都是个人潜在的知识；如果不是个人从解释学的角度占有和继承了文化知识，也就不会有什么传统可言，即使有了传统，也无法流传下来。因此，个人用他的解释活动为文化作出了贡献。但文化本身又是个人的一种资源。因为不能说个人像有机体承载个性结构一样，“担负”着文化传统。对于具有言语和行为能力的主体来说，每一种文化传统同时也都是一个教化过程；在这个过程中，主体在树立自己的同时，也确保了文化充满活力。

同样，不管规范秩序是把自己固定成为制度，还是保持为漂移不定的语境，它们永远都是人际关系的秩序。尽管群体之间多少已经实现社会整合，并且保持协同一致，但它们之间的互动网络只能是由交往行为主体的协调行为构成的。但是，认为个人是这种交往网络的“载体”的观点也是错误的。社会与个体之

间在构成上具有互动作用。任何一种行为关系的社会整合,同时都是具有言语和行为能力的主体的社会化过程;在社会化过程中,主体在树立自己的同时,也确保了作为一切合法人际关系总和的社会能够保持稳定和得到革新(见图)。 101

个性结构与文化和社会之间的交叉

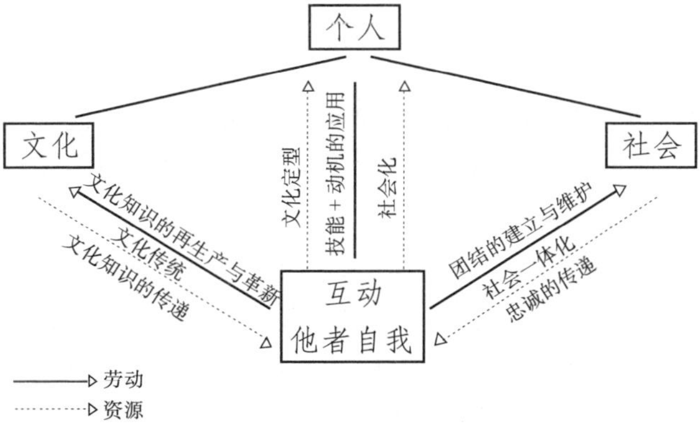

102

社会化过程和教化过程都依赖于个人的学习过程。但我们必须把它们和超越主体的学习效果区别开来;超越主体的学习效果表现为文化和社会的革新,并且凝聚成为生产力或道德意识结构。这些内部世界的学习过程与物质再生产问题是联系在一起的,但物质再生产问题在这里不是我们讨论的主题。生活世界本身的结构分化过程和内部世界的学习过程不是处于同一个层面上。语言世界解释的革新与内部世界的学习过程之间存在着一种相互作用,这就从内部说明了上述动态机制。起码,最后应当再来回顾一下语用学的基本原理,以便阐明这种相互作用的逻辑关系。

根据意义理论,我们对意义与有效性之间的内在联系已经有所认识:如果我们知道言语行为能够被有效接受的条件,我们也就理解了言语行为的意义。因此，语义学规则也就确定了各种命题以及言语行为在语言系统中的有效性前提。依靠这些意义语境，语言揭示了一切行为和经验的范围。海德格尔曾经说过，解释世界的语言使事物在世界中相遇。但另一个问题是，语言所提供的可能性在内部世界的交往过程中是否也还保持有效。至于语义学所确定的有效性前提能否真正得到充分满足，以便使一切命题和表达在有效的语言游戏中找到自己的位置，这就不仅要看语言解释世界的力量，而且要看语言系统实现的内部世界的实践效果。我们不能像海德格尔或福科那样，认为语言世界观的创造性革新是本体论或知识形式的远古历史。随着语言意义范围的变化，发生改变的不只是表达的有效性前提；已经发生变化的前理解要想继续保持下去，就必须与视界发生变动的过程中真正遇到的一切建立起联系。此外，交往行为所固有的所有有效性要求，都想把内部世界的实践与学习过程结
103 合起来。内部世界的实践通过先验的意义理解所建立起来的世界观结构，不仅依靠创造诗意来对自己加以革新，它们还对所促成的学习过程作出反应，学习过程的直接结果就是世界观结构的转型。

另一方面，我们也不能认为，环境从外部发挥的限制作用是系统在高度复杂的环境中的绝对命令，它统率一切，而且能够解决批判经验的问题压力。系统功能主义就这样把一个合法的方面给独立了出来。从系统角度来看，社会表现为马克思形象指出的社会与外部自然之间的物质交换。系统结构的一个特征就是内部视角与外部视角的分化，在此过程中，保持系统与环境之间的差异性就成了系统的独特成就。但我们不能从一个观察者的角度把这种成就赋予系统，因为，作为观察者，我们也给生活世界套上了一种系统模式。从参与者角度来看，用解释学就可

以把握住生活世界,并且能够把它的普遍结构重建起来;如果要想使生活世界在维持界限的系统层面上再一次对象化的话,社会科学就不能失去其在解释生活世界过程中所取得的成果。为了避免范式混乱,我在其他地方(《交往行为理论》,第2卷)曾尝试以社会整合和系统整合这一对概念为例,把行为理论与系统理论的基本概念结合起来。这样也就可以解释清楚,为什么系统因素是历史过程的产物。与复杂的环境划清界限,其动力体现了整个世界的系统特征,但是,直到有了受媒介控制的亚系统,这种划清界限的动力才转移到社会自身的内在领域。 104

第五章　意义理论批判

1　意义理论的三种命题

意义理论应该回答如下问题：理解一种完善的符号表达的意义，究竟意味着什么？1934年，卡尔·毕勒提出了一种语言功能图式，根据与言语者(Sprecher)、世界(Welt)及听众(Hörer)之间的关系对语言表达进行了分类。①

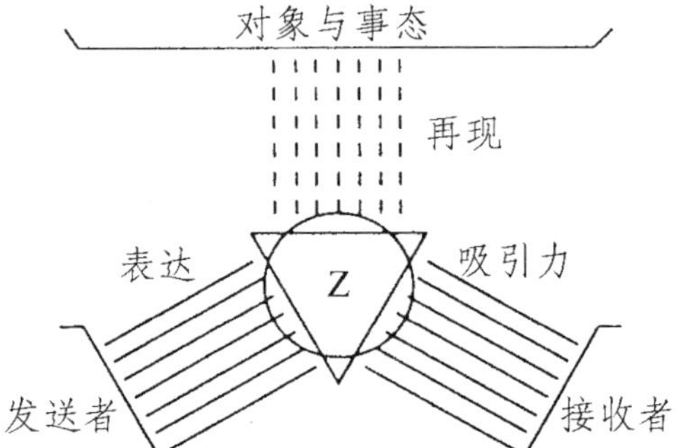

毕勒的语言功能图式

① 卡尔·毕勒：《语言理论》(Sprachtheorie)，Jena，1934，第28页。

如果把这种符号应用的图式同特定的语言心理学的发生语境隔离开来，而对符号学命题进一步加以发挥，对上述三种功能进行深入分析，我们就会发现，这种符号应用的图式是很有效的。于是，从这个图式中就形成了一种普遍观点，认为语言是一种媒介，它同时能满足三种虽然不同但具有内在联系的功能；毕勒称这是语言的工具论模式（Organonmodell）。交往所使用的 105
表达是要表达某个言语者的意图（或经验），表现事态（或言语者在世界中所遇到的事物），确立言语者与接受者之间的关系。这样，言语者自身就某事与他人达成理解的三个方面也就反映了出来。意义的三条射线相互交汇，并在语言表达中交织在一起。言语者用表达所要言说的内容，与字面意义以及应该如何理解表达出来的内容这个行为都是紧密相连的。语言表达的意义与(a)语言表达的**意思**，(b)语言表达的**内容**，以及(c)语言表达在言语行为中的**应用**方式之间存在着三重关系。一般说来，任何一种关系都无法穷尽语言的全部意义。[①]

从格里斯、本内特到希福[②] 的意向主义语义学认为，只有言语者在特定情境中所表达出来的内容才具有基础意义；从弗雷格、早期的维特根斯坦到达米特[③] 的形式语义学则从命题的真实性前提出发；晚期维特根斯坦所开创的意义应用理论[④] 则追溯到语言表达实现其实际功能的一般互动语境。从布鲁姆菲

① 阿佩尔：《从但丁到维科的人文主义传统的语言观念》(Die Idee der Sprache in der Tradition des Humanismus von Dante bis Vico), Bonn, 1963。

② 梅格勒（编）：《行为，交往和意义》(Handlung, Kommunikation und Bedeutung), Frankfurt am Main, 1979。

③ 达米特：《弗雷格，语言哲学》(Frege, Philosophy of Language), Oxford, 1976。

④ 阿尔斯通：《语言哲学》(Philosophy of Language), Englewood Cliffs, 1964。

尔德、经由莫里斯到斯金纳[1] 的语言行为主义没有能够解释清楚以下三种基本现象，即语言意义的同一性，一定语境中所使用
106 的表达意义的独立性[2]，以及获得任意生成多种语言表达的可能性等，从那以后，讨论基本上都是围绕着这三种理论展开的[3]，因为其中的任何一种理论都能够诉诸某种基本直觉。毕勒把所有这些直觉都纳入了他的功能图式。

(1)意向主义赞成毕勒的观点，认为语言在本质上是一种工具。言语者把他所创造出来的符号及符号群用作向对方表明自己立场和意图的工具。现代意识哲学的前提在这里被认为是没有问题的。**想像主体**所面对的是一个由事物和事件构成的世界；同时还坚持自己作为有目的的**行为主体**在世界中的自主性。从同样的视角来看，他遇到了其他同样捍卫自己的主体。作为具有行为能力的主体，他们以同样的方式相互施加影响，就像他们在一般情况下都要从因果关系的角度干涉世界内部进程一样。他们的互动以语言为中介，与单个主体的表象行为和目的行为相比，这种互动似乎是次要的。通常情况下，想像是与语言符号的基础联系在一起的，以便能够从各个主体的内在主体性中走出来，并获得外在形式。相反，作为影响其他主体性的工具，这些符号在目的论行为语境中占有一席之地。

通过把语言和目的干预行为的物质手段相提并论，就可以把对语言表达意义的解释当作一般行为理论的一项特殊任务。言语者 S 打算通过在特定的语境中说出“x”，以便在听众 H 那

---

① 莫里斯：《符号、语言和行为》(Signs, Language, Behavior), Englewood Cliffs, 1946。

② 图根哈特：《语言分析哲学导论》，第 212 页及下两页。

③ 乔姆斯基：《论斯金纳的“言语行为”》(A Review of B. F. Skinner's Verbal Behavior)，载：福多、卡茨(编)，Englewood Cliffs，1964，第 547 页及下两页。

里产生效果 r,这里,“x”并不具有规范内容,但是,在特定的语
境中,H 能够领会 S 所赋予“x”的意义。根据格里斯的看法[①],
言语者希望获得的效果在于让听众通过表达“x”,进而领会言语
者的意图,并且把言语者的意图至少是部分地接受下来,当作他 107
思考言语者 S 的实际意图理由,或当作在言语者 S 的实际意图
的激发下从事具体行为的理由。效果 r 是由“x”创造出来的,并
且是由 S 在 H 身上激发出来的,因此,这是一种特定的意见或
完成特定行为的意图。毕勒所区分的符号的两种功能,即表达
功能和号召功能,在此相应地也就融合成了一种功能:即引导听
众去对言语者的意图加以揣测,并以此来促使听众形成一种相
应的意见或意图。

这种解释策略的核心在于,实际内容决不会受到所说内容的左右。S 所表达的“x”的意义内容,只能用 S 在特定语境中通过表达“x”所表现出来的意图来加以解释。主导这种解释策略的是如下直觉:语言的应用只是目的行为主体的普遍自主性的一种特殊标志,这种自主性在面对语言媒介时具体表现为:我们能够赋予对象任何一种名称,并且可以随意赋予符号以意义。因此,从同样的意识哲学前提出发,在同样的语境中,胡塞尔能够提出赋予意义的行为。如果语言只是从有目的的语言运用者的意图中获得意义,那么,语言也就丧失了其拥有自身内在结构的自主性。

(2)形式语义学所遵循的是另一种直觉。它所注重的是语言表达的语法形式,它赋予语言一种独立的地位,使语言不受言

---

① 格里斯:《意图,意见,意义》(Intendieren, Meinen, Bedeuten),《言语者的意思与意图》(Sprecherbedeutung und Intentionen),《言语者意思,命题意义以及词语意义》(Sprecher-Bedeutung, Satz-Bedeutung, Wort-Bedeutung),均载梅格勒:《行为,交往和意义》。

语主体的意图和观念的影响。相对于语言本身的规则系统而言，
108 言，语言实践和理解语言的心理学都是次要的。意义理论的对象主要是语言表达，而不是从交往过程中能够看出来的言语者与听众之间的语用学关系。能否正确地运用和准确地理解一种表达，关键不在于言语者的意图或语言应用者共同认可的惯例，而在于表达自身的形式特征和生成规则。因此，意义理论从行为理论的语境中分离了出来，并且保持为严格意义上的语言分析。这样，毕勒在他的符号学模式中没有注意到的一个层面也就显示了出来，即语言的逻辑语义学结构。根据毕勒的观点，形式语义学占据优势所付出的代价是，分析仅仅局限在了表现功能上。

这样就既解释清楚了命题意义和表达意义的方法论价值，也说明了对作为最小的语义分析单位的命题的选择功能。也就是说，在强调表现功能的时候，语言与世界之间的关系，或者说断言命题与事态之间的关系处于分析的中心。有了命题，言语者才能说出具体内容，用弗雷格的话来说，就是表达出“思想”。只有在面对一个命题及其思想的时候，听众才能表示出“赞成”或“反对”的立场。当球停下来之后，赌台管理员说“红色”，此时，如果轮盘赌徒根据当时的语境把“红色”一词含蓄地扩展成为一个命题，即“红色赢了”，这时，“红色”一词也就获得了特定的意义。

命题语义学原理革新了长期以来占统治地位的陈旧的指称语义学。根据指称语义学，语言与现实之间的关系同名称与对象之间的关系是一致的。所指（意义）和能指（符号）之间的关系，应当根据符号（充满意义的符号）与符指（Designatum，指称的对象）之间的关系来加以解释。这种符号学的基本观念与意

识哲学的认识对象理论是一致的。[①] 事实上,名称或称号,即我们用以识别对象的一般术语,只是在语言和现实之间建立起了 109
联系。如果把这部分当作整体,那就会得出错误的观念。在简单的谓语命题中,必须用一个普遍的谓语表达来对单称名词加以补充,这样,我们才能把一个基本事态复现出来。谓语应该和主词“表达”的对象相互“吻合”。但是,我们不能根据“代表一个对象”这种模式来理解整个命题与其中所表现的事态之间的关系。如果断言命题对于一般语言具有代表意义,那么,就必须根据不同于语言与对象之间关系的模式,来解释语言与世界之间的关系:使断言命题成真的是事实。

这是解答意义理论基本问题的关键。如果断言命题的意义就是它所复现的事态,如果这个命题只有在表达事态存在的时候才是正确的,那么,只要我们知道这个命题的真实性条件,我们也就能领会这个命题。断言命题的真实性条件是对它的意义的解释:“理解一个命题,也就意味着了解了事实,如果这个命题是真实的。”[②]

弗雷格认识到了意义(Bedeutung)和有效性(Geltung)之间的内在联系,这个核心观点是以一种直觉为基础的,我们可以暂时从语用学的角度来对它加以阐明。弗雷格本人并没有采用这个视角。交往的参与者通过使用命题,就世界中的事情达成理解;如果听众无法判断言语者所说的命题的有效性,那么,这些命题作为最小的交往单位也就失去了效用。只有根据对命题的真实性的判断,参与者才能就有争议的事态的存在达成理解。 110

(3)维特根斯坦本人一度支持真值语义学观念,后来他又对

① 图根哈特:《语言分析哲学导论》,第143页及下两页。

② 维特根斯坦:《逻辑哲学论》(Tractatus Logico-Philosophicus),4.024。

此加以批判。通过批判，他提出了一种意义应用理论，而决定这种意义应用理论的又是一种不同的直觉。维特根斯坦揭示了语言表达的行为特征。[1] 在他看来，语言的表现功能在用法的多样性中丧失了其特权地位。语言媒介主要不是用来描述或断定事实；而是既用于命令和解谜，也用于说笑、致谢、诅咒、问候以及祈祷等。[2] 后来，奥斯丁根据这些完成行为式的动词对言语行为的双重意义进行了分析，他认为，在言语行为中，言语者在言说的同时也在行事。[3]

维特根斯坦认为，一个词的意义就在于它在语言中的用法，这种语言图式当然需要加以解释。因为，在《哲学研究》一书的第二章中，建筑工人这个著名的例子表现出了一种意向主义的解释。在应答过程中，徒工学会了把“柱子”、“平板”和“横梁”拿给师傅；一旦参与者在直觉上把握了合作的语境，他们就会用语词的潜在定义来对对象加以归类。在此过程中，通常的劳动实践受到了建筑目的以及师徒之间的权威关系的制约。对于发出指令的言语者来说，喊出的词语和词语所指引的合作行为起着实现其意图的工具作用。语词的意义似乎来源于言语主体的目的和行为。

“理解一种语言，实际上就是掌握一门技术。”这类说法接近
111 于意向主义语义学的观念。尽管如此，它们之间还是有着严格的区别。因为，根据维特根斯坦的理解，决定如何应用语言表达

---

① 阿佩尔：《维特根斯坦和解释学理解问题》(Wittgenstein und das Problem des hermeneutischen Verstehens)，载：《哲学的改造》，第 1 卷，第 335 页及下两页。

② 维特根斯坦：《哲学研究》(Philosophische Untersuchungen)，《全集》第 1 卷，Frankfurt am Main, 1960，第 289 页及下两页。

③ 奥斯丁：《如何以词行事》(How to do Things with Words)，Oxford，1962 年；德文版，Stuttgart，1972。

的语言游戏行为，不是孤立的目的行为主体所作出的个别目的行为的结果，而是一种“人类共同的行为方式”。维特根斯坦称“语言游戏”(Sprachspiel)是相互联系的语言表达和非语言行为所构成的总体。构成行为和言语行为语境的是主体间所共享的生活方式的先验和谐，以及对于受制度和习俗制约的共同实践的先验理解。学习掌握一门语言，或者学习如何领会某种语言中的表达，这就要求我们适应一种生活方式。这种生活方式先验地决定了各种目的和行为如何遣词造句。

与意向主义不同的是，应用理论并不强调语言的工具特征，而是强调语言与表现和复现生活方式的互动实践之间的内在联系。这样，语言表达与世界的关系就又消失了，这次是被言语者与听众之间的关系遮盖了。人们不是从意向主义的角度，根据言语者的视角来阐释这些关系，而是把它们解释为对先验约定的实践的反映。语言游戏的语法揭示了生活世界当中的背景知识，这种知识不仅是语言多元功能的基础，而且为主体所共享。

建筑工人的例子比较容易掩盖意义应用理论的要点：在一种被竞相掌握的语言游戏中，言语行为用一种截然不同的方式承担着互动实践，而这种互动实践和主要由它调节的行为是不一样的。交往行为由于具有一种特性，因而获得了优先性，奥斯丁通过对言语行为的以言行事特征的研究揭示出了交往行为的这种特性。只有当一个观察者知道了非言语行为所要满足的意图时，他才能理解这种非言语行为。相反，言语行为具有自我识别能力。[①] 因为言语者在完成一个以言行事行为的同时，也**言** 112
说了他的**行为**，所以，理解言说内容的意义的听众，可以毫不费

① 谢伟德：《行为的分层》(Stratification of Behavior)，London，1965，第 47 页及下两页。

力地把完成的行为确认为一种具体的行为。因此,应用理论实际上已经是以只有在维特根斯坦之后才得到充分承认的直觉为基础的。自然语言中所完成的行为总是具有自我关涉特征。它所言说的内容同时包括如何应用表达和如何理解表达。日常语言的这种反思结构在个别言语行为的语法形式中是一目了然的。以言行事因素确立了命题内容在何种意义上能够得到应用,表达又应当是哪一类的行为。

2 语义学和言语行为理论的局限

上述三种截然不同的意义理论分别抓住了理解过程的某个方面:它们不是想根据意图(意图意义),就是想根据内容(字面意义),或是想从应用的角度(表达意义),来解释语言表达的意义。我在上文中已经分别介绍了这三种理论,我认为它们都只注意到了毕勒功能图式中的某个方面,这样说实际上已经含蓄地指出了它们的片面性。现在,我想再进一步来考察这三种理论,以便:(1)讨论它们在穿透力方面的局限性;(2)考察第四种理论,即言语行为理论能否取代它们。

(1)意向主义为自己设定的任务是:把任意一种语法表达“x”(“x”的意义是固定的)的常规意义,还原为言语者意图(言语者的意图是不确定的)的非常规意义,言语者的意图和表达“x”在具体语境中是密切相关的。格里斯就是这样来选择其前
113 提的,因此,在他看来,可以用与S对H的有目的的合理影响有关的概念来解释交往。这种模式具体表现为:策略行为可以充当语言理解的功能等价物。但是,根据这种预定前提,所观察到的现象在范畴上和那些所要重构的现象是不同的。这是因为,即便是在最复杂的情况下,被重构的也只是S表达“x”这个行为

的意义，在不存在一种共同语言的前提下，这个表达才能促使 H 相信某种特定的事物，或打算从事特定的事情，也就是说，通过推论**间接地理解某事**。但是，让某人间接地理解某事是一种临界状态，反过来说，它本身又可以表现为用一种共同的语境直接理解具有自我识别能力的表达这样一种常规情况。

斯特劳森提出了一种反面例子，希福也研究过这种反面例子。在这种反面例子中，上述寄生状态有所表现。在这种情况下，如果 H 所说的 S 的意图与 S 实际追求的带有策略性质的意图之间不相统一，那么，S 就可以获得他想要的效果。[①] 但是，由于这种不对称关系，一种无限的还原便开始了。要想终止这种还原，参与者就应当能够依赖共同的知识，而且最终所依赖的是通过因果关系而产生出来的符号的本真意义。不过，只有在言语者和听众根据语言的类似性，而都理解了符号的本真意义的情况下，这种方法才会行之有效。所谓语言的类似性，是说主体相互之间对于常规符号的非本真意义都有所认识。希福从（根据观察者的视角是可以理解的）征兆（如烟）的自然意义，跳跃到了（只有在完成行为式中才能理解的）交往符号，如具有相应命 114
题内容（烟意味着火）[②] 并且显然是用于传达信息的符号；希福的这种跳跃是没有道理的。因为这样他就忽略了恰恰需要解释的内容，如具有自我识别能力的表达的反思性，以及主体之间通过理解这种表达而共同获得的知识。目的行为主体之间的互动中介只包括策略性地使用符号推论，这些互动的确会导致相互

① 希福：《意义》（Meaning），Oxford，1972；参阅哈贝马斯：《意向主义语义学》，载：《交往行为理论的补充与论证》（Vorstudien und Ergänzungen zur Theorie des kommunikativen Handelns），Frankfurt am Main，1984，第 332 页及下两页。

② 克里斯滕森发展了这种观点，《论交往的机制》（On the Mechanism of Communication）（手稿），Frankfurt am Main，1987。

对命题立场和命题内容进行反思和确定，但不会带来严格意义上的主体间性知识。

相反，真值语义学充分注意到了意向论所忽视的语言媒介的合理性和内在结构。只有合乎语法，并且具有自身本质特性的语言，才能在思想和意图之间建立起一种明确的联系；事态只有通过命题才能反映出来。但是，这同时也就给予了断言命题的真值效用以一种特殊地位。语言所满足的多种功能只有根据所应用的命题形式，而且说到底是根据满足了表现功能的断言命题的形式，才能充分显示出来。因为，非断言命题的意义也是通过断言命题的的真实条件而显示出来的。弗雷格已经把断言命题分为两个部分：为了陈述“p”，断言力量或肯定模式必须对命题内容“-dass p”加以补充，这样，“-dass p”就意味着一种事态，而“p”则意味着一个事实，一个实际存在的事态。祈使命题和疑问命题与具有同样内容的陈述命题之间的区别只在于它们的构成方式有所不同。

由于真值语义学同样也能够解释这种样态上的区别，因此，斯特纽斯和肯尼便运用了奥斯丁的观点，认为命题和事态表现
115 出两种相反的趋向（适用范围）。[1] 他们的出发点是，把陈述和命令当作两种基本的样态，其中，真实的陈述所表现的是实际存在的事态，命令则是要把事态的实际情况表现出来。陈述的真实条件与命令的有效条件是一致的。两种情况所涉及的都是已知事态的实际条件，或希望了解的事态的实际条件。但是，这种分析策略的失败之处在于：陈述命题和祈使命题各自所要“满

---

① 斯塔纽斯：《语气和语言游戏》（Mood and Language Game），载：《综合》（Synthese），1964，第17期，第254页及下两页；同时参阅肯尼：《意志、自由和权力》（Will, Freedom and Power），Oxford，1975；参阅图根哈特：《语言分析哲学导论》，第506页及下两页。

足”的真实条件和有效条件之间是不对称的。因为,用方向不同这一点并不能把命令式与断言式充分区别开来——言语者从不同的视角分别应用命令或断言,与(同一)事态在不同的方向上发生联系。只有当听众对言语者期待能够对言路不一的听众也能发挥作用所必须满足的条件有所认识的时候,他才能把一个命题当作命令来理解。命令式要求服从的意义不能用语义学对于有效条件的分析来加以解释,而只能从语用学的角度,而且是从一种潜在的权威关系的角度来加以解释。①

当然,纯粹的语义学分析在断言命题那里也已经走到了极限。经典形式的真值语义学认为,完全可以忽略听众能够认识到命题的真实条件何时得到满足所必须具备的前提。但是,在简单的谓语性质的观察命题中,对真实条件的认识是绝对不成问题的,因为这些命题的真值在透明的语境中可以用很容易就能够掌握的感知自明性来加以检验。同样,在任何情况下,都不存在对于前提、虚拟的条件命题、法定陈述等的简单检验。这类断言命题跨越了无数个层面,这些层面数量之多,起码是观察不出来的。达米特正确地指出,目前还没有用于检验这类命题的 116
简明规则。因此,仅仅把弗雷格的论点深化一步是远远不够的。弗雷格认为,要想理解一个断言命题,就必须了解检验它的规则。达米特用一种间接知识代替对真实条件的认识,或者说对适应观察情境的验证游戏的检验规则的认识②;达米特认为,听众必须了解言语者要求让具体的真实条件得到满足或得到兑现的理由。简单地说,为了说服听众相信言语者能够提出命题的真实要求,言语者必须援引一些理由来加以证明,当人们知道这

① 哈贝马斯:《交往行为理论》,第1卷,第402页及下两页。

② 图根哈特:《语言分析哲学导论》,第265页及下两页。

些理由时,人们也就理解了断言命题。[①]

达米特含蓄地提到了论证游戏,在这种游戏中,作为正方的言语者能够使作为反方的听众相信他有资格提出真实性要求。和达米特一样,维特根斯坦在分析遵循规则的概念时,已经触及到了类似的角色分配问题。[②] 遵循规则意味着,无论如何都要遵守**这个**规则;规则的意义是与“同一”一词的应用交织在一起的。如果没有一个具体语境让 A 把自己的行为提供给批判者 B 来判断是否偏离了规则,那么,A 就无法肯定他是否在遵循某个规则。从概念的角度来说,规则的同一意义和有效性是紧密相连的。也就是说,规则的表现形式有多种多样,但它的同一性基础不是可以观察出来的恒定性,而是判断行为是否符合规则的
117 范畴的有效性。受规则指导的行为是不可靠的,因此需要两个同时存在并且可以相互置换的角色:一个是 A,他遵循规则并且努力避免错误,一个是 B,他能够通过批判来评判 A 受到规则指导的行为是否正确。这种看法的关键在于,只有对一个能够与至少一个附加的主体一起遵循**对他们两者来说都有效**的规则的主体而言,语言表达才具有同一的意义。人们不能私自遵循规则,同样,一个单子般孤立的主体也不可能运用具有同一意义的表达。

沿着这样一条思路,维特根斯坦在意义和有效性之间建立起了内在联系,这种联系独立于语言与世界的关系;因此,他没

---

① 达米特:《什么是意义理论?》(What is a Theory of Meaning? II),载:埃文斯、麦克多维尔(编):《真理和意义》(Truth and Meaning),Oxford,1976,第 67 页及下两页。

② 维特根斯坦:《哲学研究》,第 380 页及下两页;参阅温奇:《社会科学的观念》(The Idea of a Social Science),London, 1958,第 24 页及下两页;哈贝马斯,《交往行为理论》,第 2 卷,第 30 页及下两页。

有把语词的意义规则与命题的真实效果联系起来。相反，他把常规意义的有效性与实践和制度的社会作用相提并论，并且把语言游戏的语法规则比作是社会行为规范。当然，他这样认为所付出的代价是放弃了一切超越语言游戏的有效性关系。只有根据语言游戏的标准，才能判断表达是否有效。因此，人们很少注意到，陈述事实的言语同真实性之间也悄悄失去了联系。表现功能只是语言诸多功能中的一种，这些功能似乎都是在不同的自然历史中发展起来的，并且表现为多种多样的语言游戏，它们相互之间在本质上是没有什么不同的。

(2)从晚期维特根斯坦的理论出发，奥斯丁根据各种以言行事行为，进一步研究了语言是如何与生活方式中的互动实践联系起来的。但是，与维特根斯坦不同的是，奥斯丁不想忽略真值语义学提出的语言和客观世界、命题与事态等相互之间的关系。奥斯丁在言语行为理论方面迈出了第一步，把真值语义学的真知灼见与语言游戏语用学的精辟见解结合了起来。首先这就使得他得出一种二元论的观点，认为以言行事行为与对事实的确定是完全对立的。在所谓的记述式表达中，断言命题用于表现 118
事态。奥斯丁在此处也说到了以言行事行为：为了说明某事（言行一致），言语者使用以言行事行为。另一方面，奥斯丁认为，以言行事行为并不具有什么命题内容，甚至没有任何意义。在这种行为中，言语者所说的不是真实或错误的内容，而是完成一种社会行为。“你好！”没有任何意义；言语者用这种表达所能完成的是一种问候。如果这种行为运用了错误的词语，出现在不恰当的语境中，或者没有得到恰当的强调，那它当然就不会取得效果。以言行事行为所表达的并不是意义，而是一种特殊的力量（Kraft），一种具有承诺特征的约束力量（Gewalt）。如果说以言表意行为是要促使面向客观世界的语言具有认识意义，那么，以言行事行为则可以在言语者和听众之间建立起联系；以言行事行为是从互动的角度使用语言。奥斯丁最早作出了下述区分：

以言表意行为——断言命题——意义——真实/错误

以言行事行为——完成行为式命题——力量——成功/失败

这种二元论不可能长久地维持下去。① 当然，奥斯丁从一开始就发现，大多数的以言行事行为并不是独立出现的，而是都包含着具有陈述内容的命题。一般说来，言语者是通过言说某事来完成以言行事行为的。以言行事因素所确定的只是一种用语言承诺、建议或坦白的命题模式。“Mp”这个描述方式表明，我们一次性完成了两种行为，只有通过分析才能把这两种行为区分开来。但是，为什么要在言语行为理论中保留真值语义学所确认的“语力”和“意义”的对比，这点就再也搞不清楚了。很显然，完成行为式命题与断言命题一样，也有一种明显的意义。
119 记述式言语行为和其他言语行为一样，也表现出了以言行事和陈述的双重结构。肯定、描述和叙述完全可以独立于其真实价值，和其他以言行事行为一样，它们也会失败：我们可以把历史搞得一团糟，使历史“不再是叙事”；或者如法炮制，毫无顾忌地来讨论一件违法的事情，使得在场的人“无法参与讨论”。

如果所有的言语行为都可以根据“Mp”的形式来加以分析的话，以言表意行为就会失去当初所争取到的特殊地位。也就是说，它们融进了一切言语行为的命题内容当中，并且放弃了与真实要求之间的外在联系，这种真实要求是针对一种特殊类型

---

① 关于奥斯丁观点的发挥，请参阅哈贝马斯：《什么是普遍语用学？》(Was heiβt Universalpragmatik?)，载阿佩尔：《语用学与哲学》(Sprachpragmatik und Philosophie)，Frankfurt am Main，1976，第 174 页及下两页；亦可参阅本书第 228 页及下两页。

的言语行为,即记述式言语行为而提出来的。但这样就出现了一个严重的问题:是不是只有记述式言语行为才可以用有效或无效(正确或错误)来加以衡量?其他言语行为是否也表现出了一种相同的真实层面?如果不是这样,我们就必须确定一种语言概念,可以不赋予如下事实任何意义:语言表达**总是**超越于语言本身的界限,并且与世界中的事物发生联系。对于这个问题,奥斯丁和约翰·塞尔都给出了肯定性的答案,但具体内容完全不同。

奥斯丁作出如下修正:他最初把判断的两个方面都与以言表意行为和以言行事行为联系起来,现在他把它们仅仅看作是只用分析就可以区分开来的两个层面(真值与效果)。**每种**言语行为都可以根据它是否正确或"合乎逻辑"来加以判断。[1] 毫无疑问,奥斯丁并没有用一系列明确的有效性要求来充实"真实性"层面。"真实性"是记述式言语行为的真实效果普遍化的结果;相反,"真实性观念的活跃"应当为有效性层面打开一个完整的天地,其中包括命题的真值,善与和谐,以及规范的正确性等等。根据大量的评价观点,语言分析家应当能够找到各种相应 120
的判断标准,并且能够把它们描述出来。相反,塞尔想避免根据多元"价值"来归纳真实效果和理想效果必然会出现的困难。在言语行为的有效性方面,他只承认真值语义学已经描述出来的的确具有普遍有效性的要求。从这个方面来看,塞尔在奥斯丁和晚期维特根斯坦基础上倒退了一步,回到弗雷格那里。

迄今为止,塞尔对言语行为理论作出了最精确的解释,为

---

① 奥斯丁:《如何以词行事》,第 145 页及下两页;《完成行为式表达与记述式表达》(Performative und konstative Äeußerungen),载布伯纳(编):《语言与分析》(Sprache und Analyse),Stuttgart,1968,第 150 页;哈贝马斯,1976,第 235 页及下两页。

此，我们要向他表示感谢。① 塞尔吸收了奥斯丁的适用条件，使它们成为“前提条件”；这些条件涉及到一定的言语行为能否取得效果和获得意义所依赖的常规语境。接着，塞尔补充了可理解性条件和真诚性条件；这些条件一方面涉及到普通语言媒介的可支配性，和言语情境的可适应性问题，另一方面又涉及到言语者各自的意图。随后，塞尔进一步列举了语义学形式的条件，具有陈述内容的命题都必须遵循这些条件。最后，他所面临的任务是详细说明“必要条件”，根据“必要条件”，我们可以把以言行事行为的力量或运用语言的模式确定下来。塞尔区分了五种基本模式：

1，记述式言语行为(konstative Sprechakte)；

2，指令式言语行为(direktive Sprechakte)；

3，承诺式言语行为(kommisive Sprechakte)；

4，表现式言语行为(expressive Sprechakte)；

5，宣告式言语行为(deklarative Sprechakte)。

根据语用学的标准(如言语者和听众的兴趣方向、强调以言行事行为的力度、言语行为的制度约束等)，对这些模式可以进行更为精确的平面区分。

但是，塞尔努力解决却未能成功的问题就在于对基本模式本身的区分，而且是在只适用于命题真值的有效性层面上的区分，这个有效性层面仅仅认可根据语言和世界之间的适用情况
121 所确认的变形。在两个方向上(即“词语针对世界”和“世界针对

① 塞尔：《言语行为》(Speech Acts), Cambridge, 1969; Frankfurt am Main, 1972。《表达与意义》(Expression and Meaning), Cambridge, 1979; Frankfurt am Main, 1982。《意向性》(Intentionality), Cambridge, 1983; Frankfurt am Main, 1986; 《心灵，大脑和科学》(Minds, Brains and Science), London, 1984; Frankfurt am Main, 1986。

词语”)，语言与客观世界之间的关系所提供的基础过于薄弱，因而无法区分塞尔所提出的五种言语行为。对维特根斯坦来说，真值语义学无法把握住以言行事的充足力量，这就充分说明必须放弃为描述大量无序的语言游戏语法而进行的分类尝试。只有记述式言语行为可以沿着能够使命题和事实达成一致的方向而得到局部的描述。[①] 断言力量意味着，面对 H，S 为“p”提出了一种真实性要求，并且保证：“p”的真实性条件得到满足——或者说保证陈述命题符合事实。

权威要求的祈使力量再也不能简单地用满足有效条件来加以解释，也就是说，再也不能根据 H 导致“p”属真来加以解释。只有当(具有陈述内容的命题中已经确定的)有效条件的知识得到(包含在以言行事成分中的)那些条件的知识的补充时，H 才把祈使命题理解为命令、指令、请求等；在以言行事成分中所包含的条件下，S 能够阐明为什么他会认为“p”的要求内涵是合法的或可行的。这里起作用的是一种规范的有效性要求，它不能被还原为真实性要求。这点同样适用于承诺式言语行为的以言行事力量，言语者把作为一种规范义务的自身意志与这种承诺式的言语行为结合起来。解释意图的强制条件不同于有效条件，一旦言语者把自己的意图转化为行为，也就是说，使自己的意图付诸实现，他便满足了有效条件。

S 利用表现式言语行为的以言行事力量来表现他所接触到的特殊经历，但是，这种力量既不能通过主体与客观存在的世界 122
之间的认知关系，也不能通过它们之间的干涉关系来加以确定。因此，在这样的情况下，塞尔就用一种“既不……也不”的符号来

---

① 以下部分参阅哈贝马斯:《交往行为理论》，第 1 卷，第 431 页及下两页；亦可参阅本书第 143 页及下两页。

表明真值语义学观点的不可应用性。在表现式言语行为中，真实性要求发挥着作用，为了**所有**可理解的言语行为都必须予以满足的真诚性要求，塞尔早已运用过这种真实性要求。对于他所确定的宣告式言语行为的以言行事力量，人们可以提出类似的反对意见。①

如果我们不像塞尔那样，通过重塑言语行为理论的真值语义学来回答奥斯丁所遗留下来的有效性难题，而是用相应的有效性要求来分析毕勒所提出的语言功能，那么，我们就可以避免上述这些问题。

3　言语行为，交往行为，策略性互动

从有效性理论角度阐释毕勒的功能图式，可以说是摆脱言语行为理论困境的一条出路，因为它兼顾到了**言事者**就**某事**达成**理解**这个行为的所有三个方面。它把意义运用理论的真值内涵吸收到了自身当中，同时克服了意向主义语义学和形式语义学各自的片面性(1)。交往行为概念就立足于从形式语用学的角度对言语行为的这种分析。交往行为与策略行为构成一种替代关系，但它依然和个体行为计划的目的论结合在一起(2)。

(1)随着从语义学视角到语用学视角的转变，命题有效性问题便不再是一个(与交往过程相脱节的)有关语言与世界的客观
123 关系问题。言语者依靠有效性要求提出了他的表达的有效性条件，但有效性要求同样也不能只从言语者的视角加以定义。有效性要求的目的是要通过言语者和听众建立起主体间性的承认

① 塞尔自己的解释已经明确地说明，用双箭头来描述陈述模式这种用法本身就表现了一种尴尬局面；塞尔：《表达式和意义》，第 19 页。

关系;它们只能用各种理由,即话语来获得兑现,而听众则是用具有合理动机的立场来对它们作出反应。明确的语言理解过程的最小独立单位都是由如下因素构成的:(a)基本的言语行为“Mp”,S用它为自己的表达提出了(至少)一种有效性要求;(b)“赞成”或“反对”的立场,这种立场决定H是否理解和接受S所提供的言语行为。理解的目的在于达成共识。S打算就世界中的事物与H达成理解,这种尝试的终点就是它们之间达成一致,而对于可理解的言语行为的接受则保证了这种一致。由于这个原因,对言语行为的理解本身就已经揭示了就所说内容可能取得一致的各种条件。

当然,从语用学角度对有效性问题的重新阐释,要求对言语行为的“以言行事力量”的原初意义全面加以重新评价。奥斯丁认为,以言行事力量就是言语行为字面上的非理性部分,而断言命题的内容(或其名词形式)垄断了合理的内容。意义和理解就集中在这种理性的成分上面。相反,语用学转型使得有效性要求成为一种合理的总体,这种合理性表现为有效性条件、与此相关的有效性要求以及兑现有效性要求的理由等之间的结构关系等。个别的言语行为主要是通过自身的形式成分与这种结构联系在一起的。因为,形式是根据有效性要求的类型(以及与这种有效性要求相关的方式)来确定的,而这种有效性要求是言语者
通过容易产生误导的“以言行事”行为(在正常情况下,则是通过 124
记述式命题的表达)而提出来的。这样,理性也就从陈述部分转移到了以言行事成分当中,与此同时,有效性条件也放弃了对命题的依附。因此,引入有效性要求也就有了一定的空间,这些有效性要求所针对的并**不是**真实性条件,也就是说,它们所针对的并不是语言与客观世界之间的关系。

毕勒的功能图式已经在语言表达与言语者的意图、客观世

界及接受者之间建立起了联系。上述三种意义理论都坚持用其中的一种关系，即表达意图的功能、表现现存事态的功能、确立互动关系的功能等，来解释语言表达的可理解性。我们所要寻找的是一种能够充分注意到这三种意义理论的正确核心的言语行为理论。但是，根据塞尔对言语行为的分类，不难看出，真值语义学对意义与有效性之间内在关系的把握**过于专门化**了。

毫无疑问，一种表达是否履行了其表现功能，是根据真实性条件来衡量的；而表现功能和互动功能的实现同样是根据**类似于真实性**的条件来衡量的。因此，我想引入主观真实性和规范正确性，把它们当作言语行为所具有的**类似于真实性**的有效性概念。言语行为与言语者的意图以及接受者之间的关系，同样也可以根据它与客观世界之间的关系模式来加以理解。因为，言语行为既和作为个体经验总体性的（言语者的）主观世界有着联系，也和（言语者、听众和其他成员的）社会世界有着联系，这种联系是各种合法的人际关系的总和。当然，这些**通过类比**形成的世界概念不能被误解为（波普尔意义上的）客观世界的局部
125 领域。[①] S在表现式言语行为（典型的如坦白和揭发）中所表达的亲历经验，不能说是一种特殊类型的**实体**（或内部事件），规范也是一样，通过调节性的言语行为（典型的如命令和承诺），这些规范使建立在S和H之间的人际关系合法化。从参与者的视角来看，第一人称在表现式言语行为中所使用的经验命题可能是真实的，也可能是不真实的，关键要看言语者是否言不由衷。但不能说它们是真实的或错误的，除非经验命题和断言命题被等同了起来。同样，第二人称在调节性言语行为中所使用的要

① 参阅哈贝马斯在《交往行为理论》第1卷第115页及下两页对波普尔三个世界学说的讨论。

求命题(命令)或意图命题(承诺),可能是正确的,也可能是不正确的,关键要看它们是满足还是破坏了普遍认可的常规期待,或关键要看它们是具有一种约束特征,还是只制造了一种约束表象。但是,它们也不可能有对错之分。交往参与者用他们的言语行为与主观世界或社会世界中的事物发生联系,联系的方式**不同于**它们与客观世界中的事物的联系方式。这些世界概念只能在类比意义上加以运用,指称方式的不同就表明了这一点:识别对象与判断经验是不一样的,在表现式立场中,我把经验揭示或掩盖为“永远都是我的经验”;识别对象与判断获得我们承认的标准也不是一回事,在赞同的立场中,我们可以服从这些规范,也可以反对这些规范。

此外,从有效性理论的角度对毕勒功能图式的阐释还导致了如下立场:利用言语行为“Mp”,S **同时**与客观世界中的事物、主观世界中的事物以及共同的社会世界中的事物发生了联系。每一种言语行为都可以从如下三个角度来检验它是否有效:根据作出的陈述(或根据命题内容的实际前提)来检验它是否真实;根据言语者表达的意图来检验它是否真诚;根据现存的规范
语境(或先验规范本身的合法性)来检验它是否正确。当然,在 126
任何一种明确的言语行为中,这三种有效性要求中只有一种会表现主题,并被凸现出来。正是这些(同时能够根据特定的语言和语境来加以平面区分和确定的)有效性要求最终使得以言行事力量得到了落实,这些以言行事的力量必须能够还原为三种基本模式:它们不是属于记述式言语行为,就是属于表现式言语行为,或是属于调节式言语行为。

由于任何一种言语行为在表现过程中都与某种有效性要求紧密相连,因此,达米特在解释记述式言语行为时所使用的关于断言命题意义的意见就可以推而广之。如果我们知道是什么使

得一个言语行为能够被广泛接受时,我们也就理解了这个言语行为。当然,这里涉及到的是有效性的客观条件,听众不可能直接根据言语者所运用的表达的语义内容,而只能间接地通过言语者在完成以言行事行为时为他的表达的有效性所提出的认识要求,来推断这些客观条件。有了一种有效性要求,言语者也就有了提出理由的力量。这些理由阐明了有效性的条件,因此,它们本身就属于使表达能够被接受的条件。这样,接受条件便揭示出了自然语言的整体论观念。在一种语言中,任何一种言语行为都通过逻辑语义而与其他诸多很有潜力的言语行为联系在一起。这些言语行为能够承担从语用学的角度提供理由的角色。当然,言语行为的结构和内容不同,为了用话语兑现言语行为中所提出的有效性要求而获得的潜在现实理由,在类型和程度上也有所不同,起码在复杂性上多少有些差别。当言语者用直陈式现在时提出一种简单的谓语观察命题时,阐明命题真实性条件的理由一般就容易被看出来。相反,当法庭就一个极其复杂的案例作出判决时,或者当物理学家用经验理论来解释自然现象时,法庭判决或解释自然的有效性及其可理解性就要求
127 对各种苛严的理由有所认识。否则,我们就无法理解他们所说的内容,即便是我们懂得了个别在其他命题中反复出现过的语词的意思,我们也无法理解他们所说的内容。

为了说服听众相信他有资格在特定的情境中提出表达的有效性要求,言语者可以举出一些理由;一旦我们认识了这些理由,我们也就理解了言语行为。因此,了解一种语言与(语言所揭示的)世界的客观知识是交织在一起的。或许,世界知识依赖的就是一系列作为语言知识的理由。如果我们对(毕勒的)意义的形式语用学解释的基本观念有所了解的话,就会相信这两者之间是不可分开的。理解一种表达意味着了解人们怎样利用表

达才能同某人就某事达成理解;因此,从理解语言表达的条件中就可以看出,语言表达所完成的言语行为直接指向相互理解,指向具有合理动机的共识。如果不懂得表达可以而且应该带来一致,也就难以了解理解表达的意义到底意味着什么;关键在于对参与者"有效的"共识概念。因此,有效性存在于语言当中。确定有效性要求是可能理解的语用学条件和理解语言本身的语用学条件。

(2)形式语用学和行为理论之间的联系在于有效性要求的理解概念,当然,这种联系的方式完全不同于意向主义语义学尝试用行为理论的概念来解释理解过程。目的行为可以说是一种立足于行为者语境意义的行为计划的实现过程。由于行为者完 128
成了一种行为计划,因此他也就把握了语境,在此过程中,行为语境是从行为者所阐释的周围环境中截取下来的一个片段。行为者认为,行为的可能性与他的行为计划的成功是密切相关的,因此,这个片段就是根据这种行为的可能性来建构的。协调行为的问题表现为众多行为者之间的互动,即如何才能把他者的计划和行为与自我的计划和行为"联系起来"。根据不同的协调机制,就可以区分出不同的互动类型。我认为,根据不同行为者的行为是用"理解"还是用"影响"来协调这一点,可以确定它们是"交往行为"还是"策略行为"。[①] 从参与者的视角来看,这两种协调机制及其相应的行为类型是相互排斥的。理解过程不可能具有双重意图,既与互动参与者就某事达成共识,同时也对他施加因果影响。从参与者的视角来看,理解不是外部强加的,不是一方强加给另一方的,不管是通过直接干预行为语境这样一

---

① 哈贝马斯:《论交往行为概念》(Erläuterungen zum Begriff kommunikativen Handelns),载:《交往行为理论的补充与论证》,第 571 页及下两页。

种工具行为，还是通过用自己的目的来间接影响对方命题立场这样一种策略行为。任何一种显然是由于外在影响（如嘉奖或威胁、建议或欺骗）而达到的效果，都不能算是主体间的共识，因为这种干预失去了其协调行为的有效性。

如果一个行为者只能在互动中，也就是说，借助于另一个行为者的行为，或由于另一个行为者的疏忽，才能完成他的行为计划，那么，交往行为或策略行为就必不可少。除此之外，交往行为还必须满足合作和理解的条件：

(a)参与其中的行为者必须表现出合作态度，并且尝试根据
129 共同的（或充分重叠的）语境解释而（在共同的生活世界范围内）就他们的计划达成一致。

(b)参与其中的行为者必须时刻准备着用言语者和听众的角色，通过理解过程，也就是说，通过真正或真诚地追求以言行事目的，来实现他们共同解释语境和协调行为的间接目的。

具体而言，它们分别意味着：

——他们用一种带有记述式立场的言语行为，来追求他们的以言行事目的，这种言语行为需要对相互提出的可以批判检验的有效性要求加以确定。

——这样做时，他们利用言语行为条件的约束效果。当言语者用他的有效性要求为所说内容的有效性提供一种可靠的保证时，这种约束效果便出现了。

——可理解并可接受的言语行为的约束效果扩大成为一种具有互动意义的约束力，它是从言语行为的语义学内容中产生出来的，对于言语者和听众来说，这种约束力可能是平衡的，也可能是不平衡的。

因此，交往行为与策略行为的区别就在于，对行为的有效协调不能被还原为一种行为趋向的目的合理性，但可以被还原为

一种具有合理动机的交往力量，也就是说，可以被还原为一种作为交往共识条件的合理性。语言理解充当的是协调行为的机制，具体方式是，互动参与者就他们为言语行为所要求的有效性达成一致，也就是说，他们作为主体彼此承认可以批判检验的有效性要求。赋予言语行为条件以一种合理动力的却又是表达意义与有效性条件，表达的有效性要求以及用话语兑现这种要求的理由之间的结构联系等。 130

如同所有的行为一样，交往行为也是一种目的行为。但能够协调行为的理解机制打破了个体行为计划和实现这些计划的目的论，通过无条件地完成以言行事行为的交往"路线"，把最初是针对具有自我中心主义思想的行为的行为趋向和行为过程，纳入到主体间共同拥有的语言结构的束缚之下。语言结构内部的理解目的迫使交往行为者改变他们的视角；这点具体表现为，从想对世界中的事物发挥作用的目的行为的客观立场，必然转变为努力与第二人称就某事**达成理解**的言语者的完成行为式立场。①

常规的以言行事行为是通过使用完成行为式命题来完成的。对于谓语表达形式来说，这就要求具有完成行为式动词，而对于主语表达而言，则需要第一人称单数，对于间接宾语来说，

① 卡勒在《交往资质和规范力量》(Communicative Competence and Normative Force)(载:《新德国批判》,1985年第35期,第133页及下两页)中坚持认为,通过有倾向性地选择例子,我所使用的理解(Verständigung)这个规范概念具有欺骗意义:"当我正在阅读我的文字处理程序的说明书时,我假定,这些句子是对该系统的能力的正确描述,人们已经检验过了说明书中的错误,但是,其中似乎丝毫不关心我所假定的任何一个交往者的真诚性。"(同上,第140页。)计算机的使用说明的客观形式并不是面对面的交往模式的障碍,我们常常援引面对面的交往模式来分析以言行事意义,并且分析这样一种技术说明的说服力。有了销售合同的条件,规范的语境便建立起来了,它似乎可以用来证明卡勒所说的用户对计算机公司的规范的期待。

则需要第二人称。完成行为式命题的这种语法形式反映了言语者的立场，为了与听众就某事达成理解，言语者与听众之间形成了一种人际关系，在此过程中，言语者通过反思来确定听众反驳其表达内容的有效性的可能性。从概念上来说，通过他们各自都承认的世界关系，理解行为的这种完成行为式**立场**可以同目
131 的行为的客观立场区分开来：通过我们的言语行为，我们在变换主题的同时，也与客观世界、主观世界和社会世界发生了关系，而我们干预客观世界所使用的只是目的行为。

但是，如果理解立场和目的立场并不只有在分析中才彼此区分开来，而是对应于两种不同的互动类型，那么，从行为者的视角来看，他们就必然彼此排斥。针对这种观点，有两种反对意见：(a)任何言语行为都能够从策略的角度加以运用；(b)简单的命令并不是扎根在规范语境中，它们只表达权力要求而不表达有效性要求，因此，它们构成了我所说的以成功为目的的以言行事行为的悖论事实。

关于(a)：人们在共同语境的具体框架内**公开**追求的以言取效效果，不管是否受到惯例的控制，都是一种目的行为的干预效果。但不能把这种非语言效果说成是以言取效效果，因为后者总是把以言行事行为当作中介。当然，潜在的策略性言语行为一直都是存在的，它寻求不受惯例控制的以言取效效果。只有当言语者在共同语境的具体框架内没有向听众宣布他的目标时，以言取效效果才会产生。例如，一位想要说服听众相信某事的言语者之所以会以这种方式操作，也许就是因为在当时的语境中，他缺乏令人信服的理由。这种**没有明示的**以言取效效果只能在寄生的条件下取得，也就是说，其条件是言语者**不遗余力地**虚构他追求以言行事行为目的的意图，并且使听众茫然不知

他实际上已经违背了理解行为的前提。[①] 潜在的策略性语言用法是寄生性的，因为只有在至少一方假定语言是用于理解时，它才会起作用。谁的行为如果是策略性的，那么，他就必然会伤害到交往行为的真诚性条件，**而且是在不被人注意的情况下。** 132

公开的策略性语言用法也具有一种衍生状态；在这种情况下，所有参与者都意识到，语言理解的前提是策略行为，因此，这种理解行为依旧是有缺陷的。他们知道并且考虑到了如下事实：他们必须用目的行为引发的经验效果，来补充他们的言语行为中把以言行事行为作为中介的以言取效效果。这就意味着，他们最终还是依赖于间接的交往，比如，众所周知，警告才能使对方认识到威胁的严重性。

公开的策略性语言用法与间接交往又是有所区别的，间接交往依旧要服从交往行为的目的。在尚未定型的初始语境中，
如酒吧里的邂逅，当一个小伙子向漂亮的金发女郎间接地暗示 133
爱意时，共同的语境才刚刚建立起来。同样，在教学过程中，训练有素的老师也是通过表扬使学生建立起自信，因而学会认真

---

① 哈贝马斯：《一个答复》(Entgegnung)，载：霍耐特、约阿斯编：《交往行为》，第363页及下两页。在一篇辛辣的文章中(《哈贝马斯对理性主义的辩护》，载：《新德国批判》，1985年，第25期，第145页及下两页)，阿伦·伍德批判我通过把以言行事行为和以言取效行为相对照来证明以达成理解为目的的语言用法的优先性。我承认(参阅哈贝马斯：《交往行为理论》，第1卷，第388页及下两页)，我轻率地把意义理论的区分和理解行为与目的行为之间的行为理论的区分搅和在了一起。用意义理论就足以证明以理解为目的的语言用法的优先性，交往行为和策略行为之间的区别在于：交往行为是由彻底完成的以言行事行为来调控的，因此，它受到协调行为理解机制的完成行为式限制。这种理解机制似乎打破了共识建立起来的个体行为链的目的论，而策略行为的以言行事力量则被剥夺了。最初单纯是意义理论，后来又包括行为理论，都认为以言取效效果与以言行事效果是不同的，关键要看它们是公开出现并且能够在共同的语境解释中达成共识，还是具有策略目的而不能被公诸于众。

对待他自己的想法。[①] 在这些例子中,交往行为自身的前提是一步一步确立起来的,其中的目的是一种交往共识,而不是一旦被承认或公布就会遭到破坏的以言取效效果。

关于(b):我根据公开的策略性语言使用的衍生模式,来分析简单的要求或非权威化的要求。一般来说,命令或请求的接受者必须熟悉规范语境,这种规范语境准许言语者提出他的要求,并且允许他期待被要求的一方用充分的理由来完成所要求的行为。有效性条件可以从祈使命题“Ip”的陈述内容“p”中推导出来,但是,认识到这些有效性条件,并不足以理解这个言语行为的以言行事的意义,即理解它的独特要求特征。对(a)的有效性条件的认识,必须由对(b)的有效性条件的认识来加以补充,在(b)的有效性条件下,言语者有理由认为具有内容(a)的要求是有效的,也就是说,可以用规范加以证明,比如,“利马街头的孩子可以向外国人乞讨”。[②] 当然,一旦言语者知道他的要求会被**某种尽管薄弱但具有**规范意义的语境所接受,言语者就可以把有效性要求与“Ip”联系起来。

社会学家认为,纯粹习惯性的**现实**权力关系与已经转化为规范权威的权力关系之间存在着一种连续性。但是,交往参与者认为,只要他们的生活世界充分地交织在一起,他们就可以根据规范确认的命令模式,以主体间共享的生活世界为背景,来理
134 解**所有的命令**。即便是在国外过往的陌生人,也期望彼此能在紧急时刻提供帮助,这些薄弱的规范语境已经足以使言语者的行为期望合法化,必要时,听众可以对这种期望提出批判。只有

① 这个例子取自伍德:《哈贝马斯对理性主义的辩护》,第161页。

② 参阅图根哈特:《哈贝马斯论交往行为》(J. Habermas on Communicative Action),载希巴斯和图米拉编:《社会行为》(Social Action),Dordrecht,1985,第179页及下两页。

在极端明显的策略行为中，规范的有效性要求才会萎缩成一种纯粹的权力要求，其基础是偶然的认可力量，不再受到惯例控制，语法上也难以辨认出来。抢银行的劫匪用手枪指着受到威胁的银行职员，命令他们把钱拿过来的时候，他所说的"举起手来"这句话以极端的方式表明，认可的条件已经代替了规范有效性的条件。规范背景的消失在"如果……那么"这样一种威胁结构中集中表现了出来，这种结构在策略性行为中代替了为交往行为所预先假定的言语者的真诚性或严肃性。纯粹是出于策略的目的并且剥夺了其规范的有效性要求的命令或威胁并不是以言行事行为，也不是理解行为。只要它们的可理解性一定要从规范的以言行事行为的运用条件中借用，那么，它们就永远都处于寄生状态。

在潜在的策略性行为中，以言取效效果依赖于应用语言的以言行事行为的效果，语言的这种用法是以达成理解为目的的，不管它是如何由单方面杜撰出来的。在公开的策略行为中，如果以言行事成分被减弱的言语行为是可以理解的话，那么，它们就会与它们从语言的具体应用中推导出来的意义保持紧密联系，而语言的具体应用已经为人们所熟悉，并且本来就是用于理
解的。 135

第六章　论塞尔的《意义,交往及表现》

1

任何一种对语言交往过程的分析,都会受到各种直觉的左右。我们以为我们知道得很清楚,成功地完成一种言语行为究竟意味着什么。本文就是想间接地对两种这样的直觉进行比较。

意向主义理论的基本观点是:如果一位言语者S借助一种符号"x",使得接受者领会到了他所意指的观点或意图(意向1),那么,这位言语者也就成功地完成了一种言语行为。言语者S达到目的的具体途径是:他同时也让接受者对他的这种交往意图(意向2)有所认识。分析交往过程的这种模式把言语者S所具有的观念转嫁给了接受者,而接受者借助于言语者S为了交往所使用的符号"x",应当能够获得这些观念:S通过"x"让A领会了一些东西。

主体间性理论的基本观点是:如果言语者S和任意一个接受者就世界中的事物达成共识,那么,他也就成功地完成了一种言语行为。这样,主体间性理论就用一种更加复杂(因而也更加模糊),甚至于一种完全不同的概念,取代了意向主义理论的描述。通过表达"x",言语者S使接受者能够对他想要和对方达成共识的内容采取“肯定”或“否定”的立场。这个理论模式的目的不是要转嫁观念,而是要就(一般来讲是有争议的)内容达成共识。语言不是转译主观内容的工具,而是参与者从主体间性的角度出发就某事达成共识的中介。符号“x”不是个体所能使用的工具,通过它,言语者 S 可以让接受者领会他的观点或意图,
以便理解某些内容;相反,符号“x”是共同使用的所有内容的一 136
个要素,它使得参与者用同样的方法理解同样的内容。

意向主义者之所以能够用比较简略的观点,阐明比较丰富的内容,是因为他们想把理解现象还原为意向行为获得成功的一般条件。如果意向主义者能够解释清楚,他们是如何通过使听众领会其意图而实现其交往目的的,那么,他们就可以对主体间性论者在描述交往过程中一直所使用的前提,即确定常规表达意义的语言规则系统,作出解释。这里,我不拟对这种解释纲领加以批判。[1] 我所关注的只是这样一个基本事实,即尽管塞尔早期对格里斯提出了批判,但他并没有打算放弃意向主义理论的解释潜力,并在此期间使他的言语行为理论实现了一次意向主义的转型。[2]

2

塞尔在 1969 年就曾经指出,不能把理解一种言语行为说成是一种以言取效效果。[3] 根据目的行为模式,并不能完全解释清楚一种言语行为,原因在于,言语者想让接受者领会的意义内

① 参阅上文,第 115 页及下两页;以及此处注释所引用的文献。

② 参阅阿佩尔:《意向性比语言意义更具有基础意义吗?》(Is Intentionality More Basic Than Linguistic Meaning?),载:《塞尔纪念文集》,即将出版。

③ 塞尔:《言语行为》(Speech Acts),Cambridge,1969,第 49 页及下两页。

容并不会转化为言语者意向中的某种主观内容。和奥斯丁一样，塞尔也认为理解一种言语行为具有以言行事目的，这种目的最初是从所言说的实际内容本身，而不是从言语者的意向当中形成的。言语者意向中的目的在于，接受者能够认识清楚得到
137 准确完成的言语行为的各种有效前提。理解任何一种言语行为，都要求对这些前提有所认识。

当时，塞尔根据常规的言语行为所使用的命题对这类前提作了分析，并且严格设定：言语者 S 和接受者 A 所使用的是同样的语言，也就是说，他们在交流过程中能够理解同样的语言。后来，塞尔认为可以抛弃这种严格的条件，把共同的语言本身当作需要加以解释的现象。这样，他就对意向主义理论的观点进行了革新，而在此过程中，他丝毫没有放弃他最初从语义学的角度把语言表达的意义同言语者的意向脱离开来的做法。①看起来，塞尔把他早期对格里斯的批判又向前推进了一步，为此，他只是把意义概念还原成认知意向，而这种认知意向不仅在前语言阶段保持独立，而且也不受互动语境的约束。和胡塞尔一样，塞尔也把“意义”理解为一种想像的内容。当然，塞尔的意义概念和胡塞尔的有所不同，它可以用所谓的现实前提（Erfuellungsbedingungen）来加以分析，因为意义扎根其中的观念完全是为了表现事态，因而具有一种命题结构。这种心灵主义的意义概念允许塞尔用一种修正的形式坚持格里斯的理论模式。

言语者有意向 2，并且通过符号“x”让接受者来领会他的意向 1。根据塞尔的修正观点，这种意向无论如何都具有一种想

① 我在下文中的论述只涉及塞尔的《意义，交往以及表现》（Meaning, Communication, and Representation），载格郎迪、瓦纳（编）：《合理性的哲学基础》（Philosophical Grounds of Rationality），Oxford，1986。塞尔在其《论意向性》（Intentionality, Cambridge，1979）中详细阐明了他的观点。本文中的引文就出自此处。

像的结构“p”,如果“p”存在,那么,这种意向就是真实的。所以,言语者可以让符号“x”成为一种先验想像的事态的存在前提,并且根据接受者依照“x”所列举出来的真实性前提能否领会言语者S所想像的事态,来衡量这样一种想像的交往效果。138

在我看来,为了和接受者就某事达成共识,言语者所使用的任何一种言语行为都同时表达出了:

(a)言语者的一种意向;

(b)一种事态;

(c)一种人际关系。

根据意向主义最初的理论观点,整个这种交往过程应当可以从言语者及其意向的角度得到解释,而且具体方法是:把(c)和(b)还原成(a)。塞尔扩充了这种理论模式,因为他认识到,随着对事态的表现,同时也出现了一种世界关联以及一种有效范围,而正是它们为交往意向的成功实现提供了准则。在坚持这种意向主义解释模式的前提下,塞尔对解释策略做出了如下的调整:他把交往效果归结为对事态的成功表现,也就是说,把(a)和(c)还原成(b)。此外,这种解释策略还要对如下两个重要的论点加以论证:

(1)从分析前提的角度来看,对事态的心灵表现比对事态的语言表现发生得要更早一些;

(2)根据事态表现类型以及言语者相应的命题立场的不同,可以对以言行事加以确定。

3

“这架马达的轴承断了。”这句话复述了一种事态,即马达的轴承断了。这种由语言表述出来的事态和对所表述事态的交流之间是可以区别开来的，这和我们上文所提到的命题与一种记述式言语行为之间有所区别是一样的——通过这种记述式言语行为，言语者使用这个命题以达到交往的目的。但塞尔提出，用一种图像来代替断言命题，进而用一种对事态的形象表述来代替对事态的语言表述。他举例说明，一个司机如果不懂当地语言，他就可以通过形象表述告诉机械师，他车子的哪个部位需要
139 修理。可是，表现轴承断了的图像也可以没有这样一种意图，即要用它来传达一种目的。如果形象地再现对象真是栩栩如生，以至于可以让人认识到所表现的事态，那么，它就完全可能不是用来达到交往目的的。如果 S 用其他的表达，如手势或符号来代替他的图像，情况同样也是如此："我们可以这样认为，如果 S 提出'x'，意图是要让它表现事态 A，那么，事实就一定会是这样的，即 S 提出'x'，意图是其行为的成功标准是 A 所包含的内容，与表达毫无关系。"(第 215 页)

如果塞尔所关心的只是这样一种日常命题，即抛开实际交往意图，我们同样可以领会语言所表现的事态，那么，他或许就不会选择一种形象表述的例子。很显然，这个例子所说明的只是一种缺乏现实意义的命题，即无论是为了表现还是为了交往，我们不用任何语言就可以把一件事态完整地表达出来。因此，我们可以这样来分析论点(1)：如果我们不仅不能运用语言，而且根本就没有掌握任何语言，那么，我们自身天生就具备这个能力。但是，所得出的结论并不能为这个论点提供论据。因为在这点上，塞尔的出发点是，言语者 S 使用或(选择)他的图像(或任意一种符号"x")，目的就是要让接受者 A 能够领会一种具体的事态。掌握了语言的旁观者也可以这样来分析折断的轴承这幅图像。从本质上讲，图像不能表现任何事态。正如塞尔本人所认识到的，图像所描绘的对象与对象本身之间是另外一种关

系。图像再现了一根折断的轴承;图像是否有效,取决于它和再现的对象之间是否十分相似。而且,对于分析再现的轴承表达了轴承折断这样一个事实来说,相似性也只是必要条件,而不是充分条件。 140

摹本与原件之间的相似关系所完成的或许也只是一种指示的手势或一种标志的作用;它表明的是一个具体的对象,目的是要把这个对象从众多对象中凸现出来,进而加以鉴别。但是,图像本身并不表现某种事态。它不是真实命题或虚假命题的等价物。绘制出来的山脉的摹本可能多多少少有些像这座山——而只有我们通过看图而对图的解释才有真实或虚假之分;比如说,山峰之间被宽阔的峡谷分开了,或最高峰达海拔三千米等。同样,根据一幅折断轴承的图画,我们则可以提出这样的命题,即轴承已经断了。而只有从一开始就知道表现事态的基本意义的分析者,才会理解一张折断轴承的图画是一种带有命题内涵的标志,说明的是轴承已经断了。如果分析者没有掌握某种语言,并且根据他的语言实践知道如何从语言学的角度来表现事态,他就根本无法看得出来,临摹对象的图画表现的是一种事态。[①]

4

即便是根据这种观点能够对论点(1)进行辩护,意向主义的解释纲领也要求对另一个论点(2)进行论证。由于言语行为的 141
效果最终要用表现事态的前提来加以衡量,因此,必须把不同形

① 从笛卡尔到胡塞尔的意识哲学历史说明,心灵论的基本概念依靠对象观念,亦即主客体关系决不是偶然的。始于弗雷格的语言学转向才认识到,我们的观念与命题相似,表现出一种陈述结构;参阅图根哈特:《语言分析哲学导论》。

式的言语行为理解为它们与原初用心灵表现出来的事态的现实前提相关联的不同方式："由于具有陈述内容，因此不同类型的以言行事行为可以被看作是言语对现实的不同表达……如果我们把以言行事行为的基本形式看作是 F(p)……那么，以言行事的特征就会决定 p 与世界之间的不同关联方式。"(第 219 页)

表达的意义源于对事态的表现，如果我们知道使得表达出来的命题成立的前提，我们就可以在这样的前提下来理解表达出来的命题。这点最初只适用于记述式言语行为所使用的断言命题，而绝大部分的言语行为所涉及的不是实际存在的事态。不过，如果表现关系对于非记述式的言语行为同样具有构成意义的话，那么，就必须根据如下原则对以言行事的类型加以区分：言语者对待表现事态所持的不同立场，以及在何种意义上他的表达表现了某些内容："这里的基本观念是比较陈旧的，不知为何，陈述的意义决定于其真实性前提；命令的意义决定于其真诚性前提；承诺的意义决定于其现实性前提，等等。"(第 220 页)随着言语者的命题立场的改变，以及命题所表现事态的现实前提类型的改变，言语行为的形式也是会发生变化的。

但是，表现关系只允许根据奥斯丁所说的使用范围进行两种归纳：如果语词和所断言的事态(或世界)相吻合，那么，真值条件就得到了满足(↓)；如果理想的事态(或世界)和语词吻合了起来，那么，有效条件就得到了满足(↑)。塞尔对他所说的基
142 本形式的前三种作出了如下的解释。如果一种表达"x"的衡量标准是：其中所表现的事态"p"

——同样也独立于言语者及其表达而实际存在；

——根据事实而实际存在，因此，言语者及其接受者"x"至少部分认为有理由引出"p"；

那么，这种表达就属于"断言"范畴以及"命令范畴"。

我想列举一些反面例子来说明命题立场和适用范围并不足以确定以言行事的类型。我们先来看看这样一种要求，它在不同的语境下可以被解释为请求、承诺以及命令等（正如我们将要看到的，它也可能会被解释为威胁）。

（1）我要你把要求的数目给Y。

谁如果理解了（1），就会把言语行为以言行事的意义概要解释为：言语者让接受者认识到，他设法想让“p”实现。但是，知道他所希望的状态“p”的现实前提是远远不够的。只有当听众在这种现实前提之外，也认识到言语者提出要求的权利前提，他才真正理解了言语行为。正是由于这种权利前提，言语者才可以期望接受者完成他所要求的行为。在“p”的现实前提之外，他也必须对确保言语者能够向接受者提出要求的规范前提有所认识。这种必然性早就出现了，因为表达（1）的言语者（作为请求者、朋友、邻居或命令者）无法立足于任何一种规范语境，因而必须提出一种有力的惩罚要求，以便用一种权力要求代替所缺乏的规范要求。在否定性惩罚的情况下，要求也就变成了一种威胁：

（2）我要你把要求的数目给Y——否则我就通知警察…… 143

（2）必须被看作是一种间接的言语行为，它在字面上表达出了一种不同于言语者意向的以言行事意义。言语者实际想要发出的威胁从字面上或许应当表述如下：

（2a）如果你不把要求的数目给Y，我将通知警察……

就我们这里的讨论而言，重要的一点在于：（1）和（2）——其中（2）是用（2a）来加以分析的——所涉及到的显然不是同一种类型的言语行为，尽管都满足了塞尔所定义的以言行事类型的前提。它们满足了同样的现实前提“p”（具有同样的适用范围），所要求的是言语者同样的的命题立场，尽管如此，它们并不具有同样的以言行事意义。[1] 拒绝所提供的言语行为的接受者一方面质疑的是，言语者是否具有向他发号施令的权利：

(1′)不，你不能向我发号施令。

另一方面，他只对所要求的惩罚权力的实际前提提出质疑：

(2′)不，你根本无法来惩罚我。

这点同样也适用于承诺类型的言语行为：

(3)我向你保证，把要求的数目给 Y。

如果接受者对一位能够对自己负责的行为者约束他自己的意愿，也就是说，自己能够让自己对某事负责的前提有所认识，那么，他就只是把表达当作一种承诺加以理解。这种自律的前
144 提和(1)一样是对“p”的有效前提的补充，而这里的否定立场针对的也就是这种自律前提：

(3′)不，你太轻率了，不会认真履行这样的诺言。

5

为了理解一种命令式的言语行为，听众不仅必须充分认识到其中所表现出来的事态的现实前提，而且也必须认识到这种言语行为的合法前提或有效前提。这种观点来源于形式语用学对真值语义学的某种基本观点的推广。因此，它同时也必须经受记述式言语行为的确证。

但是，这样首先就会出现一种不对称的关系。记述式言语行为的有效性看起来只是取决于对其中所使用的断言命题“p”

---

[1] 威胁不是以言行事行为。威胁所涉及的决不是建立在主体之间相互承认基础上的有效性要求。和辱骂及伤害一样，威胁是典型的以言取效行为，在目的行为语境中发挥一种工具作用，因而失去了其以言行事的力量；它的以言行事意义是从其他通过理解表达相同命题的使用语境中移植过来的。

的真实性前提的满足程度,而根据我们现有的分析,对于命令和承诺的有效性而言,陈述部分所表达出来的事态“-dass p ”的有效前提相应所得到的满足是远远不够的。我们如果认识到,在记述式言语行为中,言语者的意图和根据意向主义的理论模式对他的期待,亦即他让接受者所了解的意图相比较,不是要多,就是有所不同;也就是说,言语者认为是真实的内容(意图 1),和他打算让接受者知道的真实内容(意图 2)之间是不对等的。言语者不仅想告诉听众他所具有的意图(亦即他所意指的“p”),也想告诉听众这个事实“p”(以便让听众本身也意指这个事实“p”)。同样,以言行事的目的不是要让接受者认识到言语者 S 的意见,相反,而是要让接受者本人得到并确信和言语者 S 同样的观点。一句话,接受者应当把言语者的断言看作是有效的,并
接受过来。 145

言语者把似乎蕴藏着真实性前提的“x”(断言命题)表达出来,以此来让符号“x”承担起一种心灵表现的事态的真实性前提,并让接受者认识到这些前提。言语者 S 这样做并不足以实现上述目的。相反,要想实现这个目的,言语者必须迫使接受者面对他的要求,即他所断言的命题得以成立的前提也要得到满足。

因此,依靠记述式言语行为,言语者所提出的也是一种听众应当接受并可加以批判检验的要求,这和命令或承诺没有什么不同。当然,和非记述式言语行为有所不同的是,这种要求涉及到的是所运用的命题得以成立的前提得到了满足。而与命令或承诺相联系的有效性要求直接和规范前提相关,这些规范前提使得一方有资格希望另一方让想像的事态变为事实。命题真实性的要求和一种实际存在事态,亦即事实“p”相联系;反之,规范有效性要求所涉及到的是期待一方或另一方能够使一种想像的

事态“-dass p”变为现实的合法性。

在我看来，这里关键一点在于，意向主义模式自身具有不完善性。意向主义模式断定听众十足是一个被动角色，它剥夺了听众认真对待言语者S的表达的可能性，也就是说，它使得听众无法认为言语者的表达是有效的，因而可以加以接受，或是无效的，因而加以拒绝。听众既然没有可能采取肯定或否定的立场，交往过程自然也就是有缺陷的。

依靠一种言语行为，言语者不仅让接受者有可能领会他的意图，而且也要求运用充分的理由打动接受者，把他的断言当作真实的，把他的命令当作合法的，把他的承诺当作是有效的，或者正如我在这里想要补充的，把他的坦白当作是真诚的，并加以接受。言语者要想实现其目的，即给出事实、发出命令、作出承
146 诺或坦白经历，就必须同时让接受者对他的表达的有效前提有所认识——而且，他必须在提出满足这些前提的要求的同时，如果有必要也悄悄地列举出充分的理由。听众必须有理由把一种断言当作是真实的，把一种命令当作是合法的，把一种承诺当作是有效的，把一种坦白当作是真诚的，然后才能加以接受（或加以质疑）。没有对这样一种肯定立场或否定立场的前提的认识，他也就根本没有理解言语行为。如果接受者只是认识到，言语者S在一种断言、一个命令、一项承诺或一次坦白中表现了一种具体的意图：言语者的意思是“p”，言语者想引出“p”或者他本人的意图是要引出“p”，或者他想把一种意见、情感、愿望或意图的命题内涵透露出来等等；那么，这种断言、命令、承诺或坦白的以言行事意义对接受者就是封闭的。

6

是否理解某种语言表达的意义,和借助于一种被认为是有效的表达是否能就某事达成共识,这两者的确不是一回事;同样,一种被认为是有效的表达和一种有效的表达之间显然也是有区别的。尽管如此,意义问题和有效性问题还是不能完全脱离开来。[①] 理解一种语言表达的意义究竟意味着什么这样一个基本问题,不能与在何种语境下这种表达能够被有效接受这个问题隔离开来。我们如果不懂得如何运用语言表达的意义,来和别人就某事取得共识,也就认识不到理解一种语言表达意义的真正内涵。从理解语言表达的前提中就可以看出,依靠语言表达建立起来的言语行为,其目的是要从合理的动机出发去领会所说的内容。因此,对表达可能具有的有效性的探讨不仅属 147
于交往的实际前提,也是语言理解本身的实际前提。语言的意义层面和有效性层面是有着内在联系的。

我们如果从这种主体间性的语言观念出发,就可以根据有效性要求来确定以言行事的类型。[②] 如何才能彻底否定言语行为这样一个问题,可以启发我们确立有效性要求本身。假如我们来思考如何才能否定以下这种有着多重意义的以言行事命题,我们就会遇到三种不同的有效性要求:

(4)我将把所要求的数目交给 Y。

---

① 请参阅阿佩尔:《语言意义:真实性和规范有效性》(Sprachliche Bedeutung, Wahrheit und normative Gültigkeit),载:《哲学文献》(Archivo di Filosofia),第 55 卷,1987,第 51 页及下两页。

② 请参阅我的分类建议,载哈贝马斯:《交往行为理论》,第 1 卷,第 427 页及下两页。

否定回答可以有以下几种：

(4′)不，这些事情上你很不可靠。

(4″)不，你言行不一。

(4‴)不，你根本不会这么做。

第一种情况下，听众把表达理解成了一种承诺，并且否认听众有足够的自主性来履行他的义务。第二种情况下，言语者认为表达是对意图的一种解释，并且怀疑所表达意图的严肃性或真诚性。第三种情况下，听众把表达理解成一种预言，并且对未来陈述的真实性表示怀疑。从正确性、真诚性和真实性这三个角度出发，我们可以对任何一种以言行事行为加以否定。比如说，像命题(1)这样的要求不仅可以从言语者的授意角度加以否定，也可以从言语者所表述意图的真诚性或所表达命题内容的

148 实际前提的真实性等角度加以否定。

我们如果从总体上来考察塞尔对言语行为前提的分析，就可以在他的分析图式中找到他对上述三种有效性要求的不同描述。塞尔在讨论过程中提出，要用他所谓的预备条件(preparatory conditions)、真诚条件(sincerity conditions)以及本质条件(essential conditions)来对正确性要求、真诚性要求以及真实性要求等分别加以分析。塞尔对上述三种有效性要求的这种转译是可以成立的，这就说明塞尔的分析是十分尖锐的，也是十分复杂的。塞尔是第一个准确把握了言语行为结构的人。但他那具有开创性的观点超越了意向主义理论模式的分析框架。如果要想在这样一种模式中恢复其分析框架，那么，有效性概念就会失去其要点。真实性条件及其现实条件是一种语义学概念，它们有心灵论的相关概念。但是，无论是从前语言的角度，还是从独白的角度，对有效性前提的私人理解都可以根据一种在我看来是难以把握的真理符合论来加以辩护。因此，我认为，不能从孤

立的角度，而应从与有效性要求以及兑现这些要求的潜在理由之间的实际关系出发，来考察有效性的前提。

可以加以批判检验的有效性要求，其目的是要让主体之间相互承认，因此，它们构成了固定的轨道，没有它们，言语行为将无法实现言语者以言行事的目的。如果我们从言语者 S 为了表达他所特有的主观经历而提出的真实性要求角度出发，对表现式言语行为加以界定，那么，坦白就是这方面的代表类型，相反，致谢、祝愿、道歉等就不是表现式言语行为——即便言语者言行不一，它们也能取得成功。和打赌及洗礼一样，这种调节式言语行为的以言行事意义决定于一种规范语境；如果这种规范语境受到破坏，即使致谢言不由衷，它也同样有效。 149

第三编　形而上学与理性批判

第七章　多元声音中的理性同一性

“一”和“多”一开始就是形而上学的主题。形而上学试图把万物都追溯到“一”。自柏拉图以来，形而上学就明确表现为普遍统一的学说；理论针对的是作为万物的源泉和始基的“一”。普罗提诺之前，这种“一”叫做善的理念或第一推动者；在他之后，则被称为最高存在（summum ens）、绝对者或绝对精神。在过去的十年中，这个主题获得了新的现实意义。有些人在哀叹形而上学同一性思想的丧失，不是努力为前康德时代的思想大师恢复名誉，就是努力回到康德之前的形而上学。[①] 相反，另一些人则把目前的危机归咎于主体哲学和历史哲学中同一性思想所留传下来的形而上学遗产；他们呼吁历史和生活方式的多元化，反对世界历史和生活世界的一元化；呼吁语言游戏和话语的灵活性，反对语言和对话的同一性；呼吁文本的丰富性，反对意义的单一性。人们以被压制的多元性的名义对同一性提出了抗议，当然，这种抗议有两种对立的表现形式。在利奥塔和罗蒂的激进语境主义（Kontextualismus）中，形而上学批判原有的意图被保留了下来：拯救那些由于唯心主义而被牺牲掉的环节，如非

① 罗伯特·施佩曼：《论自然》（Natur），载：《哲学论文集》第 19 页及下两页；《自然与理性》（Das Natürliche und das Vernünfige），München，1987；迪特·亨里希，《逃避路线》；《晦涩与明晰》，载：《完全同一性：东西方的思路》，第 33 页及下两页。

同一性和非整合性、杂乱性和异质性、矛盾性和冲突性、瞬间性
153 和偶然性等等。[1] 另一方面，在**其他的**语境中，对偶然性的辩护和对原则性的抛弃则完全丧失了其颠覆特征。在这些语境中，它们所具有的只是保卫传统力量这样一种功能意义——面对过分的批判要求，传统的力量已经没有什么现实性，能够使它们从侧面为失去控制的社会现代化提供文化上的支持。[2]

围绕着“一”和“多”，展开了各种各样的辩论，我们不能简单地把它们还原为正反两方面的观点。各种观点的内在亲和性使得局面变得更加错综复杂。如今，各种抗议都打着被压制的多元性的名义，反对占有压倒性优势的同一性，这样做至少可以让他们面对形而上学复兴过程中出现的同一性思想保持一种恰到好处的超然立场。因为激进的语境主义本身依赖的就是否定的形而上学，而否定的形而上学则是围绕着形而上学唯心主义始终想要获得却一直未能如愿的绝对内容来不断展开的。但是，根据对社会现代化的重负进行补偿的功能主义观点，相对不太激进的语境主义应当会对连自己都不再相信其真实性要求的形而上学表示满意。赞成或反对形而上学同一性思想的派别只有在面对第三派别时，立场才比较鲜明，因为，它们发现了共同的对手。我说的是人道主义。坚持这种人道主义的人努力捍卫的是康德传统，他们试图用语言哲学来拯救理性概念；理性概念尽管具有怀疑论色彩和后形而上学特征，但并非无可救药。[3] 形而上学同一性思想认为，交往理性这个程序概念过于脆弱，因为

---

① 利奥塔：《差异》(Der Widerstreit)，München，1987；卡勒：《论解构》(On Deconstruction)，London，1983。

② 马科德：《告别原则》(Abschied vom Prinzipiellen)，Stuttgart，1981。

③ 普特南：《理性、真理和历史》(Vernunft，Wahrheit und Geschichte)，Frankfurt am Main，1982。

它把一切内容都打入偶然领域，甚至允许人们认为理性本身的出现也是偶然的。相反，在语境主义看来，这个概念却又过于顽固，因为在语言理解的媒介中，所谓不可通约的世界的界限被跨越了。形而上学认为同一性凌驾于多元性，语境主义则认为多元性优先于同一性，二者可以说是隐性伴侣。我通过思考所得 154
出的结论是：只有在多元性的声音中，理性的同一性才是可以理解的——从一种语言转化成另一种语言在原则上是可能的，尽管具有很大的偶然性，但终究可以理解。这种相互理解的可能性在程序上得到了保障，在现实中则比较短暂。它构成了现实当中相互遭遇者的多元性背景——即便他们彼此不相理解，同样也是如此。

首先，我想要提请人们注意形而上学同一性思想的模糊意义，形而上学同一性思想源于神话原始思维，并且依旧与之保持紧密联系。这方面所涉及到的有形而上学框架内形而上学批判的三个主题，即同一性和差异性的关系，不可言喻的个体问题，以及对肯定性思维，尤其是对有关物质和邪恶的纯粹个人定义的不满(1)。接下来，我想从康德出发，去追溯源于客观世界秩序的理性同一性转向作为主体理想综合能力的理性的过程(2)。当然，这样一来，如何调和知性领域(mundus intelligibilis)和感性领域(mundus sensibilis)这样一个古老的唯心论问题就以新的形式重新出现了。为了从程序上把握住世界历史的同一性——不管是整个世界的同一性，还是人类世界的同一性，或是个体生活历史的同一性，黑格尔、马克思和克尔凯郭尔都以各自不同的方式来使用历史这个中介。实证主义和历史主义以科学理论这个新的转向对此作出了回应(3)。正如我们今天所看到的，这个转向为这样或那样的语境主义开辟了道路。反对这种观点的意见则提醒人们注意，所有能够使主体之间通过语言获得沟通的视角，在任何一种对话语境中相互之间都不可避免地会具有一种对称结构。因此，语言中介里有一种微弱而且转瞬即逝的理性同一性，这种理性同一性并不沉迷于一种超越特殊和个体的唯心主义普遍性当中而不能自拔(4)。“一”和“多”这
155 个主题在本体论、心灵论和语言学当中表现为不同的范式。

1

“一”和“多”是普罗提诺《九章集》(Enneads)的中心论题。这部著作是对哲学唯心主义思潮的总结；哲学唯心主义思潮始于巴门尼德，突破了神话世界观的认识框架。这并不意味着，一切都化约为“一”，而是意味着，“多”可以追溯到“一”，并且因此可以被理解为一个整体和总体。通过这种强烈的抽象，人类精神获得了一种超越性的参照点，一种保持一定距离的视角，由此看来，具体的事件和现象所引发的彼此和谐或相互冲突，都在一个固定不变的整体性中统一了起来。这种保持一定距离的视角能够把一切存在者和个别实体、把世界和其中发生的事件区别开来。反过来，这种区分也能使人们的解释上升到新的水平，从而和神话叙事有所区别。单称世界的起源，不同于神话的原始力量，神话的原始力量以复数形式出现，并且彼此对抗。这种原始力量世世代代流传下去，并且有一个具体的发生时间；但是，作为绝对的开端，“一”就是最初；有了这个“一”，才开始有时间和历史。

需要解释的一切现象最终必然都是与“一”和整体相联系的，因此，有必要把歧义消除掉，即必须把世界内部的一切解释为一种统一的存在，必须把世界内部的一切当作一个特殊的对象加以把握。人们不能在超越现象的层面上去寻求对具体现象

的解释，而只能到现象的内在基础中去寻找——诸如本质、理念、形式或实体等；所有这些同一性和整体一样，本身就具有抽 156
象性质，至少也会像原型一样处于概念和图像之间。因此，“一”不仅是原初的起点或起源，而且是第一原因、第一原型或第一概念。基本的解释原理在普遍中把握特殊，并且是从最终的基本命题中推导出来的；这种以数学为效仿对象的推理性解释模式，与具体主义的世界观没有任何联系。根据这种具体主义的世界观，特殊性直接与特殊性交织在一起，彼此之间相互照应，所有的一切构成了一张由对立性和相似性编织起来的平行网络。人们可以像尼采那样认为，神话所熟悉的只是表面和表象，而不是本质；相反，形而上学是要追根究底的。

世界宗教，尤其是各种一神教和佛教，达到了与哲学唯心主义相同的抽象水平。但是，当他们从救世史和宇宙学的角度隔着一定的距离把世界当作整体的时候，伟大的宗教创始人和预言家们受到了伦理学问题的左右，相反，古希腊哲学家们用**理论**摆脱了由具体表象编织起来的直观叙述网络。在后一种情况中，从神话到逻各斯的转化不仅仅具有社会意义和认识意义；即便是沉思行为也具有一种伦理-宗教意义。观察宇宙过程中所形成的理论立场会逐渐凝聚为一种生活方式。这种理论生活方式(bios theoretikos)充满了与漫游的修士、隐居的修士或寺院里的修士希望个体能够获得救赎相类似的期望。根据普罗提诺的观点，灵魂在思想中介中成为一个自我，而且，在对“一”的追忆、反思和直观当中，这个自我有了自我意识。所谓 Henosis，是说哲学家通过话语思维与“一”达到了直觉上的同一，既是一种带有迷狂色彩的自我超越，同时又是一种具有反思特征的自我确证。对于多之中的“一”的非物质化和非分化的认识，对于“一”本身的关注，对于无限的光(Licht)和永恒的圆的源泉的确定等

157 等，所有这一切并没有消灭自我，反而强化了自我意识。哲学涉及到的是作为终极目的的有意识的生活。在对世界同一性的沉思当中，形成了自我的同一性。因此，源始哲学思想确实具有一种解放内涵。

形而上学也属于世界历史进程，马克斯·韦伯从宗教社会学的角度把这种世界历史进程描述为世界观的合理化过程，雅斯贝尔斯则把它解释成（从释迦牟尼经由苏格拉底和耶稣直到穆罕默德的）“轴心时代”的认识论变移。[①] 当然，这是一个完全不同意义上的“合理化”过程。从弗洛伊德到霍克海默和阿多诺，他们一直都在追溯源始哲学内部的启蒙辩证法。[②] 虽然应当用具有普遍性、永恒性和必然性的存在概念打破神话力量和恶魔法术的束缚，但是，它们在用“一”战胜“多”的唯心主义思想中还有所保留。神话和巫术中所透露出来的对于难以控制的危险的恐惧，反而在具有控制力量的形而上学概念中扎下了根。巴门尼德用非存在对抗存在，否定则用“多”对抗“一”；否定同时也是一种抵抗对于死亡与脆弱、孤独与分离、对立与矛盾、惊奇与革新等的内在恐惧意义上的否定。[③] 这种抵抗同样也表现为唯心主义把多贬斥为纯粹表象的做法。作为理念的摹本，各种各样现象的意义也就很明确了，它们只是和谐秩序的外在环节。

形而上学思想自身的历史激起了唯物主义的怀疑：任何人都不可能在不受惩罚的情况下远离神话起源的力量，这种神话

① 韦伯：《宗教社会学论集》(Gesammelte Aufsätze zur Religionssoziologie)；以及雅斯贝尔斯：《伟大的哲学家》(Die groβen Philosophen)，第 1 卷，München，1957。

② 霍克海默、阿多诺：《启蒙辩证法》(Dialektik der Aufklärung)，Amsterdam，1947。

③ 克劳斯·海因里希：《讲稿》(Dahlemer Vorlesungen)，第 1 卷，Frankfurt am Main，1981。

起源的力量以更加崇高和无情的形式延伸到唯心主义之中。形而上学所处理的关键问题,似乎是源于被剥夺了特权的多元性对带有强制性和虚幻性的同一性的反抗。人们至少从三个不同 158
的角度反复提出了同一个问题:“一”和“多”、无限和有限相互之间究竟是怎样一种关系?

首先,如果宇宙(das All)确实是由许多不同的事物构成的,那么,“一”如何能够在不危及自身同一性的情况下成为一切(Alles)呢? 如何把同一性和差异性结合起来考察,这个问题源于柏拉图理念论中的“数”(Methexis)问题,也是黑格尔论述差异性的著作所关注的焦点。普罗提诺曾经以悖论的表述方式尖锐地阐述过这个问题:“一就是一切,但绝对不是(一切中的)一。”[①] “一”就是一切,因为它存在于作为它的起源的每一个存在者当中;但与此同时,“一”又不是一切中的“一”,因为只有把它与每一个不同的存在者区别开来,才能维持其同一性。为了成为一切,“一”存在于万物当中;但与此同时,为了保持自身,“一”又超越于万物之外。因此,“一”以世界内部的一切作为前提,又是万物的基础。

形而上学当中充满了诸如此类的悖论表述,因为从本体论的角度来看,形而上学徒劳地试图把“一”本身归纳为客观范畴;但是,作为一切存在者的起源、基础和总体,“一”首先构成了一种视角,从而使得人们能够把“多”刻画为不同的存在者。因此,海德格尔才会从本体论上坚持把存在(Sein)和存在者(Seiende)区别开来,以此来防止把“一”与其他东西同化起来。

普罗提诺把这种悖论从“一”自身当中转移到**奴斯**(Nous)头上:只有在人类的认识能力范围内,对“多”的话语把握与对

---

① 巴伊尔瓦尔特斯:《一元思想》,第 31 页及下两页。

“一”的直觉领会之间才开始出现鸿沟；对“一”的直觉领会是对“多”的话语把握的结果。当然，作为流溢物，这种“一”拒绝一切论证话语。但是，其否定性本体论概念为自我关涉的理性批判开辟了道路；这种理性批判使尼采、海德格尔和德里达等人的思
159 想继续深受形而上学的影响。每当“一”被认为是绝对的否定性、是退缩和缺席、是对于一般命题的抵抗时，理性的基础(Grund)也就成了非理性的深渊(Abgrund)。

第二，唯心主义把一切都归结为“一”，并且由此把世界内部的存在者贬为现象或摹本。问题是，唯心主义这样做，能否公正地对待个体的同一性、个性和特性呢？为了把普遍分解为特殊，形而上学运用了属和种的差异性概念。谱系学认为，**绝对理念**的主干，或属的概念的主干，在任何一种普遍性的层次上都分支为种的差异性，反之，每一个种又可以为进一步的具体说明构建一种相似**的属**(genus proximum)。特殊只是相对于普遍而言的。在特殊被个体化的过程中，时间、空间、物质，以及那些偶然的特征，都是可资利用的具体中介；这些偶然的特征把个体和它凭借其属的从属关系和种的差异性而具有的性质区别了开来。因此，只有在偶然性的外壳中，个体才是可以理解的；偶然性的外壳则依附在属和种所决定作为表象存在和偶然存在的存在者的核心上面。面对个体，形而上学思想总是失效的。这就最终促使约翰·邓斯·司各特把本质一直延伸到个性当中。他提出了**存在的个体性**(Haecceitas)这个自相矛盾的概念，在个体身上打下了本质的烙印，但是，面对真正的个体，作为本质，存在的个体性又具有彻底的普遍性。

唯心主义从一开始就忽略了如下事实：绝对理念自身当中隐藏着个别事物的材料和偶然性，绝对理念就是从它们当中抽

象出来的。① 唯名论揭示了这种矛盾，并且把实体即“formae rerum”降格为纯粹的名称，即“signa rerum”，认知主体似乎又把这种纯粹的名称，即“signa rerum”附加于事物头上。当现代意识 160 哲学最终把非实体化的个别事物当作主体本身用以建构其对象的感觉材料时，脱离了抽象概念的个体的不可言说性这个问题也就变得更加尖锐了。普遍、特殊和个别之间的模糊格局激发了对知性思想的批判。黑格尔之后，这种批判转变成了对具有控制和识别能力的思想的批判，最终导致阿多诺试图用工具理性批判来拯救非同一性环节。②

形而上学思潮内部产生了形而上学批判的第三个主题，即对所有矛盾都汇聚到可贵的物质概念当中的怀疑，可贵的物质概念似乎是肯定思维的基础。世界中的存在者把它的有限性、时空方面的确定性及其矛盾性都归因于物质，那么，物质的反面难道就是非存在者吗？在某些东西中，绝对理念纯属想像，并且弱化为纯粹的现象，难道这些东西不应该被理解为与知性相对立的原则吗？即不仅被理解为除去一切具体存在和一切善之后遗留下来的残余物，而且被理解为创造表象和罪恶的否定性的积极力量。人们从发生学的角度反复提出这个问题。假设“一”是万物的源泉和基础，因而具有优先地位，那么，为什么会有各种存在者，而不是一片虚无？神正论的问题只不过是道德实践问题的变形：假设一切事物从中衍生出来的善具有优先性，那么，恶又是如何出现在世界中的呢？直到1804年，谢林还在深入探讨这个问题，1809年，他（在论人类自由的论文中）再次详细讨论了这个问题。在柏拉图的传统中，物质或恶只不过是知

① 哈格：《哲学中的进步》，第33页。

② 阿多诺：《否定辩证法》（Negative Dialektik），Frankfurt am Main，1968。

性和善的一种虚化、弱化，而不是否定性和自我性、隐蔽性以及
161 反向主动性的原则。谢林反对这种柏拉图传统。谢林的论辩值得重视，他反对偏袒肯定性，反对神化和调和不定性、否定性以及自我否定性；他的论辩也激起了人们反对唯心主义美化所带来的危险，同样也激起了一种意识形态批判，它一直延续到霍克海默早期的悲观主义唯物论和布洛赫的乐观主义唯心论。①

2

谢林的思考还是把意识哲学当作出发点；意识哲学不再把多的同一性当作一种先于人类心灵的客观整体，而是把它理解为一种心灵本身进行综合的结果。除此之外，谢林的《先验唯心论体系》已经包含了他所阐述的世界历史结构的初步原理。理性是世界观观念的源泉，历史是心灵的综合媒介，它们二者使形而上学的基本概念发生了革命性的变化，并且引出了一系列问题；在青年黑格尔派那里，这些问题激发了后形而上学思想。

众所周知，康德把知识概念与创造性的想像力和知性的综合功能联系起来。通过这种综合功能，各种各样的感觉和表象被组织成为经验和判断的同一性。直观中的理解、想像中的再生产以及概念中的认识都是些直觉行为，它们贯穿于各种各样的事物当中，吸收其元素，并把它们统一起来。康德用简单的几何形式和数列结构，来阐明在原本无序的多样性中**创造**同一性
162 的活动。在这样做的时候，独立的行为主体所遵循的是基本法

① 布隆克霍斯特：《运气的辩证实证主义》，载：《哲学研究杂志》，第 39 期，1985，第 353 页及下两页；科尔塔斯：《早年霍克海默的社会批判理论》（Die Gesellschaftstheorie des frühen Horkheimer），载：《社会学杂志》（Zeitschrift für Soziologie），第 14 期，1985，第 315 页及下两页。

则,因为同一性表象不可能从这种结合行为中产生出来。就其本身而言,知性的这些综合活动是通过纯粹统觉在更高层次上的综合来完成其组织功能的。康德认为这就是形式上的“我思”,如果想要在表象的多样性中确保始终同一的自我意识的自我同一性,形式上的“我思”就必须贯穿在我的所有表象中。为了不让主体忘记自己而被经验的洪流淹没,主体必须坚持自己的主体性。这种同一性产生于自我意识的理解过程中,它决不是经验所赋予的,而是先验所预定的;只有这种同一性才允许自我把全部表象归于自己。只有通过统觉的先验同一性,我的表象的多样性才获得了属于作为认知主体的我自己的表象的普遍联系。

这样,我们就找到了《纯粹理性批判》以自己的方式与普遍同一性的形而上学思想联系起来的出发点。也就是说,就可以认识的事物而言,自我关涉的认知主体的先验同一性需要一个和主体相对应的总体概念,需要有一个作为一切表象的总体的世界的先验概念。康德称这种世界概念为一种宇宙观念,即一种理性概念,凭借这种概念,我们把世界中所有的条件都转化为考察对象。这样,就出现了一种新型的综合。宇宙学观念产生了“所有条件绝对综合的同一性”;由于这些宇宙学观念针对的是一切可能存在的经验和绝对者,因此,它们所遵循的是超越所有经验的至善至美原则。这种理想化的极致把建构世界的理性综合与我们在世界中可以认识到的知性综合能力区分开来。由于这些观念是规划世界的概念,因此,任何看起来像是世界内部
经验对象的事物都无法适应它们。就表象世界而言,这些观念 163
只是一些原则,它们控制对知性的使用,目的是要达到系统的知识,亦即达到尽可能统一而且完善的理论形态。对于知识的进步来说,这些观念具有启发意义。

由于康德让所有的存在者依赖于主体的综合能力，因此，他把宇宙贬低为遵循自然法则的自然科学的对象领域。表象世界不再是一个“根据目的组织起来的整体”。因此，先验的世界概念和形而上学的世界概念一样，再也无法满足提高把万物还原为一而建立一种充满意义的关系的需要，充满意义的关系吸收了偶然性，中和了否定性，消除了人们对于死亡、孤独和绝对的新生事物的恐惧。作为补偿，康德提出了另一个世界概念，即知性世界概念。知性世界尽管始终不对理论知识开放，但是，它的合理核心即道德世界永远都是靠理想事实来确证的。也就是说，与宇宙观念不同的是，自由观念依赖的是道德法则；它不仅控制而且决定道德行为：“在自由观念中，纯粹理性甚至具有因果作用，它能够把其概念所包含的内容表现出来。”（《纯粹理性批判》，第 385 页）只有“理性存在的世界”这个附属的概念具有调节作用，其中，每个人都根据自己的行为准则行动，好像自己始终是普遍目的王国中的一位立法者。与理论理性一样，实践理性也提出了一种综合所有前提的理论同一性，一种综合所有前提的绝对同一性，只不过这次它的目标是整个“资产阶级伦理”共同体。通过用共享的客观法则把全人类完全联合起来，“资产阶级伦理”共同体也就出现了。建构世界的理性综合再次发挥作用，但是，这次它的理想化的极致不仅具有指导认识的启发意义，而且具有一种强制性的道德实践意义。

164 通过复制先验的世界概念，康德解决了上述三个问题中的两个，形而上学拿这些问题则是毫无办法。本体论的客观思维混淆了世界和世界中的存在，由于客观思维的概念策略，如何理解“一”和“多”的同一性这个问题，也就只能是一个无法解决的问题。但是，作为理性观念，即作为理想综合结果的世界概念一旦被识破，“一”和整体的概念与对象相吻合的先验表象也就破灭了。材料问题也得到了解决，因为综合能力被赋予了在认识和行动中必然会**获得**材料的有限主体。不过，形而上学的主要问题，即“一”和“多”、无限和有限相互之间是怎样一种关系，如今则以先验形式再次出现。知性世界和感官世界之间的模糊关系，把古老的问题转化为许多新的问题，诸如实践理性与纯粹理性之间的关系问题、自由的因果关系与自然的因果关系之间的关系问题、道德性与合法性之间的关系问题等等。康德引入了第三种**理性观念**，这种理性观念从目的论的角度来考察自然和历史；即便如此，世界的二元论依然无法得到克服。因为如果没有知性知识所提供的坚实基础，这类观念就根本不具有任何启发意义。相反，它们为观察自然和历史提供了一个想像的焦点(focus imaginarius)，好像自然和历史能够建构目的王国似的。

不管如何，个体的不可言喻这个传统问题依旧悬而未决。[①]自然科学的知性活动把特殊性纳入到普遍规律当中，而且不必考虑个体。对于作为个体人格的自我来说，普遍自我和特殊自我之间，亦即作为与整体相对应的“一”的先验自我和作为“多”
当中的“一”的经验自我之间，根本没有什么回旋余地。如果我 165
自己的知识是先验的，那么，它就会遇上作为我的表象关系的形式条件的自我同一性。而如果这种知识是经验的，我的内在本质就和外在本质一样与我无关。

只要作为生活方式的哲学理论具有一种拯救个体灵魂的意义，献身理论的主体就不必在理论范围内确证他自己的独特存在，参与理论生活所获得的拯救承诺可以使他得到满足。卢梭的作品是世俗化的忏悔文学的典范，世俗化的忏悔文学使我们注意到，撇开形而上学与神学的密切关系不谈，理性心理学的基

---

① 参阅本书“个体化与社会化”一章，第 222 页及下两页。

本概念从未真正与犹太教和基督教传统的基本经验形成默契。我所说的经验，是指个体对荣耀而又具有超验地位的上帝的凝视，在上帝面前，每个个体都是独一无二和不可替代的。他必须捍卫自己的整个生活。原罪意识中蕴藏着丰富的个体力量，这是哲学概念所无法比拟的。从十八世纪以来，这种个体力量一直在努力寻找另一种表达方式，即自传性生活历史中的文学表达方式。生活历史是始终必须对自我负责的存在的公开文献。另外，随着历史思想的出现，不可言喻的个性这个主题获得了新的现实意义。

浪漫派以及受浪漫派精神鼓舞而形成的精神科学用历史、文化、语言等方面的新的同一性，来填充历史、社会和空间层面上的先验的世界概念。这些新的单元(Singulars)把一种综合的同一性带进了历史、文化和语言等的多元性中，此前，这种多元性一直被看作是自然的产物。正如赫尔德、洪堡和施莱尔马赫等人所认为的，这种综合的同一性产生于精神所具有的基本创造性。但是，**这种**综合必须根据**不同于**直线或者数列结构模式的模式来加以理解，因为在精神科学所揭示的领域内，如果忽视
166 个体，就无法把特殊纳入到普遍当中。强调而言，卷入个体历史、生活方式和对话当中的是个体本身，同时也正是他们自己把自己的个性传达给这些主体之间所共享的无限而又具体的语境。特定的历史、文化或语言的特殊性是一种个别类型，介于普遍和个别之间。当时，历史学派所探讨的就是这类具有开创意义的概念。[①]

---

① 罗特哈克：《精神科学中的教条主义思维方式及历史主义问题》(Die dogmatische Denkform in Geisteswissenschaften und das Problem des Historismus)，载：《科学文学院论文集》(Abhandlungen der Akademie der Wissenschaft und der Literatur)，Mainz，1954。

康德的形而上学批判和康德之后的历史意识改变了论述结构，黑格尔对此作出了反应。康德最初揭示出来的矛盾，在黑格尔的哲学中已经公开化了：由于黑格尔继承了形而上学思想运动中的自我批判主题，并且把它们推向极端，因此，他最终革新了形而上学的同一性思想。在摧毁了柏拉图的唯心论之后，黑格尔为从普罗提诺、奥古斯丁、托马斯·阿奎那、库萨的尼古拉、皮科、斯宾诺莎和莱布尼茨而一直延续下来的传统补充了最后一个重要环节；而具体方法非常简单，只是把普遍同一性概念真正付诸实现。黑格尔认为，他的调和哲学是对当时要求用自己的精神克服其现代性的分裂这种需要所作出的回应。同样的唯心论否定了一切哲学对于作为非存在的纯粹历史的兴趣，它把自己置于现代的历史条件下。这就说明了两点：**首先**是黑格尔为何把“一”理解为绝对主体，并且因此而把自律的主体性概念和形而上学的思维方式联系起来，现代性正是从自律的主体性概念中获得了其自由意识，即其自我意识、自我决定和自我实现所特有的规范内涵。**其次**是黑格尔为何要把历史当作是调和“一”和“多”、无限和有限的中介。[①] 167

概念所具有的这两种策略特征，迫使黑格尔对从普罗提诺到在耶拿研究同一性哲学的谢林一直都行之有效的前提进行修正。源始哲学中的“一”，作为万物的基础，不可能融合到存在者的总体性当中。作为“一”，绝对者永远都是先于和高于万物。具有自我反思和分裂特征的人类精神所处的从属地位，与“一”和“多”、无限和有限之间的这种关系是切合的。值得注意的是，在普罗提诺那里，**奴斯**构成了第一本质(Hypostase)：在具有话语特征的精神中，“一”已经超越了自己。为此，黑格尔使反思成

① 哈贝马斯：《现代性的哲学话语》，第 86 页及下两页。

为绝对反思——所谓反思，就是精神的自我关系，而精神是从它的实体性中走向自我意识的，并且在自身之内包涵着无限与有限的同一性和差异性。和谢林不同，黑格尔认为绝对主体不能走在世界过程前面。相反，它只能存在于有限和无限的关系中，存在于反思自身这样一种专注活动中。绝对是对能够无条件自生的自我关系的调和过程。“一”和“全”相互之间不再具有相关性：相反，历史联系本身在它们之间建立起了同一性。

在革新过程中，黑格尔遇到了康德留给后继者的两个问题。一旦历史具有形而上学意义，绝对精神的自我中介获得了历史的进步形式，单个教化过程中断裂的连续性就会恢复起来，从而扬弃了感性世界与道德世界、构造性的理性使用观念与调节性的理性使用观念、形式与内容的二元对立。作为精神形态的综合，除了先验的精神形态之外，任何事物都不可能成为其材料，这种综合赋予所有特殊性以一种精确的具体普遍形式。具体普遍性允许抽象的个体获得其拥有的权利，具体方法和它把历史
168 展示为教化过程的中介一样。阿多诺的否定辩证法之所以能要求恢复黑格尔的非同一性，是因为非同一性早就存在于黑格尔的体系中。

但是，在当前的语境中，我所感兴趣的只是精神进入历史这个主题。在黑格尔之前，形而上学思想一直是以宇宙论为中心的；一切存在者与自然之间都是同一关系。如今，历史领域要被整合为这种存在的总体性。另外，精神应当通过历史这个中介来完成其综合工作，并且吸收历史的进步形式。和历史一道，偶然性和不确定性也闯进了建立同一性的理性的循环封闭结构，被辩证法搞得比较灵活的调和思想最终也无法吸收这些偶然性和不确定性。利用历史意识，黑格尔建立起了一种权威，其颠覆力量使他自己的结构也摇摇欲坠。历史把自然和精神的教化过

程都吸收了过来，它必须遵循这种精神的自我解释的逻辑形式；历史经过升华，成为了历史的反面。概括成一点就是：一种历史当中如果包含着逝去的过去、预定的未来以及受到批判的现在，那么，这种历史就已经不再是历史，这种观点当时曾激怒了黑格尔的同时代人。

3

马克思和克尔凯郭尔从中吸取了教训。随着实践和存在占据优先地位，“为我们”和“为我”这种参与者的视角也获得了理论上的主导地位。这样，历史意识在面对未来时认识到了自己的局限性。不管世界历史过程的综合或生活历史过程的综合是通过社会劳动和革命实践，还是通过基督教的原罪意识和激进的自我选择来完成的，它所遵循的都是康德理论模式，而非黑格尔理论模式。但是，通过社会形式或个人存在而运行的各个阶段依然服从于目的论，要么通过实践，要么通过存在来实现其目
的。马克思的社会理论和克尔凯郭尔的存在辩证法都还带有基 169
础主义的残渣余孽。从他们以后，历史凭借不可预见的他者和新鲜事物的偶然性，深入到了建立同一性的理性结构当中，这点看得越来越清楚了，而这些偶然性否认了一切轻率的综合和模糊的结构。到了十九世纪后半叶，这种经验促使科学主义放弃了形而上学，并倒退到科学理论。

根据牛顿力学，康德已经从形而上学的意义语境出发把自然现象，主要是被科学客观化了的自然现象，揭示了出来；他把宇宙的同一性削弱为建立统一理论这样一个富有启发意义的目标。可是，历史哲学既然是形而上学的替代物，为什么历史不应该同样也从历史哲学的同一性思想的束缚中解放出来，并且把

它转让给当时刚刚建立起来的精神科学呢？与遵循自然规律的科学不同，对于传统的解释吸收和叙述再现，看起来似乎已不再遵守对现实进行统一描述这样一种启发性法则。历史主义总是宣称，解释者和叙述者的知识依赖于语境，这种知识属于多元性领域，因而摆脱了知识客观性和同一性的要求。二元论的科学概念首先起源于德国，根据这些概念，理性的同一性不仅源于宇宙，而且也源于主体性。这种科学概念演化成为一种方法论理想，今天，这种方法论理想仅仅适用于自然科学，相反，根据历史主义的自我理解，从一切综合中解放出来的多元性使得精神科学内部不可避免地出现了相对主义。在这个意义上，不同的历史压倒了历史哲学，不同的文化和生活方式压倒了文化本身，民族语言的历史压倒了一般语言的理性法则。解释和叙述取代了
170 论证，多元意义摆脱了单一的有效性，片面意义摆脱了普遍主义的真理要求。

哲学家很难满足于这样的二分法；每一种二元论都促使他们作出解释。里德的补偿理论就是试图应付科学世界的历史主义二分法。[①] 里德首先把坚持同一性和普遍性的自然科学与市民社会联系起来，把坚持多元性和个体性的精神科学与个人生活联系起来，而后再在具体运用语境中使这两种科学间形成一种互补关系。自然科学推动了现代工业社会生产力的发展，精神科学关注的则是生活世界——其历史内容受到了威胁——中的传统力量。自然科学必然会引起生活世界的非人化和现代

---

① 里德：《精神科学在现代社会中的使命》（Die Aufgabe des Geisteswissenschaften in der modernen Gesellschaft》，1969，载：《主体性》（Subjektivität），Frankfurt am Main，1974，第105页及下两页；参阅我对他的批判，哈贝马斯：《论社会科学的逻辑》（Zur Logik der Sozialwissenschaften），Frankfurt am Main，1981，第109页及下两页。

化，进而导致生活世界意义的丧失，通过叙述再现，各种精神科学能够补偿这些损失，因此，现实世界和历史世界可以形成一种合理的整体动力。

我之所以要讨论这个人们熟悉的观点，是因为在今天，它把精神科学限制在叙述的范围内，并用“多元文化”的名义使精神科学摆脱了理论形态，甚至摆脱了通过论证获得共识的认识要求。另外一种观点认为：如果生活世界中没有了追求达成共识的理性，那么，生活世界就可以避免分裂和内战，避免“解释学的致命打击”。[①] 生活世界的文本只能源于具体的语境。正如谢 171
尔斯基当时曾经指出的，解释性的社会科学和语言学及其他重构性的精神科学一样，在基本的科学模式中根本没有立足之地，对此，我不想多做讨论。[②] 对于我们而言，更为重要的是：补偿理论自身所使用的理性概念是没有经过证明的。自不待言，这种理论所依赖的是一种人类学；根据里德的观点，这种人类学能够解释清楚，为什么人类需要在现代化和历史化之间取得平衡，**为什么**会缺少对于陶醉的补偿、对于信任的重建和对于意义的调节，这种不足**什么时候**将会发展成为“人类无法容忍的损失”，精神科学**如何才**能够用它的叙述产品来补偿这种不足。[③] 这样一种人类学根本就不存在。如果我们了解获得关于人的普遍陈述究竟有多么困难，我们就会努力去对现有的理论命题进行考

---

① 马科德：《论精神科学的必然性》(Über die Unvermeidlichkeitder Geisteswissenschaften)，载：《为偶然性一辩》(Apologie des Zufalligien)，1986，第 98 页及下两页；及其《迟到的道德》(Verspätete Moralistik)，载：《法兰克福汇报》，1987 年 3 月 18 日。

② 谢尔斯基：《孤独与自由》(Einsamkeit und Freiheit)，Hamburg，1963，第 222 页及下两页。

③ 马科德：《多神主义赞》(Lob des Polytheismus)，载：《告别原则问题》(Abschied vom Prinzipiellen)，Stuttgart，1981，第 91 页及下两页。

察，这个理论命题试图根据交往行为结构来解释，为什么和什么时候生活世界会遭到系统命令的干预，从而面临变形的危险。

今天，对于多元、差异和他者的礼赞也许能够得到人们的接
172 受，但是，情绪能取代论证。[1] 后经验主义的科学理论才真正用确凿的论据改变了我们的科学图景。[2] 在库恩、费耶阿本德、爱尔卡纳及其他人之后，建立同一性的理性的最后一个领域即物理学也被剥夺了。为了解构主体哲学的"自然之镜"，为了让自然科学和认识论放弃同一的理论形态，放弃"揭示永恒而中立的科学概念体系"，罗蒂[3] 只要从中吸取其结论就行了。[4] 康德理性观念的最薄弱部分甚至也被吸收了过去。和日常实践一样，

---

① 当我们揭示出它的政治意义之后，补偿理论也没有变得更加真实可信。马科德的《多神主义赞》的叙述基础如下：存在着健全的神话；它们是我们通常所说的神话，也是始终以复数形式出现的神话。有害的是单一神话（Monomythie），因为它坚持排他性；单一神话主要是一神教和源始哲学的普遍同一性学说。由于缺乏受到保护的非同一性，这些学说便在信徒当中制造一种强制性的同一性。随着这种宗教形而上学的同一性思想的瓦解，出现了一个真空，在十八世纪，所有神话当中最有害的单一神话即进步的神话填补了这种真空。绝对的专制神话是历史哲学，历史哲学获得了用比较人性的"多"压倒"一"的力量，并且把它强化为公开的恐怖。用精神科学复兴多神论是唯一能够对抗这种历史哲学的办法，精神科学不再迷惑于理性的普遍主义。我感到惊讶的是人们期望这个故事承担的解释重任。历史哲学思想总是努力使用各种论据，为什么要用通过叙述、并且没有论据的反历史哲学来取而代之呢？我不知道，如果历史哲学把"历史解释为走向普遍的漫长过程和个体在类当中的消亡过程"，那么，谁还会从历史哲学角度进行思考呢。（《普遍历史与多元历史》[Universalgeschiche und Multiversalgeschichte]，载：《为偶然性一辩》，第 70 页。）只有整个事业的政治意义是显而易见的：真正德国传统的延续，即为反对法国大革命的观念而进行的可贵的斗争。

② 伯恩斯坦：《超越客观主义和相对主义》（Beyond Objectivism and Relativism），Philadelphia，1983。

③ 罗蒂：《实用主义的后果》（Consequeces of Pragmatism），Minneapolis，1982。

④ 罗蒂：《自然之镜》（Der Spiegel der Natur），Frankfurt am Main，1979，第 411 页。

客观科学也沉浸在偶然的语境中，没有理想的世界构想和先验的真理要求的冲动。实验室里如同日常生活一样，一旦所有的理性标准和论证实验所要求的只是人们所熟悉的惯例——只是“一些实验而已”，**同样的多元**文化就会流行起来。[1]

在开始讨论当代之前，我想结束观念史方面的回顾。我不必向圈子内的人详细阐述围绕着观念史而展开的论据——这样，人们才可能获得一种观念史的印象——不过，我必须阐明激进的语境主义。在此之前，我想先来论述一下从意识哲学到语 173
言哲学的范式转换。

当然，语言学转向有着各种不同的动机。我只提一个，即人们相信，语言是人类心灵在历史和文化中的表现媒介，因此，对于心灵活动的可靠分析方法必然不是始于意识现象，而是始于对意识现象的语言表达。因此，客观精神领域必然会在两个方面受到人们的关注：一方面是一般的语言、文化和历史，另一方面则是各民族的语言、历史和文化。如何把这两个方面联系起来，这个问题实际上是同一性和多元性这个古老论题的翻新。同以往一样，如果哲学和科学能够穿过自然语言的丛林，而掌握住描绘世界的单个语言的逻辑语法，或者至少能够充满希望地去接近这个理想，那么，任何事物都不可能会对这样**一种**理性概念构成障碍。相反，即便精神的反思活动始终处于用语言建构的各种特殊世界的语法范围内，理性也必然会变化多端，分裂为许多不相通约的具体形式。客观主义者和相对主义者都已经对客观知识如何成为可能这个问题作出了自己的回答。

客观主义者指望的是独立的现实，我们在真理协同论意义上所作的解释最终是符合这个独立现实的。长期以来，理性观

① 罗蒂：《自然之镜》，第 422 页。

念坚持认为,一个真实而完整的理论必须和客观世界完全一致,客观主义者对这种理性观念未做丝毫改变。相反,相对主义者所持的是一种真理社会化理论。他们认为,任何一种可能的描述都只是反映了现实的特殊结构,从语法的角度来说,这种结构存在于众多的语言世界观当中,根本不存在超越文化限制的理性标准。这两种立场都面临着不可克服的难题。客观主义者所面临的问题是,为了维护他们的观点,他们必须在语言和现实之间找到一个立足点;但是,他们只能在他们自己运用的语言情境中为这样一种无关紧要的立场辩护。另一方面,相对主义者承认,每一种用语言建立起来的世界观都具有成为一种视角的权
174 利,但是,这个观点充满了特殊的自我矛盾。因此,谁如果使理
性的语言媒介这两个方面(即它的普遍性和特殊性)中的任何一个绝对化,那他必然会陷于两难境地。罗蒂和普特南都想找到一条摆脱这种困境的出路。我现在就来接着他们的讨论继续往下展开。[①]

罗蒂代表的是一种语境主义。这种语境主义避免了因把不可通约的标准和视角等同起来而导致的相对主义后果。如果不是这样,我们就必须解释清楚,视角主义观点在我们西方传统视角之外为何也能行得通。罗蒂认识到,为了彻底,必须审慎地来表述语境主义。语境主义者必须避免把他作为特定历史语言共同体和相应文化生活方式的参与者所允许坚持的一切,转化为作为观察者的第三人称的陈述。激进的语境主义者坚持认为,从柏拉图开始对知识和意见的区分是毫无意义的。他们认为,

---

① 罗蒂:《协同性还是客观性?》,载拉基曼和魏斯特(编):《后分析哲学》,第4页及下两页;普特南:《为什么理性无法自然化》(Why Reason Can’t be Naturalized),载:《综合》,第52期,1982,第1页及下两页。(亦载:《追寻哲学:终结还是转型?》〔After Philosophy. End or Transformation?〕,巴恩斯、博曼和麦卡锡编,Boston,1986。)

我们根据自己特有的标准认为是恰当的一切，都是“真实的”。这些理性标准与我们文化中通用的其他标准没有什么区别。和所有其他社会行为方式一样，证明活动也受到我们的语言、我们的传统以及我们的生活方式的制约。“真理”并不意味着陈述与 175
某种事物 X 在一切解释之前的相互协同；“真理”只不过是一种表达，利用这种表达，我们可以建议我们的话语伙伴接受我们认为是正确的观念。罗蒂把知识的客观性还原为协同的主体间性，这就从十足的维特根斯坦理论的角度奠定了我们的语言以及我们实际共享的生活方式的一致性。罗蒂用偶然归属其中的语言共同体的协同性追求代替了对客观性的追求。保守的语境主义者并不准备把他自己的生活世界抽象化，他们不能像皮尔斯和米德梦想建立一个基本共同体那样，奢望能建立起来一个摆脱了局限性的理想的交往共同体(阿佩尔)。他们必须极力避免一切理想化，最好也放弃理性概念。因为“理性”是一个具有规范内容的基本概念，它超越了一切局部共同体而迈入一个普遍共同体。[1]

这种理想化把真理理解为在严格的条件下经过论证的可接受性，它或许会构成一种视角，反过来超越了我们一般的证明活动，并使我们远离了这些活动。根据罗蒂的观点，不倒退到客观主义，就无法做到这一点。语境主义者不应该让自己受到引诱，而放弃其参与者的视角——哪怕他必须为此付出种族中心主义的代价。语境主义者承认，我们必须让我们自己的语言共同体的解释视界享有特权，尽管没有充分证据能说明我们应该这样

---

① 罗蒂：《实用主义，戴维森，真理》(Pragmatism, Davidson, and Truth)，载：《真理和解释》(Truth and Interpretation)，E. 勒波尔编，Oxford，1986，第 333 页及下两页。

做。这种种族中心主义的立场仅仅意味着，我们必须用我们自己的标准来检验所有外来的概念。[1] 针对这种观点，普特南指出，真理或有效性的理想概念既是必要的，在没有客观主义错误推理的情况下，也是可能的。

176 普特南证明建立理想概念大有必要时所使用的论据如下：如果一个此时此刻被确认为真实的概念同一个真实的概念（即在理想的条件下可以被接受的概念）之间的区分消失了，那我们就无法解释为什么我们能够在反思中学习，也就是说，为什么我们能够改进我们的理性标准。在有些层面上，自我疏离和自我批判都是可能的，也可以因此超越和修正通常的证明活动。但是，一旦合理有效性与社会有效性相互重合，这些层面也就不存在了。对此，罗蒂的回答或许是，随着时间的变化，所有人都会提出更新的证据、更好的观念，或者完全不同的词汇；为了充分考虑到这一点，我们不能坚持认为在一定范围内得到证明的观点具有客观主义意义上的"真实性"。但是，对于普特南来说，罗蒂所提出的这种选择是不存在的。罗蒂曾经说过，对他来说，追求客观性并不意味着要把自己的语言共同体的界限抛到一边，而只是要尽可能地让主体之间协同起来，即尽可能地扩大"支持我们"的圈子。[2] 可是，我想把普特南的异议转述如下：如果我们不真正把我们解释视界的扩张这种观念当作一种**观念**，并把它和主体间的协同联系起来——主体间的协同是承认"我们"的有效性与"他们"的有效性之间存在着区别的——那么，我们又如何能够解释清楚证明活动中可能存在的批判和自我批判呢？

托马斯·麦卡锡在一篇探讨相对主义论争的著作中提出了

① 罗蒂：《协同性还是客观性？》，第12页及下两页。

② 同上，第8页。

独到的观点,他和普特南都坚持认为,在跨文化理解或历史理解这样的典型情况下,“我们”和“他们”之间存在着一种**对称**关系,发生冲突的不仅有不同的观念,而且还有不同的理性标准。[①]保守语境主义者的种族中心主义得到了罗蒂的承认,因为他把理解过程描述成用我们(扩大了的解释视野)对外来事物的一种同化。在同化过程中,所有的对话参与者所提出的要求和视角 177
之间是不平衡的。但是,在出现严重分歧的情况下,不仅“他们”有必要尽量从“我们的”视角来理解事物,“我们”同样也必须尽量从“他们的”视角来把握事物。如果我们没有机会向他们学习,他们也将永远无法真正会有机会向我们学习,只有在“他们的”学习过程停止之后,我们才会意识到“我们的”知识的局限性。按照伽达默尔的看法,解释视界的融合是一切理解过程追求的目标,这种融合并不是与“我们”同化,而是通过学习使“我们的”视角与“他们的”视角取得一致——不管是“他们”还是“我们”或是双方,都必须或多或少地重新修正现行的证明活动;因为学习本身既不属于我们,也不属于他们,而是双方同样都被卷入了学习过程。即便在最困难的理解过程中,所有各方都立足于可能达成共识这个共同点,虽说这个共同点永远都是他们根据自己的语境构想出来的。原因在于,诸如真理、理性或论证等概念可以有不同的解释,也可以根据不同的标准得到运用,但是,它们在**每个**语言共同体中都发挥着**同样的**语法作用。

当然,有些文化比其他文化更能够与自我保持距离。[②] 但是,所有的语言都提供了区分真实的事物和我们以为真实的事

---

① 麦卡锡:《反对相对主义:一种思想实验》(Contra Relativism: A Thought Experiment),1986,MS。

② 霍里斯、卢克斯(合编):《理性和相对主义》(Rationality and Relativism),Cambridge, Mass.,1982。

物的可能性。设定共同的客观世界，是所有语用学所共有的。每一种言语情境中的对话角色都迫使参与者的视角之间形成一种对称关系。它们同时也使得自我和他者有可能接受对方的视角，也促使参与者和观察者相互交换视角。交往行为的这些普遍语用学前提并没有导致客观主义的谬误，根据这些前提，我们
178 可以采取一种非世俗化的主体的超验立场，使用一种不受语境束缚并且以单数形式出现的理想语言，以此来作出正确、详尽而且肯定的陈述。这些陈述既没有评价的能力也没有评价的需要，它们将摧毁其历史效果。这不是另一种保守而又坚持种族中心主义的语境主义。在语言理解的可能性当中，我们可以看出一种稳定的理性概念，它的声音存在于既依赖语境又具有先验意义的有效性要求中："这种理性既是内在的（在具体的语言游戏和制度之外是找不到的），又是先验的（一种我们用以批判所有活动和制度所依赖的规范性观念）。"[1] 用我自己的话来说，命题和规范所要求的有效性超越了时间和空间，但是，有效性又都是在具体的时间和空间范围内，在具体的语境中提出来的，接受或拒绝这种有效性要求会带来现实的行为后果。[2]

4

语言学转向尽管使理性和同一性思想发生了转型，但并没有把它们从哲学讨论当中驱逐出去，围绕语境主义所展开的两种争论结果表明了这一点，而语境主义成了一种时代精神现象。

---

① 普特南：《为什么理性无法自然化？》，载：《追寻哲学：终结还是转型》，第228页。

② 哈贝马斯：《现代性的哲学话语》，第375页。

先验思想关注的是一种固定的存在形式，就我们认识所及，没有什么东西能够替代它。可是，一切事物如今却都被卷入了偶然性经验的旋涡当中：一切事物都可以是另外一个样子，诸如知性范畴、社会化原则和道德原则、主体性观念、理性本身的基础等等，都是这样。这是有充分理由的。交往理性也几乎使一切事物都具有了偶然性，甚至包括它自身的语言媒介的发生前提。但是，对于在用语言建构的生活方式内要求具有有效性的一切事物而言，语言所能达成理解的结构却成了一种必然。 179

尽管如此，后现代的倾向还是蔓延了开来，甚至进入了侦探小说和封底广告。出版商吹捧恩岑斯伯格的新书，说他用不规则来对抗规范性设计，用边缘对抗权力中心，用生活中的差异性对抗同一性。这样一来，德里达的专有名词便进入了商品美学当中。一位知名的侦探小说家把他在混杂语境中虚构的主线分解开来，以至于在由许多细微的差异编织成的网络中，杀人犯和被害者之间的特定类型区分变得十分模糊。杀人犯最终落网了，警察与他进行了一次友好的交谈，最后既没有告发他，也没有惩罚他。[1] 对于同一性的反感和对于差异性与**他者**的礼赞，掩盖了它们之间的辩证联系。因为暂时的同一性产生于语言共识所形成的松散主体间性，这种同一性不仅支持而且深化和促进生活方式的多元化和个性化。话语越多，意味着矛盾和差异越多。共识越是抽象，分歧就越是多样。有了这样的分歧，我们就可以过上**非暴力的**生活。但是，在公众意识中，同一性观念与把多元性强制结合起来所导致的后果是联系在一起的。道德普遍主义依旧是个人主义的敌人，而不是使之成为可能的朋友。同一性意义的属性依旧是对隐喻的多元性的破坏，而不是它的

---

① 魏特林：《捕鼠》(Rattenfang)，Hamburg，1986。

必要条件。理性同一性依旧是一种压抑,而不是多元声音的源泉。早在一百五十年前人们就抛弃了形而上学的同一性思想,但形而上学同一性思想的错误影响依旧构成了一个焦点,似乎今天我们还要像黑格尔的第一代学生那样,努力摆脱形而上学
180 大师们的控制。

原因似乎在于社会,而不在于哲学本身。因为社会的确已经变得十分复杂,以至于社会内部很难再表现为一个结构组织的动态整体。功能分化的社会失去了中心,国家不再是能够把所有功能都统揽起来的高层政治结构,**一切似乎**都成了边缘。实际上,经济和公共管理已经大大超出了生活世界的范围。这些受到媒介控制的亚系统成为了第二自然。作为客观的交往网络,这些亚系统和被驱赶到系统环境中的成员的直觉知识是相脱节的。通过叙述不再能够掌握社会,对待社会应像对待自然一样,要使其成为一门客观的社会科学。当然,其结果是我们的自我理解直接受到了影响。由于客观的社会描述进入了生活世界,因此,我们作为交往行为的主体对我们自己都将感到陌生。正是这种自我客观化把对社会高度复杂性的直觉转化为被动的偶然经验,没有人会来处理这些偶然经验。社会主体和先验意识早就悄然离开了我们这些在风险社会中变得谨小慎微的成员。

激进语境主义者在处理让人沮丧的偶然经验时流露出了失望情绪。如果理性概念能够得到捍卫,并且可以成功地应用到社会理论当中,生活世界现象也在它的关注范围之内,主体哲学的"社会整体意识"概念尽管在现代社会里根本没有什么意义,但可以转换到主体间性理论基础上去,那么,这种失望情绪就是可以避免的。社会尽管失去了中心,但也不能没有主体之间形成的共同意志的同一性这个基本点。这个想法我在这里不想作

具体展开。但是,它体现了一种实践意义,形而上学同一性思想 181
的演变以及围绕语境主义所展开的争论也都具有这样一种实践意义。理性概念体现在语言中,尽管脆弱,但并非无可救药。为了把这种理性概念解释清楚,我参与到了语境主义争论当中。最后,我想再简单地交代两点:(1)对论证结构的变化加以说明;(2)形而上学“在其衰落的瞬间”(阿多诺语)所遗留下来的规范内容问题。

(1)在交往行为前提中得以明确的理性概念,使我们摆脱了必须在康德和黑格尔之间作出选择这种困境。交往理性既不是像建构世界但本身没有世界(weltlos)的主体能动性那样抽象,也没有把为了调节绝对的历史精神而建立起来的历史扭曲为循环而封闭的目的论。知性世界和表象世界之间的先验鸿沟不再非得要靠自然哲学和历史哲学来克服。相反,在交往行为者的生活世界中,这一鸿沟大大收缩了,变成摆脱了语境束缚并且具有超越意义的绝对有效性要求,与依赖具体语境并且具有行为意义的“赞成”或“反对”的实际立场之间的张力;“赞成”或“反对”立场创造了一定的社会事实。康德所说的不可调和的世界,即客观表象世界和道德规范世界,失去了其先验本体论的地位。与经验主体的内心世界一道,康德的这两个世界又回到了日常交往实践当中,成为多少具有世俗意义的共性假设(Gemeinsamkeitsunterstellung),从而使得对语言的认识、调节和表现成为可能,还因此而与“世界中的事物”发生了联系。

但是,除此之外,交往行为主体还从建构世界的综合劳动中解脱了出来。他们处于使他们的交往行为成为可能的生活世界当中,同样,生活世界本身又是靠这种社会化的交往过程作为媒介来维持自己的。交往行为中先验存在的这种背景定性
(Hintergrundgewißheiten)构成了一种前反思的内在总体性,一 182

旦把这种总体性表现出来,它也就烟消云散了;只有在以直觉为先决条件的潜在背景知识中,它才依旧是一种总体性。神话世界观、宗教世界观以及形而上学世界观等的基础在于:只有直觉才能把握的生活世界的同一性在精确知识层面上得到了客观反映。由于有了可以批判检验的有效性要求,由于有了获得有效性的能力,因此,日常实践当中充满了既具有现实性又具有理想性的内涵。明确性、真实性、正确性、真诚性以及责任心(Zurechnungsfähigkeit)等观念都在这里留下了它们的深远影响。但是,它们只有在作为一种具有启发意义的理性观念的时候才能保持住建构世界的力量;它们把同一性和相关性赋予了参与者相互经过协商而共同认可的语境解释。只有当生活世界背景在日常实践中的先验总体性被设定为同一性和**整体性**(All)的思辨观念,或者设定为从整体性自身当中产生出来的精神能动性的先验观念时,才会出现先验表象。

交往行为的语用学前提是不可避免的,也具有理想化特征,必须根据这些前提所必须担负的责任,来对它们的思维框架进行具体区分。交往行为用不同的方式把它们所背负的生活世界设定为其言语的有效性基础。对命题内容的理解则又以一种不同的方式把对相关以言行事行为的理解当作前提,以言行事行为的意义隐形表现在言语行为过程中。正如我们已经指出的,对个体而言,哲学传统所提供的永远都是私人概念或封闭性的否定图式,因为它赋予存在者、认识、陈述命题亦即命题内涵以特权,并且把它们与可理解性等同起来。但是,如果我们假定,我们唯一能够理解的是命题内容,那么,个体本质——这种表达式本身就自相矛盾——就难免要回避多种多样的定义,包括错误的客观定义。自从克尔凯郭尔之后,我们就已经认识到,我们
183 只有沿着现实生活的足迹才能找到个体,而现实生活的足迹在

一定程度上又成为了存在的总体性。从第一人称这样一种似乎具有自传色彩的视角来看，个体的意义才能充分表现出来，只有我本人能通过完成一定的行为来要求人们承认我是独特的个体。如果我们把这种观念从绝对本质的封闭中解放出来，并且像洪堡和米德那样把它们移植到与社会化和个体化密切相关的语言中介，那么，我们就能找到办法，来解决形而上学遗留下来的最后也是最困难的问题。[1] 如果我们想要彼此就某事达成理解，我们必须接受完成行为式的立场，它使得每个言语者都能够运用以言行事行为的中"主我"(当然，这种可能性并没有得到实现)，把他与下列理解要求联系起来：我作为个体，作为我自己生活历史中不可替代的人格，应当得到承认。

(2)交往理性概念中还留存着先验表象的阴影。由于交往行为的理想前提不能被设定为具体理解行为的未来理想状态，所以，必须对这个概念抱着充分的怀疑态度。[2] 如果一种理论使我们误以为我们可以得到理性理想，那它就会倒退到连康德的论证水平都不如的地步。它也会败坏形而上学批判的唯物主义遗产。保存在可能会出错的真理和道德等话语概念中的绝对环节不是绝对者，充其量只是成为批判程序的绝对性。只有利用这种形而上学的残余，我们才能抵抗住形而上学真理对世界的扭曲。交往理性的确是一叶摇摆不定的小舟，但它不会在偶 184
然性的海洋中被淹没，虽然在大海中颠簸是它"克服"偶然性的唯一方式。

对于否定的形而上学来说，这种基础从来都是不牢靠的。

---

① 参阅本书"个体化与社会化"一章，第4节。

② 魏尔默：《论现代性与后现代性的辩证关系：阿多诺之后的理性批判》(Zur Dialektik von Moderne und Postmoderne. Vernunftkritik nach Adorno)，Frankfurt am Main，1985。

否定的形而上学毕竟还为神圣的超验视角提供了一种等价物：一种根本不同于参与者和观察者的内在视野的视角。这就是说，否定的形而上学采用的是旁观者的视角，由此看来，疯狂者、孤独的存在者、狂喜的审美者都使自己与世界，而且是与整个生活世界保持了距离。这些旁观者再也找不到语言，至少是再也找不到有说服力的言语，来把他们所看到的一切传达出来。他们的失语使他们对过去形而上学用普遍同一性概念所肯定的一切表示空洞的否定。相反，交往理性不可能失去具体的否定语言，这种否定语言和过去一样是话语性的。因此，它必须抛弃否定的形而上学所使用的悖论陈述，诸如整体是虚假的，一切都是偶然的，根本就没有什么安慰可言。交往理性并没有像施舍慰藉的宗教的苍白否定那样，最终成为一种审美理论。它既没有宣称离开了上帝的世界毫无希望，也没有充当救星。交往理性抛弃了排他性。只要它在有说服力的言语媒介中找不到更好的语词来表达宗教所言说的内容，它就会保持克制，与宗教共存，既不支持宗教，也不反对宗教。

否定的形而上学自视越高，想的越多，也就越是意味深长。从对一般理解的必要条件的分析当中，至少可以形成一种完整的主体间性观念；这种观念使个体相互之间无须强制就能彼此交往，并达成共识，一如同一性无须强制就可以使个体与自我达成沟通。完整的主体间性是相互自由承认的对称关系的表现。
185 但是，这种观念不能被虚构成为和谐生活方式的总体性，也不能被作为乌托邦而抛到遥远的未来。它所包含的只是对于完美生活所采取的不可预见的形式的必要条件所作的形式描述。这种生活方式从来都没有像先知学说那样许诺说我们一定能够得到，也并非虚无飘渺，不可企及。对于这些生活方式，我们只知道，如果它们真的能够实现，我们就必须通过我们自己的共同努力来把它们创造出来；我们在创造过程中虽然难免会发生冲突，但最终还是团结一致的。当然，“创造”并不意味着根据预期目的的实际模式来进行制造。相反，创造是一种呈现，虽然通过共同努力，但没有刻意为之；共同努力的目标是缓和、消除或防止脆弱的生灵的痛苦。努力可能会出错，也经常会失败。这种创造或自我呈现把责任加在我们的身上，但并没有使我们放弃“撞大运”。与此相关的是人道主义的现代意义；长期以来，人道主义都是表现为有自我意识的生活、真正的自我实现和自律等。这种人道主义并没有顽固地捍卫自己。如同激发它的交往理性一样，这个方案也具有一定的历史意义。它并没有最终完成，还刚刚成型，可以把它推向前进，也可以彻底灰心而予以抛弃。归根结底，这个方案不是哲学的私有财产。哲学只能与重建科学一起，揭示我们的现实处境。它能够帮助我们学会理解我们所遇到的各种矛盾，学会领会越来越小的活动空间中越来越多的责任要求。 186

第八章　个体化与社会化：论米德的主体性理论

1

涂尔干最早注意到社会分化或劳动分工与个体进步之间的联系："今天，没有谁会怀疑规则的强制性特征，它迫使我们做人，而且永远做人。"[①] 这种表达有模棱两可的地方，这在帕森斯所使用的"制度化个人主义"这个概念中也有所表现。[②] 一方面，人在个体化过程中应当获得更多的自由和自律；另一方面，自由度的提高又得到了决定论的描述：即便是从苛刻的强制中解脱出来的制度化的行为期待，也被描述为一种新的规范期待，即一种制度。盖伦用一种反讽的方式把这种对应物说成是个体，这是一种特定的制度。[③] 盖伦的这一观点说明，个体从普遍力量中解放出来的过程本身就是个体受到普遍控制的前提。因

---

① 涂尔干：《社会分工论》(Über die Teilung der sozialen Arbeit)，Frankfurt am Main，1977，第 445 页及下页。

② 帕森斯：《后工业时代美国的宗教》(Religion in Postindustrial America)，载：《行为理论和人类状况》(Action Theory and the Human Condition)，New York，1978，第 321 页。

③ 盖伦：《技术时代的人》(Die Seele im technischen Zeitalter)，Heidelberg，1958，第 118 页。

此，盖伦谴责认为个体化纯粹是一种表象的观点；同福柯一样，盖伦想证明现代性是一种充满幻想的自我理解。[①] 事实上，这是一个两难问题，关键在于缺乏基本概念。

社会科学家缺少一些概念，来把他们通过直觉所把握的现代性的特殊经验描述出来。个体应当被视为根本的东西，然而 187
它只能被确定为一种偶然的东西，因此对它的描述就不同于类的普遍性："成为一个人，意味着成为行为的自律源泉。只有具有了个性，从而使他不只是他所属的类和群的属型的简单体现时，人才能获得这种品质。"[②] 涂尔干把社会个体化理解成使得个体具有自己个性的能动性的增长；但是，他只能根据特例来描述这些能动性，有了这些特例，个体**便和**他所处社会背景中的普遍性区别了开来。随着时间的流逝，这种与相对同质的群体规范之间的区别便导致了群体规范的多元分化。但是，新的规范并未因多元化而失去其先验的普遍特征；个体遵守它们，一如过去尚未完全分化的生活方式的行为方式。只是，过去的偶然性变成了一种本质；个体主义本身则成了另一种新的制度。但是，这样的描述掩盖了涂尔干本人利用"个体化"——即强调单一性、个性、自我能力等——这种表达方式所要表达的真正内容。不管我们是需要较多还是较少的社会角色来描述一个已经社会化的主体，每一种复杂的角色都必须根据普遍性的断言方式来加以表现。即便这些谓项可以有较多的不同组合方式，即便每一种组合所涉及到的只是集体中的少数成员，这些谓项**仍旧具有**普遍性。

黑格尔对个体化程度的差异作出了如下的阐释："星体被自 188

---

① 哈贝马斯：《现代性的哲学话语》，第 279 页及下两页。

② 涂尔干：《社会分工论》，第 444 页。

己的简单规律所穷尽，并且把这条规律表现了出来；少数几种特性描述出了岩石世界的构造；但是，在植物的本质中，出现了无限丰富的种类、转换、混种和畸变；动物有机体表现出的则是更大的差异，并且同与之相联系的周遭环境发生更加复杂的相互作用；最后，如果我们上升到精神及其表象的层次，我们就会发现，其内在存在和外在存在更是复杂多样。"[①] 与此同时，黑格尔还完全从经院哲学的角度出发，把"存在"的各个层次也理解为个体化的渐进阶段。当然，与托马斯·阿奎那不同的是，黑格尔在世界的历史过程中发现了存在者有不断个体化的趋势；如同自然形态，精神的历史形态也是越高度组织化，它们就表现出越强的个性特征。上面引用的这段话出自《美学》导论中介绍古希腊艺术的那部分；黑格尔认为，通过"中心化的个性"或者是普遍和特殊的完全融合，这种新型的艺术应当可以与**古代帝国**的象征艺术形式区别开来。对于黑格尔来说，当古希腊神话中的诸神被塑造成为雕塑艺术作品的时候，个性的概念便获得了其最完美的直观表现形式。为了解释为什么单纯依靠谓语的多样性无法穷尽个性的本质，他运用了"个体的总体性"概念。社会学家发现他在自己的领域内面临着同样的问题，但他缺乏相应的概念；他缺乏能够使自己避免把个体化过程与分化过程混淆起来的参照点。

我认为，用概念把握社会个体化的完整意义的唯一有希望的尝试肇始于米德的社会心理学。米德把角色结构的分化与分
189 化语境中社会化个体的良知的形成和自律的获得联系起来。黑格尔认为，个体化依赖于精神的不断主体化，同样，米德则认为，个体化依赖于看起来似乎是由外到里的控制行为的力量的内在

① 黑格尔：《全集》，第14卷，第92页。

化。在社会化过程中,成熟起来的主体首先把人们从他那里期望的东西据为己有,以便后来能够通过抽象化把不同甚至矛盾的期望从普遍化的角度加以整合;就此而言,个体可以负责的自我控制行为就会获得一个内在中心。这种良知的力量暗示着:“个体化已经达到了一定的程度,要求与角色分离,要求与我们扮演这些角色时他人所提出的期望保持距离。如果在我们的生活历史中出现冲突的期望,这种分离和个体化也就开始了。自我的个体化源于各种不同的(常规赋予我们的)内在自律行为。它体现了个体的抉择能力。”[①]

杰尔斯和米尔斯的上述说法把握住了社会个体化的不同环节,但社会个体化需要进一步的分析。从个体发生学的角度来看,历史上的社会分化表现为对充满张力的不同期望的感知和对照处于不断的分化过程当中。这种处理冲突的内在过程导致了自我的**自律化**(Autonomisierung):在某种程度上,个体本身必须首先把自己确定为一个独立的行为主体。就此而言,个性首先不是被理解为单一性,也不是被理解为一种本质特征,而是被理解为个人的成就,**个体化**则被理解为个体的自我实现过程。[②]不过,有了这些特征,也仅仅完成了对个性概念的重新阐释,当形而上学的基本概念发生主体哲学转型时,这种重新阐释就已经开始了。我认为,米德的另一个贡献在于,他继承了在洪堡和 190
克尔凯郭尔那里确立的主题,即个体化不是一个独立的行为主体在孤独和自由中完成的自我实现,而是一个以语言为中介的社会化过程和自觉的生活历史建构过程。通过用语言达成相互

① 杰尔斯和米尔斯:《个人与社会》(Person und Gesellschaft),Frankfurt am Main,1970,第91页。

② 辟珀尔:“个体”(Individuum)条目,载:《哲学基本概念词典》(Handbuch philosophischer Grundbegriffe),克林斯等编,第728—737页。

理解，通过与自身在生活历史中达成主体间性意义上的理解，社会化的个体也就确立了自己的认同。个性结构表现为主体之间的相互承认和主体间性意义上的自我理解。

在这一点上，同样也是语用学转向促成了主体哲学的决定性变革。语用学转向认为阐释世界的语言优先于生成世界的主体性——阐释世界的语言是一切理解、社会合作以及自我调节的学习过程的媒介。这样就使得把握长期以来宗教语言一直在言说的直觉的那些必需的基本概念第一次得到了解放。从语言结构中我们可以看出，为什么人类精神注定是一个漫长的历程——为什么人类精神要绕很大的弯子，去完全屈从他物和他人，才能最终寻找到自身。只有与自身保持最大的距离，人类精神才能认识到他自身作为个体存在所具有的无可替代的独特性。

在我正式进入米德的概念之前，我想先从概念史的角度进行一番回顾，目的是要提请人们注意，自相矛盾的术语“个体的本质”是如何回避形而上学的基本概念的（包括意识哲学形态的
191 形而上学基本概念）。

2

从哲学语言的发展过程来看，“个体”一词是从希腊词“Atomon”翻译过来的；在逻辑学上，它指的是可以陈述的对象，在本体论中，它指的是单个事物或具体的存在者。[①] “个性”主要指的是个体的单一性或特殊性，而不是原子或不可分割的东

① “个体”条目，载：《哲学和科学理论百科全书》（Enzyklopädie philosophie und Wissenschaftstheorie），密特尔斯特拉斯编，第 2 卷，第 229 页及下两页。

西。因此，如果某个对象可以从众多对象当中被挑选出来，并且被承认是一个特定的对象，也就是说，它作为特定的对象是可以识别的，我们就说这个对象是“个别的”。自从威廉·奥卡姆之后，我们把用来识别个别对象的概念如专名、阐释和标识等称做单称术语。在经验主义传统中，空间和时间是个体化的原则：每个对象都可以通过时空坐标来确认。对象的单一性是根据相关物体的时空同一性来确定的。例如，一个人可以通过他的身体所占据的时空范围来确定其定量的认同。相反，同样一个人，如果我们通过一定的基因组合，通过社会角色定位或通过传记形式来描述他的时候，我们就说这是一种定性的认同。

虽然对象的**单一性**可以根据定量的认同来加以解释，在我看来，只在当一种存在者可以用定性的认同来与所有(或至少是大部分)其他事物区分开来时，才能说这个存在者有**个性**。但是，在形而上学传统中，人们总是在逻辑学或本体论的意义上来理解可以加以肯定或否定的对象属性。谓词属性反映了理想的本质、形式或实体，通过与物质基础的结合，获得了个性，成为独立的事物。因此，个别的椅子多多少少都是椅子这个概念或形 192
式的经验表现。不管如何理解普遍性与个别性之间的关系，这种唯心主义的思想模式总是预先决定了普遍性优先于个别性。从一开始，把个别与普遍区分开来的那种值得怀疑的定性(Eigensinn)就依附在个体身上。在德语中，尤其是在古代词源学中，“个体”一词还具有贬义，意味着是一种低级而边缘的存在，不但尚未开化，而且自我封闭。

对个体的贬低不仅是一种社会意识形态，而且也是一种哲学上的困境。如果物质是个体化的唯一原则，如果仅仅因为能够被形式材料所决定，物质就被确定为非存在者，那么，单个事物的个性就永远无法**确定**。因为把每一个体与其他事物区别开来的量的决定性源于本质或形式，而本质和形式本身就具有普遍性，并且不可能表明个体是独特的。[①] 早在古代后期，这种困境便促使人们尝试通过原子的决定性，即不可分的、整体的、独立的决定性至少把一种本质的表象赋予个体[②]；而且首先是用偶然性学说把特殊性范畴引入形式本质当中：用普遍本质（substantia universalis）和特殊本质（substantia particularis）来补充普遍偶然性（accidens universale）和特殊偶然性（accidens particulare）。个体不仅可以通过它与物质的联系用定量的方法加以确定，而且也可以通过不同的形式区分用定性的方法加以确定。这条路线最终一直延伸到邓斯·司各特，他把使个体成为个体、
193 使苏格拉底成为苏格拉底的那种东西称为形式决定性。他用彻底的个性——存在的个体性（haecceitas）——来做成属和类的链条。在这种任何一个存在者作为个体都能获得的本质决定性的悖论当中，普遍勉强压倒个体而获得胜利，个体则由于其独特性和不可替代性而避开了形式和物质这些形而上学的基本概念。

莱布尼茨赋予个体的不可言说特征以一种肯定的意义，当然他并没有放弃形而上学立场。在此过程中，他可以立足于构想整个世界的主体性概念，同时用从微积分中推导出来的观念，通过分析可以无限接近一种理想的临界值。每一个体都是整个世界的反映，原则上能够用相关的各种谓语的组合来加以确定。这种描述构成了完整的个体概念，但是，由于它不得不包含无限多的命题，我们实际上是永远也无法获得这个个体概念；相反，如同康德后来所说的那样，它仅仅是一种**理性观念**。当然，与康

① “einzigartig”一词本身就表达了根据种（Arten）来区分属的传统。

② 参阅“个体”、“个性”条目，载：《哲学历史词典》（Historisches Wörterbuch der Philosophie），第 4 卷，Basel，1976，第 300 页及下两页。

德不同的是，莱布尼茨坚持这种理性观念的本体论意义。他把这种微积分意义上的总体性个体想像成一种个别的实体，其中，最低种(infima species)和基本物质之间的鸿沟被弥合了：物质基础消解为形式决定性所构成的普遍联系，渗透到一切当中，把它们组织起来，加以消解，进而达到使它们升华的目的。个体因此不再处于时空层面上的宇宙之中，彼此之间没有了外在联系。相反，每一个体都构成一种自为的总体性，为此，它从自己的视角来想像整个世界。这种总体把一切都包容在了自身内部。单子作为整个宇宙的个别代表而存在。个体化的力量不再为物质所拥有，而是为下述先验事实所拥有：每种想像的主体性都关注自身，都用它所特有的方式来代表整个世界。因此，对普罗提诺 194
来说，一切都在“一”当中，而莱布尼茨则认为，一切都以不同的方式反映在个体当中：“每一个单子甚至都必须和其他所有单子区别开来。因为自然中从来不存在绝对相似的事物，从中人们发现不了内在的差别或建立在不同基础之上的内在决定性。”

这样，莱布尼茨就为个别实体的概念引入了一种本体论的模式，作为一种无法用话语兑现的表现纲领，这种个别实体的概念拒绝做完整的阐释。尽管如此，黑格尔的辩证逻辑还是可以理解为兑现这种纲领的承诺。为此，黑格尔已经找到了支持，即从先验哲学和审美表现的角度对单子作了重新阐释，在他看来，单子就是对具有创造性的抽象的个体总体性的静态反映。样板不再是有机体，而是有机的艺术品的天才制作。在这种样板中，完全被组织起来的物质彻底变成了形式；也就是说，它得到全面系统的塑造，以至于它溶解成具有有机形式的艺术品。个体总体性从先验主体性那里获得了创造世界的力量，从审美创造性那里获得了构造过程的运动样态，这个构造过程不断产生新的事物。就这个概念而言，黑格尔认为他得益于席勒。席勒曾把从事创造性活动的艺术家当作样板来理解个体化的本质。[①] 艺术家从游戏的角度在他的作品中把形式和物质调和了起来，每种成熟的个体形态同样也是如此：人"将把任何纯粹的形式转化为世界，并且把他自己的全部天赋表现出来"；与此同时，他还"将在自身内消除纯粹的世界，并在世界的变化中创造和谐……他将把一切内在事物转化为外在事物，并且赋予一切外在事物以形式"。[②]

这里，个体还是一如既往地用形而上学的基本概念来加以理解的；当然，把形式和物质完全调和起来的游戏冲动代表了人们尚未理解的本体论模式。要想把握住因此而获得的个别的总
195 体性，进而使个体能够接近严格的知识，黑格尔就必须解释清楚不同单子间的联系。他不可能满足于莱布尼茨所说的上帝的"干预"——上帝把现成的单子放到永恒的和谐秩序中。对于黑格尔来说，为了形成一种超越的总体性，处于构造过程中的个体的总体性必须再次通过贯穿它们的构造过程本身才能结合起来。但是，这种以单数形式出现的绝对精神必须从个体的精神形态那里把它所要求的个体性夺过来，正如世界精神争夺它只是用来作为实现其目的的手段的世界历史个体的个体性一样。黑格尔的历史哲学和法哲学只是用一种彻底的方法阐明了所谓的普遍性。只要形而上学的普遍同一性思想还在继续追问，只要人们依旧运用唯心主义的思想手段，那么，普遍就必然压倒个体，而个体注定也就不可言说。沿着形而上学思想的道路，陷于困境的个体充其量只能以反讽的方式把自己表现为非同一性，即表现为被排挤到一边的边缘物，永远无法把它视作个体本身，

① 黑格尔：《全集》，第 13 卷，第 89 页。

② 席勒：《审美教育书简》，第 2 封信。

并且把它与其他所有的个体区分开来。[①]

3

在此期间,从康德开始,意识哲学获得了一种新的形态,在回避个性概念方面开辟了一条新的道路。根据认知主体与其自身的关系,笛卡尔揭开了意识现象领域,并把这种自我意识与思考的自我(ego cogito)等同起来。从此以后,只要个性概念指的不仅仅是单一性,它就与作为认识和行为的自发源泉的自我建立起了联系。自康德以来,先验同时被看作是**创造世界**的主体 196
和**具有自主行为能力的主体**。对于主体性概念来说,这种结合开始的时候所提供的仅仅是一种独立的主体性观念。在康德的哲学里,个体化的自我似乎介于面对整个世界的先验自我与作为世界中之一员的经验自我之间。[②] 个体与其他所有个体之间的区别,即特别值得强调的独特性和不可替代性,最多只有知性自我能够得到;但是,作为道德法则的接受者,知性自我直接把具有普遍有效性的普遍原理当作指南。另外,作为具有道德行为能力的主体,自我是一种物自体,因此它无法认识,即使可以认为它已经完全个性化了。

直到费希特才把康德的概念提高到个体问题的高度,他用独立性概念把认知主体和实践主体的先验能力统一了起来,把世界构成和自我决定统一了起来,并把它们推向极端,使之成为**自我设定的**原始行为。费希特认为我是使我成为我自己的那一个,并以此回答了我究竟是谁的问题:“我究竟是谁呢?也就是

① 阿多诺:《否定辩证法》,载:《全集》,第6卷,第344页。

② 亨里希:《逃避路线》,第20页。

说，我是什么样的个体呢？我的基础是什么呢？为什么我是**这个个体而不是别的个体呢？我的回答是：从我获得意识的那一刻起，我就是那个使我自己具有自由的个体，因为我使我自己成**为那个个体，所以我就是那个个体。”[①] 从这种转向出发，费希特认为，个体化的本体化过程既是一种实践行为，同时也是一种反思行为，其核心是自我的起源；他把这个过程理解为经历之后才能看清楚的自我建构过程，只要个体是独立的自我，就必然能够完成这个过程。克尔凯郭尔后来利用他的自我选择（Selbstwahl）概念继承了费希特的这一思想。费希特本人使他的思想
197 朝着主体间性理论的方向迈出了重要一步。但是，直到洪堡，这种理论才被调整到语言哲学前提上去。

费希特想要阐明的是，自我只能把自身假定为个别的东西；他想要解释清楚为什么个体意识**先验地**属于作为自我的我的自我理解。[②] 在自我意识的最初行为中，我所遇到的自己是一个客体，但这个客体应当是一个自我，一个自由而又能动的主体：“我肯定地发现，作为自然的产物，我应当是自由的，同样，我也必须肯定地看到我自己是自由的……我的自我决定是现成的，不需要任何帮助。”（第 614 页）这种自相矛盾的经验可以这样来解释：我首先是通过另一个主体对我提出的期望或要求而找到我的自由概念的：“对我提出的这种要求或乞求自发地是能动的，如果不把它归因于外在于我的实际存在，我就无法理解这种要求。外在于我的实际存在想要与我交流这样一种概念，因此，它能够成为概念的概念。但是，这种存在是一种理性的存在，一

① 费希特：《选集》，第 2 卷，第 616 页。

② 费希特：《道德学说体系》（Das System der Sittenlehre，1798），同上，第 395 页及下页。

种把自己假定为**自我**的存在……由于**他者**使我面临只有通过自由意志才能得到满足的要求，所以我把自己体验为一种能够独立的存在：我的自我和独立是受到他者的自由制约的。”（第615页）作为自由的存在，知性之间既相互反对，又彼此尊敬，因此，它们之间的这种主体间性关系需要加以约束和自我约束，以便使这个和那个自我都成为个体；因为通过这种交互关系，形成了一个“自由的领域，供众多存在相互分享”。作为个体，我必须面对他者，同样，这个个体又必须面对我。这就表明，“如果不把自己假定为一个个体，假定为众多理性存在中的一个，认为它们是外在的存在，那么，理性的存在就不可能把自己设定为一种有自我意识的存在”。[①]

在他整个的理论结构中，如知识学和道德论，费希特都把一切意识哲学的循环作为自己的出发点：在明确确定自我的过程 198
中，认知主体不可避免地使自己成为对象，因此也就无法使自己成为一种超越一切客观化过程的主观能动源泉，成为意识成就的一种主观源泉。通过自己的独立行为，自我应当使自己成为对象。即便是费希特为权利概念的演绎而提出的解决方法也依旧深陷于这种原初的循环中。因为，自我的个体化在众多个体之间建立起了主体间性的关系，并且因此而能够遇到异己的自由，这种自我的个体化在建构过程中被证明纯属表象。这就是说，利用主体哲学的概念，费希特只能把个性定义为自我约束（Selbsteinschränkung），定义为对实现自身自由的可能性的放弃，而不是对自身本质力量的积极培育。由于主体相互间只能是当作对象，因此，即便是在相互限制中，他们也彼此相互影响，

---

① 费希特：《自然法的基础》（Grundlage des Naturrechts, 1796），《选集》，第12页。

他们的个性并没有超越策略性的选择自由的客观主义决定性，选择自由是根据私人自律的权利主体的自由意志模式确定的。一旦对主观自由的限制被推断为权利的限制，权利主体的个性就将丧失其所有的意义。如同创造世界的先验自我一样，费希特的原始自我也表现为一个单数，而与全体形成对应关系；因此，在每一个体的意识中，我想用我自己的意识不带任何幻想地来确定“自由”的主体性，而这种主体性反过来又把自己表现为普遍的东西，即普遍的自我性。由于对普遍的自我性而言，“我（个体 A）就是这个 A 显得很偶然；由于自由的冲动本质上应当是普遍的自我性的冲动，因此，这种冲动追求的不是个体 A 的自由，而是普遍理性的理由……如果**这种**自由只能表现在个体 A，B，C 等等之中，并且通过他们表现出来，那么，不管是 A 还是 B 还是 C 表现了这种自由，我都觉得无关紧要……我的冲动总
199 是得到了满足，因为它所追求的不是别的”[①]。

费希特无法详尽说明他提出的解决方法的解释潜力，因为他必须把主体间性关系分解为一种主客体关系；通过主体间性关系，自我才能最终分化为众多的个体。主体间性的问题在主体哲学范围内是无法得到解决的；从胡塞尔的《笛卡尔第五沉思录》到萨特的为他的存在结构，这个问题就显得更加尖锐。不过，费希特本人已经在处理这个问题：比如相互对象化的动力，这种动力无法解释主体间共同持有的特殊语言观念，以及第一人称与第二人称之间的特殊交往关系。[②] 费希特利用他主要的论据提出了把语言当作媒介的要求，通过语言媒介，一个人就能够**要求**他者的独立行动，并且使他者面对自己的期望。但是，如

① 费希特：《道德学说体系》，《选集》，第 625—626 页。

② 托伊尼森：《论他者》，第 176 页及下两页。

同所有的意识哲学家一样，费希特也看透了语言，认为不过是一种脆弱而且没有个性的媒介。

费希特为理解个体概念开辟了一条新的道路。但是，他要想让他的直觉获得丰硕的成果，就必须把它们从他的知识学建筑术当中隔离出来。洪堡根据语言理解过程中所实现的那种非强制性的综合对个性与主体间性之间的关系进行了探讨。每个个体都必须首先使自己成为自己所是的那个个体，这种观念后来被克尔凯郭尔进一步演绎成为对自己的生活历史负责的行为。最终，对于我所要求的自我同一性来说，费希特用独立性概念所追求的世界结构与自我决定的融合被证明是有积极意义。但是，在个体的重要意义完全转化成对第一人称代词的完成行为式应用之前，费希特一眼就能看出的自我设定行为在反思与行为之间所建立起来的那种本质联系，必须从理论要求中摆脱出来。米德把意识哲学中的主格自我降低为"宾格自我"，降低 200
为首先出现在他者眼前的互动语境中的自我，这样，他就继承了上述这些思想，并进而把哲学的所有基本概念从意识的基础转移到语言的基础上。

5

对于洪堡来说，语言包括所有的语法规则系统和言语。语言本身是无主体的，但语言使某个语言共同体中的主体相互之间有可能进行语言实践；与此同时，语言通过这种实践重新恢复并维护了自己作为语言系统的地位。洪堡首先感兴趣的是一种现象，即在语言交往过程中，一种综合力量在起作用，把多元声音中的同一性纳入普遍规则当中，而且其方式还不同于对多元现象的归纳。康德把数列结构用作制作同一性的模式。洪堡用对话中的非强制性共识(Einigung)代替了康德的这个建构主义的综合概念。行为主体首先用他的直观形式和范畴把同一性视角与感官材料结合起来,然后又用先验统觉的“我思”把它与个体经验结合起来。现在,交往参与者理解视角之间保持的差异取代了这种同一性视角。言语者和听众的视角不再集中于主体性这个焦点上,它们之间的焦点是语言;洪堡称这个焦点为“真正相互交流的对话观念和对话感觉”,每次这样的对话都贯穿着话语与应答、问题和回答、表述和反应等构成的崭新而永恒的“二元论”。因此,最小的分析单位是自我的言语行为与他者立
201 场之间的关系。洪堡花了很大的精力来分析人称代词的用法,因为他推测,语言理解这种非强制性综合所特有的条件在于从自我与他者关系以及自我与他物关系中分化出来的我-你关系及我-我关系;而这种非强制性综合则在使参与者社会化的同时又使他们个体化。

米德第一个根据自我对象化的主体的自我关系模式,把第一人称与第二人称之间的完成行为式立场——主要是你-我之间的对称关系——作为批判的关键。但洪堡当时已经开始对每一阐释者的基本经验进行解释,这种经验表现为:语言只以各种特定语言的复数形式表现出来,各种特定的语言又把自己表现为个别的总体性,并且彼此能够渗透。一方面,语言给世界观和生活方式打上了它们自身的烙印,因此使语言相互之间的转译变得比较困难;尽管如此,它们还是如同聚焦的射线一样直指普遍理解这个共同目标:“分离唤起了个体的同一性感觉,起码表现为用观念确立同一性的一种手段,但也正是在这种奇妙的方式中,个体被打破了……因为在争取那种同一性和普遍性的内心斗争中,人类试图克服个性的分裂障碍……但是,他必须通过这种斗争强化他的个性。他因此而不断进步,而且是通过一种

仅凭自身无法展开的努力。此时，语言用一种十分奇妙的方式给他以帮助，即便在进行分化的时候，语言发挥其联系作用，并且把普遍理解的可能性埋藏到个体表达当中。”① 但是，洪堡本人从来没有对如下事实作出令人信服的解释：语言是一种在分化的同时又发挥联系作用的机制。

单个的主体必须在一种主体间性关系中使自己与他者照面，由此，费希特推导出了个体的自我。他认为，自我和他者自我必然相遇的前提在于：一个用悖论的方式自行设定的自我只有在具有行为能力的主体性模式中才能意识到自己。索伦·克 202
尔凯郭尔完全吸收了这一独特的自我设定的思维方式，因此他把自我关系（Selbsbeziehung）阐释为一种对待自身的行为（Zusichselbstverhalten），在这种行为中，我同时把自己当作是一个这种关系所依赖的先验**他者**。② 克尔凯郭尔的确没有再把这个**他者**与作为自我假定的原初行为主体的绝对自我联系起来。但是，这样也就出现了一个更加尖锐的问题：在他自己无法选择的生活历史的偶然环境中，一个主体如何才能与自我相遇呢？同样，在他的自我意识中，他又如何与自我相遇呢？自我设定行为必须转移到被深深卷入历史中的个体身上，已经定位下来的历史的自我必须从自然生活的真实性形态中把自我重新找回来。

只有当个体通过**批判**把握住了他自己的生活历史，自我才有可能在一种充满悖论的行为中必须选择我是谁和我想成为谁。但是，只有当生活历史被这样一种自我选择的行为转化为自我负责的存在形式时，**生活历史**才能成为个体化的原则。自

① 洪堡：《论人类语言的差异性》（Über die Verschiedenheiten des menschlichen Sprachbaus）（1827—1829），载：《洪堡全集》（弗里特纳），第 3 卷，第 160—161 页。

② 克尔凯郭尔：《对死亡的厌恶》（Die KranKheit zum Tod Abschn），霍华德·V. 宏和爱德纳·H. 宏译，Princeton，1980，第 13—21 页。

我设定是一种不同寻常的决定，用一种互动把历史化的自我置于自己的控制之下，这种决定产生了个体在道德生活中与自身认同的要求："现在他发现，他所选择的自我埋藏着无限丰富的内容，因为自我具有历史，他在其中承认他与自身是同一的。"①真实个体的个体化动力在于自身，作为一定历史环境的特定产物，他自己对自己承担起了责任："由于是自己选择的结果，因此
203 人们能够说他自己创造了自己。"（第816页）对克尔凯郭尔来说，独立行为与个体的"信仰"是紧密相连的，因为它必须用自己生活历史的复杂材料来证明自己："生活当中遵守道德的人就会在一定程度上消除偶然和本质之间的区别，因为他把自己对自己负责当作是必然；但是，区别还是会出现的，因为在他那样做之后，他就作出了区别，而且方式是，他为抛弃偶然性承担起基本的责任。"（第827页）在主体所选择的完成行为式立场中，个体身上的本质特性与偶然特性之间的形而上学对立完全失去了意义。

费希特提出了两个论题：第一个是个体与语言主体间性，第二个是个体与生活历史的同一性。洪堡和克尔凯郭尔用一种历史的思维方式继承了这两个论题。为了唤醒自我的独立意识，他者的请求、要求和期望是必不可少的，通过这样一种思想，两个论题也就联系起来了。克尔凯郭尔的"非此即彼"不可避免地表现在孤独的灵魂与上帝的对话中。道德生活阶段只是通向宗教生活阶段的法门，在宗教生活阶段，与自身的对话只是一副面具，面具背后隐藏着的是祈祷，是与上帝的对话。基督教的原罪意识和新教徒对上帝恩典的渴望构成了返回生活的真正动力，只有在世界末日到来之时对不可替代的独特存在作出赦免之

① 克尔凯郭尔：《非此即彼》(Entwede-Oder)，Köln，1960，第774页。

后，生活才能获得形式和联系。从奥古斯丁到克尔凯郭尔，作者用于忏悔的内心独白都保持着祈祷的结构。但是，到了十八世纪中叶，卢梭把面对上帝的原罪忏悔世俗化，使之成为一种自我忏悔，被私人在资产阶级公共领域中的广大读者面前广泛散播。祈祷被贬值为公开的对话。①

1762 年 1 月，卢梭在给马雷伯(Malherbes)的信中，表达并 204
且提出了他自己是谁、他真心想要成谁的问题。随着焦虑和绝望的与日俱增，他在《忏悔录》、《对话集》和《一个孤独漫游者的遐想》等著作中一直都在阐述自我的这种存在问题。但是，原来的信件已经列举出了彻底的自我理解和自我确定这样一个公共过程所具备的交往前提。为了证明自己，卢梭面对马雷伯大胆揭发自己："我说完后，由你来进行评判。"② 当然，接受者只是一个始终在场的公众的代表。书信形式的确表明内容具有私人性质；但是，卢梭是抱着绝对真诚的态度来写这些信的，绝对真诚的要求则需要不受限制的公众性。真正的接受者不是当时的观众，而是能够作出公正评判的后代这个一般意义上的公众："不管对我有利还是不利，我都不害怕暴露自己的真实面目。"(第 48 页)

宗教背景是显而易见的，但它只是失去一切先验意义的内心世界的一种隐喻，其中，没有谁比作者更了解自己。惟有他拥有了解他的内心世界的特殊途径。这里没有定时定点的皈依，如同没有原罪意识和获救要求一样。但是，世俗的替代物把宗教的见证转化成愿望，想在所有人面前获得承认，让人们认识到

---

① 请参阅汉斯·罗伯特·姚斯：《审美经验和文学解释学》(Ästhetische Erfahrung und literarische Hermeneutik)，Frankfurt am Main，1982，第 232 页及下两页。

② 卢梭：《书信四篇》(Vier Briefe)，载：《文集》(里德编)，第 1 卷，第 480 页。

他的本性和他的想法:“我知道我的大错,并且深深地知道我的一切恶习,因此,我将死去,但我对至尊的上帝充满希望,我相信,在我生平认识的所有人中,谁也不比我好。”(第481页)卢梭实际上懂得依靠公众的评判。他想赢得公众的认可;没有公众
205 的认可,彻底的自我选择便缺乏基础。一旦祈祷的纵轴倾斜成为人际交往的横轴,个体便不再可能只用他对生活历史的重构来满足对个性的强烈要求;这种重构能否成功,还要看他者的立场。

根据这种世俗化的观点,**完成行为式的**个性概念已经完全与描述性的用法分离开来。在对话过程中,第一人称面对第二人称所提出的个性要求获得了完全不同的意义。依靠辩解的忏悔,个体认同的完成行为式要求就能得到公证。但这种忏悔不可以与对个体的有针对性描述相混淆。像卢梭和克尔凯郭尔这样的作家非常好用书信、忏悔录、日记、自传、成长小说(Bildungsroman)、说教式的自我反思等文体,这类文体证明以言行事模式已经发生了变化:重点不是从观察者的视角来**报道**和描述,甚至也不是自我观察,而是带有一定目的的**自我表现**,利用这种自我表现,对第二人称提出的复杂要求才得到证明。这是一种承认表现在有意识生活方式中的自我的特殊认同的要求。这种要求存在于完成行为式立场当中,试图用总体性的生活规划来使之值得信赖,这永远都是一种片面的尝试,这种尝试不能与无法实现的描述计划混为一谈;后者是想用一些可能遇到的陈述来对主体加以刻画。卢梭的忏悔录完全可以说是为了辩解而呈现给公众的合乎道德的自我理解行为。这些忏悔录作为一种文类不同于历史学家对卢梭生活的描述。衡量它们的标准不
206 是历史叙述的真实性,而是自我表现的可靠性。卢梭知道,它们必然会受到指控,罪名不只是不真实,而是欺诈和自欺。

5

莱布尼茨保留了超越单称之外的个性内容的描述性意义，当然，这是有条件的，即个体概念的本质不可能完全解释清楚。费希特则用创造行为的最高峰把康德的理论哲学和实践哲学结合起来；因此，在费希特那里，认识环节与行为环节在自我设定的主体的独立行为中融合起来了。进一步的讨论表明，只有我们为个体概念保留完成行为式的用法，并且把它运用到所有单称意义上的描述性语境中，“个体”概念的语义学内涵才是可以挽救的。因此，通过对概念史的研究，我们建议结合具有言语和行为能力的主体的自我理解来解释“个体”概念的意义。具有言语和行为能力的主体在面对其他的参与者时表现为一个不可替代也不可混淆的人格，如果必要他会予以证明。不管这种自我理解多么漫无边际，它终究奠定了自我认同的基础。在自我理解中，自我意识不是表现为认知主体的自我关系，而是表现为一个能够负起责任的人在道德方面的**自我估价**。在主体间共享的生活世界范围内，个体对自己的规划是：确保多少已经被掌握的生活历史具有某些已经明确建立起来的连续性；就他所获得的个性而言，即便是在将来，他也想把自己确定为自己创造出来的那一个。简言之，“个体”的意义应当根据第一人称在与第二人称的关系中所建立起来的道德自我理解来加以解释。我们只有认识到了我们在自己和别人面前究竟是怎样一个人和究竟想要成为怎样一个人时，才能把握住超越纯粹单称意义的个体概念。207

当然，把这种自我理解提高到一种知识的高度，如果这种知识不是由有限的命题组成，而是对主导要求的一种承认，并且可以用不断翻版的忏悔或自我表现来加以描述，那么，这样做也就并非完全没有问题。这里所涉及到的是一种独特的完成行为式的知识。即便是言语者在完成以言行事行为时借助于完成行为式命题所表达出来的完成行为式的知识,也是和命题当中所表达出来的明确的知识结合在一起的;但是,它可以把自己完全转化为**另一种记述式**言语行为的对象,并因此而成为命题知识。这样简单地来解释个体的整个自我理解显然是不行的。任何一种试图确定和证明自身认同的尝试都必然是片面的。在卢梭那里,首先是书信,而后是忏悔录,再后是采用对话、日记、书等形式对忏悔录的评论。把这些典型的尝试看作是对不可言说的个体的描述解释的替代物,将是极其错误的。因为个人用于建立认同的自我理解无论怎么说都不具有**描述性**意义;它所具有的是一种保障的意义;一旦接受者知道他者正在为自己的能力提供证明,他也就**完全**把握了这种保障意义。同样,这在多少已被有意把握住了的生活历史的连续性中也有表现。

这同样也说明,为什么表现在生活规划总体性当中的这种自我理解需要其他互动参与者的确认,不管是现实的互动参与者也好,还是潜在的互动参与者也罢。卢梭和克尔凯郭尔都一直十分依赖观众对他们的立场,这就超出了存在于他们身上的特殊理由。从现象学的角度很容易就能看出,如果完整的认同结构要想在一定程度上得到维护,它们就必须扎根到主体间性
208 的承认关系中。这种诊断出来的事实可以这样来加以解释:个人用他的个性要求来保障的结构绝对不是个人自己所特有的,而从费希特到克尔凯郭尔(和图根哈特)的决定论概念都假定这是个人自己的结构。[①] 任何人都不能把他的认同当作私有财

① 图根哈特:《自我意识与自我决定》(Selbstbewuβtsein und Selbstbestimmung),Frankfurt am Main,1979。

产。所谓保障,不能根据某个自律的言语者用于约束自己意志的承诺来加以解释;任何人都不能以**这种方式**迫使自己保持同一或成为他自己。一个简单的事实说明,他并没有这个权利。道德自我理解当中的自我不是个体本人的永恒财富。导致这种现象的原因在于意识哲学的占有性个体主义;意识哲学把认知主体的永恒自我关系当作出发点,而不是当作结果。道德自我理解中的自我依赖于接受者的承认,因为它首先是作为对他者要求的反应而出现的。由于他者假定我能够承担责任,所以我渐渐地使自己成为曾经和他者共同生活中的自我。在我看来,自我是作为绝对属于自己的东西而存在于我的自我意识中的,但是,仅仅依靠我自己的力量,我并不能把它保持住——它并不“属于”我。相反,这种自我具有一个主体间性的内核,因为作为其源泉的个体化过程贯穿了整个以语言为中介的互动网络。

米德第一个深入考察了这种作为社会产物的自我的主体间性模式。他抛弃了自我意识的反思模式;根据这种反思模式,为了把握自身,进而意识到自身,认知主体把自己当作一个对象,并且与自己建立起联系。费希特的知识学当中实际上已经出现了反思哲学的困境,但是,直到米德,人们才开始沿着互动分析
的路数,从费希特道德学所固有的困境当中走了出来。 209

6

米德把意识哲学的纲领重新接受了下来,当然,他是从杜威功能论心理学的自然主义前提出发的。他所关注的首先是从认识论的角度对主体性和自我意识进行解释,也就是说,他首先从一个解释其对象领域结构的心理学家的角度来对主体性和自我意识进行解释。这是早期论文《心理的定义》(1903)所阐述的问

题。但心理学家如何理解主观世界的问题，很快就会和有意识的生活是如何形成的这样一个发生学问题结合到一起。《社会意识和意义意识》(1910)一文对此作出了解答。随后不久，他发表了一系列的文章，用来解决自我反思进入意识的途径和自我意识的起源这个双重问题。① 文章的最后一篇是《社会自我》(1913)，开头的问题是费希特的前提“反思循环”：作为“自我”，认知主体在自我反思中遇到了自身，但“自我”总是已经被对象化了，成为被观察的“客我”。这个成为对象的自我必须把自发的自我或自我反思的自我当作前提，但后者并不是意识经验所给定的：“因为在它被表现的时刻，它渐渐变成了客观事实，并把一个观察的“自我”当作前提，但是，只有“自我”不再是客体“自我”为之存在的主体时，自我才能在自己面前把自己显示出来。”②

米德用来打破自我对象化的反思循环的思想，要求在范式层面上向以符号为中介的互动转型。③ 只要主体性被认为是自
210 我表现的内在空间，而当表现客体的主体像面对镜子一样反观其表现活动时，这个内在空间就会自我敞开，任何主体的东西也就只能用自我观察或内省的客体形式来加以理解，主体本身在这种注视下仅仅成了客体中的“我”。一旦主体不是以**观察者**的角色而是以**言语者**的角色出现，一旦主体根据在对话中所遇到的**听众**的**社会视角**学会了把自己看作并理解为他者自我的另一个自我，那个客观的“自我”便摆脱了物化的直观：“主体听见自己在言说并且作出回答，仅仅从这个事实来看，有意识地面对其

① 收入米德：《全集》，Frankfurt am Main，1980，第 1 卷，第 210—249 页。

② 同上，第 241 页。

③ 请参阅汉斯·约阿斯：《实践的主体间性》(Praktische Intersubjektivität)，Frankfurt am Main，1986，第 67 页及下两页。

他自我的自我也就成为了他自己的客体和他自己的他者。”①

很容易就可以看出，自我作为第一人称，在通过与第二人称的关系来调节的自我关系中对自己的对象化，和通过内省对自己的对象化，其方法是不一样的。观察者用第三人称直接面对自己，内省所需要的就是这样一种客观的观察立场；言语者和听众之间的完成行为式立场则需要在作为平等的他者自我的“你”和我和他者想要理解的“某事”之间加以区别。作为他者自我的“你”，是我所要沟通的对象。按照米德的解释，如果行为者真的把自己引向我与你的关系，并且把自己作为他者的自我，他就会在交往行为中遇到作为社会客体的自己，而自我意识的自我就是这种**社会**客体。行为者所遇到的自己是一个作为第二人称的第一人称，而且具有完成行为式的立场。在此过程中，会出现一个完全不同的“客我”。即便这个“客我”与具有能动性的“自我”也不是等同的，“自我”始终是脱离一切直接经验的；但是，完成行为式立场所理解的那个“客我”又**确实**表现为对于“自我”的能动状态的精确记忆，而且，“自我”的这种状态可以从第二人称的反应中真实地读解出来。通过他者对自我的观察，我所得到的自我是我的自我的一个“回忆图像”，这个图像非常生动，如同刚 211
刚在观察他者自我时所亲眼看到的一样。

当然，这种结构也受到了批评，认为它只适用于自言自语的主体的反思自我关系，而不能适应**原始的**自我意识；为了表述简单的经验命题，人们都必须把原始的自我意识当作前提。根据维特根斯坦的看法，诸如：

(1)我牙疼。

(2)我害羞。

---

① 米德:《全集》,第 1 卷,第 244 页。

(3)我怕你。

之类的表达,除了具有命题结构之外,还保留了某些与身体有关的表现姿态所拥有的征兆特征,这类表达有时是用来替代那些姿态的。一旦用于交往目的以及语言表达,这些姿态便透露出主体与其自身之间具有一种意向性关系,而且我们不能把“内心对话”的反思自我关系赋予这个主体。[1] “自我”应当是在采用某个他者自我视角的过程中出现的,只有当它被更深地嵌入到已经获得并被用于内心独白的语言能力的层次上时,客体自我才能把自我意识解释为一种原始现象。[2] 事实上,米德的确承认,我们必须把自我意识当作前提,哪怕是在使用具有明确意义的符号时也是这样。我们还是回过头来看看米德的出发点。

在他最初的著作中,为了把“自我”揭示为在实证主义心理学的内省物化的“客我”背后的主观能动源泉,米德借鉴了杜威的观点。米德首先试图通过皮尔斯已经引入的实用主义概念来进入主观世界。这个概念的核心内容是对传统情境的阐释问
212 题。“问题”阻挠了一个正在进行的行为计划的实施,剥夺了接受迄今为止一直行之有效的期望的基础,从而在行为冲动之间引起矛盾。在这个分化阶段,我们认为是客观的东西内部发生了瓦解:“我们的客体被从它们的客观地位中驱除出去,并被放逐到主观世界。”[3] 保持完整的世界范围内,已经成问题的部分世界被剥夺了其通俗性和有效性;它还只是**纯粹主观**表现的材料,并且构成了“心理”的材料。因此,一旦正常的行为在进行过程中受到干扰,行为者便意识到自己的主体性,因为他根据因外

---

① 米德:《全集》,第1卷,第245页。

② 否则,人们无法充分理解亨里希在《何谓形而上学——何谓现代性?》(Was ist Metaphysik—was Moderne?)中所报告的内容,载:《概念》,第34页及下两页。

③ 米德:《全集》,第1卷,第126页。

展而杂乱无效的想像形成了更好的假设，也就是说，他必须重构被瓦解了的语境阐释。功能主义心理学用这种方式找到了其对象，即心理，而且是从一个行为者的视角来看的，行为者在完成行为式的立场中意识到了他所进行的行为被问题打断了：“功能主义心理学的对象领域是某个阶段上的经验，在这个阶段上，我们直接意识到行为冲动之间的冲突。行为冲动剥夺了其客体的客观特征，并因此而使我们陷入一种主体性立场中；但是，在这样一种立场中，由于主体‘主我’概念的重构活动，一种新的充满诱惑的客体又出现了。”①

这种“心理定义”对于需要解释的现象应当具有启发意义，所谓需要解释的现象，就是一个提出假设并用外展方式加以把握的主体的主观世界。米德很快就认识到，这种解释尝试失败了，因为他不可能以这种方式来阐明，主体在完成解决问题的任务时如何才能认识自己。的确，一旦行为者注意到球过重、沟过宽或天气过于阴晴不定，因而无法进行投掷、跳跃或散步等活动时，行为者也就发现自己陷入了一个问题，这个问题可以使人们 213
意识到那些在现实当中失效的**行动前提**的无效性；但是，人们如何**意识到**产生新的行动前提的**解决问题过程**本身，这个问题依旧悬而未决。因此，只有在放弃孤立的行为者工具性地处理事物和事件这种杜威模式，并转换到多个行为者彼此交往这种互动模式之后，米德才能解释清楚有意识的生活这种现象及其起源。

米德拓宽了人们熟知的民俗学研究方法，这种研究方法强调在种的特定环境中具有社会意义的个别有机体。米德主要关注的是几个（同种）有机体之间的关系，因为在这些互动中，解决

① 米德：《全集》，第1卷，第143页。

问题的行为处于双重偶然前提之下。与乌云密布之类的物理现象不同,社会客体的行为反应同样可能会受到自己行为的影响。这种局面一方面意味着以下危险是永远存在的:我通常的行为期待有可能由于对方反应的反复无常而成了问题;另一方面,它又承诺给一方一种选择性的优势,这一方对自己有基本的**自我意识**,并能对另一方作出反应:“一个人对天气状况的反应对天气本身毫无影响……相反,成功的社会行为把某人带入一个领域,在此领域内,某人对自身立场的意识有助于控制他人的行为。”① 这种功能主义的论断把人们的注意力引向互动情境,这是一个特定的场所,这里可以期望看到自我意识的出现具有特殊的适应优势。但是,问题还是在于:有了语言中介和言语者-听众的视角,自我就可以像对待他我一样对待自己,但是,在此之前,这样一种特殊的自我关系是如何出现在互动语境中的呢?
214 就其本身而言,自言自语的能力已经把一种基本的自我关系当作了前提。这就是为什么米德在分析过程中强调前语言水平上的姿态交往的原因。

尽管如此,原始自我意识的现实前提的内部重构可以建立在语言交往的前理解的基础上。一个有机体能够理解由其姿态引发的另一个有机体的行为反应,仿佛它是对这种姿态的阐释。这种在他者中认识自己的观念是米德的解释的关键所在,根据米德的解释,自我关系的基本形式的现实前提是另一个互动参与者的阐释行动。为了正确理解米德的思想(在某种程度上也许比他自己理解得更准确一些),必须充分注意到这样一个前提:以姿态为媒介的互动依旧受到本能的控制。因此,在受到本能控制的行为功能范围内,所表达出来的是充实从事观察的民

① 米德:《全集》,第1卷,第219页。

俗学家所赋予的客观意义，如逃跑、防御、操心、繁殖等。[①] 一个人的任何行为通过其他有机体的反应而获得阐释，这种阐释也必须在这种客观意义上来加以理解。对于任何一个有机体，这都不是一种严格意义上的阐释。为了解释清楚另一个行为者的行为反应对自我行为的客观阐释过程何时才能被行为者理解为阐释，也就是说，当他者所阐释的行为举止是一种有声的姿态时，米德必然会回溯到赫尔德所说的另一种情境。

两个有机体同时理解有声姿态，依靠这种姿态，行为者在影响对方的同时也用同样的方式对自己施加影响。这种同步性应当能够使一个有机体如同影响另一个有机体一样影响自己，并且学会从他者的视角出发把自己理解为社会客体。他从他者的 215
视角出发，而且是根据他者对行为反应的阐释，来领会自己的行为。对自我行为的这种阐释的先验客观意义，如我们人类中的某个成员用进攻、防御或屈服等对之作出反应的表达，作为这种表达的主体，自我能够进入其中。**对我而言**，我的有声姿态获得了一种源于作出反应的他者视角的意义。有声姿态的特征因此也发生了变化，在自我影响过程中，有声姿态代表了他的对方的行为反应；从这种行为反应的阐释力量中，它获得了它的最初的客观意义。由于这种客观意义“对我而言”是可以理解的，因此，有声姿态从行为片段转化成了符号基础——刺激物转化成了意义载体。

通过上述考察，我们也就搞清楚了，米德为何悄悄地转向了以下主题：原始的自我关系的发生与向交往的进化新阶段的过渡之间是如何联系起来的。只有当行为者掌握住了自己有声姿态的客观意义时，他才采用另一个互动参与者的视角，并因此而

---

① 米德在这里所指的是麦克道加尔：《全集》，第 1 卷，第 202 页。

认识到自己是一个社会客体。由于这种自我关系,行为者在“客我”的身份下扮演双重角色,“客我”像一个影子一样紧随着完成行为式的“自我”——之所以说是影子,是因为“自我”作为自发姿态的始作俑者只是在记忆中才被赋予“客我”:如果追问自我在自己经验中的直接表现是什么,那么答案是:一种历史形象。一秒钟之前的你就是客体“自我”的“自我”。[①] 自我意识的自我并不是自发行为的“自我”;后者只是在符号所确定的意义折射中才呈现出来,这种意义是自我在一分钟之前为作为他者自我的互动伙伴而获得的:我们一切有意识的行为的观察者并不是
216 对这种行为负责的实际的自我,而是对我们自身行为的一种反应。“观察者”这个表达是容易引起误解的。因为原始自我关系的自我是根据第二人称的完成行为式立场建构起来的“客我”,而不是从第三人称观察者的视角被客观化的“客我”。由于这个原因,原始的自我意识并不是一种主体内在所固有的现象,而是一种在交往中产生的现象。

7

迄今为止,我们所讨论的是认识的自我关系,是解决问题即具有认知能力的主体与自身的关系。转向主体间性的观察方式来考察“主体性”导致了惊人的结果:看起来集中在自我身上的意识并不是直接的或纯粹内在的。相反,自我意识是沿着由外而内的道路,通过与互动参与者之间以符号为中介的互动而形成的。就此而言,它拥有一种主体间性的核心;其离心的地位证

---

① 米德:《心灵、自我和社会》(Geist, Identität, Gesellschaft), Frankfurt am Main,1968,第 218 页。

明,主体间性十分依赖作为媒介的语言,通过语言媒介,可以用非客观化的方式在他者身上认识自己。如同在费希特那里一样,自我意识首先源于同面对客体自我的自我的照面。就此而言,“被假定的”(gesetztes)自我可以比作客体“自我”。但是,按照实用主义的自然主义观点,这个客体“自我”呈现为更高的或反思的心灵形式,而不是“自我设定的”、被抽去意识的先验自我的产物。当然,米德忽视了原始的自我关系与反思的自我关系之间的区别。原始的自我关系为从以有声姿态为中介的交往到真正的语言交往的转变开辟了道路,而反思的自我关系只是在对话当中确立起来的,因此,它已经把语言交往当作了前提。只 217
有反思的自我关系才揭示了永远属于客体自我的想像领域,自笛卡尔以来,主体哲学一直把该领域看作是显而易见的绝对物。这种不明晰性可能与米德的语言哲学的弱点有关系,我在其他地方已经谈到了这点。[1]

认知主体的**认识的**自我关系(Selbstbeziehung)和行为主体的**实践的**自我关系(selbstverhältnis)之间的区别十分重要,但同样也一直是模糊不清的。[2] 米德在他的演讲中之所以没有搞清楚这种区别,是因为从一开始起,他就把“认识”理解为解决问题的实践,而把认识的自我关系理解为行为的一种功能。[3] 一旦自我关系的动机因素开始发挥作用,“自我”和“客我”这一对主要概念的意义便被悄悄地改变了。当然,米德是从重新组织前语言阶段上受本能控制的互动出发,来解释认识的自我关系以及**实践的**自我关系。正如认识的自我关系产生于向另一种交往

---

① 哈贝马斯:《交往行为理论》,第 2 卷,第 30—39 页。

② 米德:《心灵、自我和社会》,第 216 页及下两页。

③ 哈贝马斯:《交往行为理论》,第 2 卷,第 53—65 页。

模式的转变一样，实践的自我关系产生于向另一种行为控制机制的转变。行为合作的两个方面本来在由特定的种的吸引所激发的本能反应中是相互一致的，但随着这些转换却发生了区分。以符号为中介的互动允许通过自我关涉的认识来**控制自己的行为**；但这不能代替协作行为，即一个行为者的行为与另一个行为者的行为建立起恰当的适应关系；协作行为一直都是由共同的本能回应提供保障的。这种缺失如今为规范的行为期待所填补，这些期待代替了本能的调控；但是，那些规范需要通过多多少少已经内化的社会控制而在行为主体身上扎下根来。

在互动关系中，他者对自我采取一种完成行为式的立场，借助于采纳他者视角这种人们熟知的机制，米德对个性系统中社
218 会制度与行为控制之间的对应关系也进行了解释。但是，采纳他者的视角已经扩展到了**采用他者的角色**：自我接受了他者的**规范**期待，而不是他者的认识期待。无疑，这个过程保留了同样的结构。我把自己理解为他者的社会对象，这样就出现了一种反思机制，使得自我能够把他者的行为期待变成自己的行为期待。但是，这些期待的规范特征所对应的是这第二个“客我”的不同结构，以及自我关系的不同功能。**实践的**自我关系中的客体“自我”不再是原始的或反思的自我意识的中心，而是自我控制的主体。这里，自我反思承担了激发行为动机和从内部控制自己的行为方式这一特殊任务。

我们不必关注向一种常规的道德意识发展的不同阶段；道德意识依赖于特定时代的生活方式和制度。米德把这个“客我”理解为“普遍的他者”，即社会环境的规范的行为期待，这些期待似乎已经深入人格内部。相对于这种机制而言，“自我”反过来表现为一种没有意识的能动性。但是，与认识的“自我”不同的是，实践的“自我”形成了一种无意识，在两个方面引人注目：一

是作为受到控制的冲动洪流，一是作为打破并且更新由于惯例而僵化的控制的革新源泉。如同它在第二人称的完成行为式立场中所表现出来的那样，具有行为能动性的自我在回忆中牢牢把握住了客我，有了这个客我，认识的自我关系也就有了可能。实践的自我关系则是通过另一个客我而成为现实的，这个客我从社会性“我们”的主体间性视角对具有抵抗倾向的主体的能动性和创造性加以限制。根据这种观点，“自我”一方面表现为一种前社会本能的压力，另一方面则表现为创造性想像的冲
动——或者说表现为观察方式的革新动力。这种区别应该能够 219
解释清楚我们对以下两个方面的差别的体验：一方面是分裂的动机和被压制的利益导致的反叛对那些制度化的社会交往形式进行质疑的方式，另一方面是允许我们以新的眼光看待世界的革命性语言的渗透对社会交往形式进行质疑的方式。

在两种情况中，实践的自我关系中的“客我”都表现为一种保守力量。这种力量与现存的一切紧密结合。它反映了那些在特定的社会里为人们所熟知和承认的生活方式和制度。在社会化的个体的意识中，它扮演的是个体代理人的角色，把一切自发的偏颇都从意识当中驱除出去。米德把这种自发偏颇的无意识力量归因于“自我”，而不是像弗洛伊德那样归因于本我，他还把实践的自我关系，或者人格的同一性，或者具体的责任意识，理解为社会化互动的无名结果，初看起来，米德这样做是反直觉的。即便我们认识到，这里所涉及到的决不是一种随意的措辞，而是整个理论的要点，这种愤怒也不会完全消失。

认识的自我关系当中的自我与作为自发行动的始作俑者的“自我”不是一回事，但它尽可能地与后者保持密切联系，因为它是（在回忆中）被共同行动而不是客观化的他者自我的视角所把握住的。此处，“ad quem”一词是对主体完成其能动性的一种把

握；相反，实践的自我关系当中的行为主体并不想认识自我，而想要确定自己是只能归因于它的行为的创始者，简言之，是一个自由意志。因此，根据普遍的或共同的意志来看，这种自我确证是令人信服的，我们发现，普遍的或共同的意志已经表现在主体间相互承认和熟悉的社会规范和社会生活方式中。只有当我们长大成人适应这些社会环境之后，我们才把自己建构为有责任
220 的行为个体，并且沿着社会控制内在化的道路，培养起自我服从或反抗所谓合法期待的能力。

但是，这种解释并未说清楚为什么米德会极力维护"客我"和"主我"之间的区别，而不是让它们相互包容。在确证过程中，社会结构中的自由意志似乎完全为实践的自我关系所掌握。人格因素既作为无意识而脱离自我，又使人注意到自我，它们很难要求给有责任的行为主体冠以"自我"的头衔："只有采用他者的角色，我们才能回到自身。"[①] 对于认识的自我关系而言，这种观点也是有效的，但对于实践的自我关系而言，则有些特别。因为实践的自我关系中的自我不是依赖先验能动性的回忆的影子，而是一种意志，仅仅通过社会化，它就能成为一种"自我意志"，自我则可以重新开始，并且承担其开始的后果。因此，米德还曾这样说过："经验的一般他者为他提供了一个自我认同。"[②]

但是，米德对这个自我认同的作用方式所作的阐释已经让我们认识到他为何不把这种自我认同与"自我"等同起来："我们既自我赞扬，又自我谴责。我们一边拍着自己的肩膀，一边又在盲目的暴怒中攻击自己。在检查我们的观念和自我对话的过程中，在肯定我们交往共同体的一般规则和原则的时候，我们接受

① 米德：《全集》，第 1 卷，第 318 页。

② 同上，第 320 页。

了集体的普遍立场。”① 道德意识依附于特定群体的惯例和实践,“客我”则是道德意识的载体。**一定的**集体意志极力压制尚未获得自觉的个体意志,“客我”则代表了这种集体意志的力量。 221
在社会化所产生的自我认同中,只要这种认同促使我们“在盲目的暴怒中攻击我们自己”,个体意志就不能**完全**认识自己。“客我”表明了一种认同形式,从而使得负责任的行为盲目地屈从于社会控制,尽管角色发生了转换,但社会控制依旧是外在的。传统的自我认同充其量只是真正的自我认同的管家。即便是米德也不能由于这种差别,为了实践的自我关系而把“自我”与“客我”区别开来。

在这个关键问题上,米德回溯到了社会分化的过程,以及从受到严格限制、与传统相联系而且十分标准的生活方式中解放出来的经验;这些经验通常伴随着参照群体和交往形式的扩大以及功能的完善和分化。在这个意义上,米德说到了社会的“文明化”过程,社会“文明化”标志着个体在个体化方面前进了一步:“在原始社会里,个性是通过多多少少完全适应特定的社会类型而表现出来的,这种适应范围比文明社会要大得多的……在文明社会里,个性更多地是通过拒绝或修正实现特定的社会类型而表现出来的,而且个性越来越分化,越来越独特……”② 这与涂尔干以及其他经典社会学家的描述是一致的。米德的独创性表现在:从独立提出的交往理论的内在重构视角出发,他能够赋予社会学的基本概念以一种比较精确的意义。 222

① 米德:《全集》,第1卷,第323页。

② 米德:《心灵、自我和社会》,第265—266页。

8

从受到其影响的个体的角度来看，社会个体化过程分为两个不同的方面。无论是文化还是制度都要求这两个方面具有越来越大的自律，并且能够过上一种**有意识的生活**。另外，**自我决定**和**自我实现**的文化模式和社会期待彼此分裂开来，而且达到了强调主体自身成就的地步。我们已经考察过的“客我”身上打上了特定集体的具体生活方式和制度的烙印；但是，在社会分化或矛盾的多元角色期待的压力下，传统的认同形式分裂了，于是就导致了道德和伦理（在精神分析上叫做良知的力量和自我的理想）彼此分离开来。“抛开社会所强加的僵化传统”，迫使个体一方面承担起他自己的道德抉择，另一方面则承担起根据伦理的自我理解来规划自己生活的重任。

但是，承担这些成就的自我是在社会中慢慢树立起来的；它不可能因为脱离特定的生活语境，而彻底超越社会，进而进入一个孤独和自由的抽象空间。相反，人们对他的抽象和文明化进程处于同一个方向。个体使自己投身于“一个更加包容的社会”：“他承认，他者的组织是存在的，因此，他向他者发出了呼吁，而他者的组织则对此作出反应。哪怕这种呼吁是针对后辈的。这样，我们就有了与‘客我’相对立的‘主我’的立场。”①

223 我们从卢梭那里已经了解了这种对后代的呼吁，卢梭认为，他达到自我理解的过程处于十分相似的普遍话语的交往前提之下，这些交往前提一反事实，而面向未来。在现代社会里，道德抉择对纯粹传统的道德意识越来越提出过高的要求，而这些抉

① 米德：《心灵、自我和社会》，第243页。

择也必须在普遍话语的条件下作出。向后传统道德的转化是不可避免的。对此,米德作出了这样的解释:“将会出现一个无限的交往共同体,它超越了特定的社会制度;在这个共同体里,共同体的成员可以在特定的冲突中让自己置身于共同体的既存社会之外,以便就已经发生变化的行为习惯和新出现的价值观念达成一致。”[①] 道德判断的形式(和伦理的自我理解一样),被推上了理性的论坛;理性的论坛在使实践理性**社会化**的同时又使之**世俗化**。米德把卢梭的普遍的公共领域和康德的知性世界落实到了具体的社会和历史当中;在此过程中,优先采用一种理想的交往形式应当从意志形成的话语程序那里获得一个绝对的环节。

皮尔斯认为,在无限的交往共同体中可以获得共识,这种思想在米德那里又出现了。在实践话语中,我们创立了“一个不是由实际的事物构成,而是由适当的方法构成的理想世界。其要求是:一切参与到冲突当中的行为和价值的前提,都必须放到对相互冲突的固定行为方式和良好习性加以抽象这个角度加以考察。”[②] 对于个体来说,社会个体化意味着,人们期望他们能够自我决定和自我实现,而前提是一种非传统的自我认同。但是,即便这种认同形式也只能被**理解**为是由社会建构起来的;因此, 224
它必须在至少已经被预知到的相互承认语境中确定下来。

一些极端情况也证明了这点。在这些极端情况中,实践的自我关系中的自我在解决自身的道德问题或伦理问题时完全依靠自身:“一个人可以走到和整个世界作对的地步。”[③] 但是,作

① 米德:《全集》,第1卷,第413页。

② 同上。

③ 米德:《心灵、自我和社会》,第210页。

为一个人，“除非他作为一个成员进入更大的理性共同体之中”[①]，否则他无法把自己维护在真空中而独立存在，即便是在极端独立的情况下也是如此。这个更大的共同体不是康德所说的与经验世界相分离的理想世界：“它是一种**社会**制度，因为它的功能是一种建立在共同承认的行为和共同目的基础上的共同行动。”康德的目的王国在当下必须**被假定**为互动的语境和一种交往共同体，在这个共同体里，所有人都能够也愿意接受其他人的观点。任何完全依靠自身并且想要用理性的声音与自己交谈的人“都必须理解过去的声音和未来的声音。只有这样，才能确保自我的声音比（现存）共同体的声音更有说服力。一般来说，我们承认，共同体的声音与过去和未来的更大共同体是完全一致的。”[②]

米德对道德理论的阐释比伦理学理论要更进一步。从交往理论的角度来看，伦理学对自我实现概念的理解与道德理论对自我决定概念的理解必定是相似的。不断进步的个体化是同时用**独特认同的分化和个人自律的增长**来加以衡量的。在这点上，米德也坚持个体化和社会化相互交错：“事实是，所有的自我都是通过社会过程建构起来的，都是社会过程的个体表达……这个事实很容易就可以和如下事实联系起来：每一个自我都有
225 它自己独特的认同……因为每个自我在这个社会过程中都形成了他自己的独特立场，与此同时，他还是这个社会过程中有组织的行为结构的反映。（如莱布尼茨所说的宇宙单子一样，每个单子都从不同的角度反映了整个宇宙。）”[③] 此处，米德重复了他

① 米德：《全集》，第1卷，第414页。

② 米德：《心灵、自我和社会》，第210—211页。

③ 同上，第245页。

早期的观点："每一个体都从不同的角度划分共同体生活中的共同事件。用怀特海的话来说，每一个体都以不同的方式来对共同生活加以分层，而共同体的生活则是所有这些分层的总和。"[①] 这两段话很好地表述了米德想要表达的直觉；但是，与莱布尼茨和怀特海之间的本体论联系掩盖了米德自己的合理解释。

无论是作为**自律的**存在，还是作为**个体的**存在，实践的自我关系中的自我都不能通过直接的自我联系，而只能通过其他人的观点来进行自我确证。在这种情况下，我所依赖的不是他人对我的判断和行动的**认同**，而是他们对我的独特性和不可替代性要求的**承认**。由于后传统的自我认同不再完全依附于"社会类型"，它表现为对独特性和不可替代性的无限要求，所以，理想化的环节这次也发挥了作用。但是，这个理想化的环节所涉及到的不再只是所有接受者构成的圈子，或者说是无限的交往共同体，而是个性本身的要求；个性要求得到保障，这种保障是我根据人们极端重视的个体生活计划，有意识地为我的生活历史的连续性所接受过来的。在普遍的生活方式中，每个人都能够接受其他人的观点，并且可以相互承认，这种生活方式的理想化设想使个体的存在能够共同体化——个人主义作为普遍主义的对立面。关心一个完好的社会形式，才能使人们把自己的生活 226
历史当作个体化的原则，也就是说，把自己的生活历史看作是我认真抉择的结果。通过自我批判来掌握我的生活历史，并通过反思来延续我的生活历史，只要我不能在众人眼前，即在无限的交往共同体的论坛上与自己相遇，这就永远都是一种没有约束力的观念，甚至是一种不确定的观念。此处，"我"指的是我的整

① 米德：《全集》，第 1 卷，第 309 页。

个存在,即整个衬托认同的生活语境和学习过程。

这里自我也只有通过他者,通过假定的反事实的普遍话语,才能迂回到自己。同样,只有当实践的自我关系中的自我从作为他我的他者的视角出发回到自身,它才能够对自己作出确证。但这已经不是它自己特定集体中的某个人的他我的他我(即"客我")。如今,它所遇到自我是共同体中**所有**他者的他我,而且是具有道德本质的自由意志和能够对存在进行自我反思的个体存在。因此,"主我"和"客我"之间的关系**依旧是**分析后传统社会中的自我认同的关键所在。但是,在这个阶段上,两者的关系颠倒过来了。

至此,"客我"一直都是要以非客观化的方式在自我认识和自我确证的中介行为中把握能动的"自我",而"自我"总是避免被直接把握。现在,预先确立起来的与接受者构成的圈子之间的互动关系被划归给"自我"本身;只有从接受者的视角出发,"自我"才能回到自身,并且明确自己是自律的意志和个体的存在。在一定程度上依附"自我"的"客我"不能还是依靠先验的互动关系而存在。"自我"本身规划出了一个互动语境,使受到破
227 坏的传统认同能够在更高的层次上得到重构。这种重构的压力来自社会分化过程;因为社会分化过程促使价值普遍化,尤其是在权利体系内促使规范普遍化,这就要求社会化的个体能够作出自己特有的成就。[①] 这些抉择的压力需要一种非传统的自我认同。虽然这种认同只能被认为是在社会中建构起来的,但是,到目前为止还没有任何一种能够和它相适应的社会形态。

社会进程的加快以及未来视野的不断扩大,都是属于典型

---

① 米德:《自然法和政治制度理论》(Naturrecht und die Theorie der politischen Institutionen),载:《全集》,第 2 卷,第 403 页及下两页。

的现代性经验。它们所导致的结果是,根据现在的过去和未来的过去,可以更加清楚地说明当下的处境。这种已经发生改变并且具有反思性的时间意识,其功能在于要求把现在的行动置于预示未来的前提之下。这点既适用于系统过程(如长期的政治承诺、财政借贷等等),也适用于直接的互动。在现代社会里,危机意识是永远存在的,这是已经普遍存在的乌托邦思潮的背面。但是,乌托邦当中同样包含着能够期待的社会预知模式,道德自我反思中的自由意志和现实自我反思中的个体存在。后传统的自我认同只能在非强制性的相互承认的平衡关系中才能确定下来。这就可以解释清楚在发达社会的政治文化中所存在的一些趋势,如生存的重负、公众问题的道德化、越来越多的规范障碍等等;新保守主义的时代批判对于规范障碍已经发出了抱怨。[①] 但是,米德和杜威的激进民主观点从中获得了其内在连续性。[②] 228

9

无限的交往共同体的构想得到了语言结构的支持。“我思”中的“我(1)”在主体哲学中起着关键作用,同样,第一人称单数在这种哲学的继承者即交往理论中也起着关键作用。当然,迄今为止,语言分析主要探讨了人称代词“我”的两种语法作用,而这两种语法作用只是间接地触及到我们的问题。一种讨论涉及到的是作为自我指涉表达的“我”,依靠这种表达,言语者可以在

---

① 布隆克霍斯特:《官僚国家中的知识分子》(Der Intellektuelle im Land der Mandarine),Frankfurt am Main,1987。

② 米德:《全集》,第2卷,第3部分。

数量上把自己确定为由一切可能存在的对象构成的一个具体的实体。[1] 另一种讨论涉及到的则是经验命题中第一人称的语法作用;在经验命题中,这种表达表明言语者在进入自己的主观世界方面享有特权。这里的主题是表现式言语行为中认识的自我关系。[2] 相反,只有当我们考察第一人称作为完成行为式命题的主语表达所承担的语法作用的时候,实践的自我关系才表现出来。这样,"我"就代表了一种言语行为的行为者,在完成行为式的立场中,同第二人称形成一种人际关系(这种人际关系是由交往模式所具体决定的)。由此看来,第一人称代词既没有履行(它必须履行的)自我指涉功能,也没有涉及到自我表现中的自我的特殊意义,这种特殊意义是公众赋予他们亲身经历的,因为这只涉及到多种言语行为中的一种。完成行为式所运用的"我"的意义是**任意一种**以言行事行为的功能。一旦言语者完成一个以言行事的行为,并且遇到了作为他者自我的第二人称,表达便与言语者联系了起来。在这种面对第二人称的立场中,言语者只有通过接受他者的视角,并把自己看作是对方的他我,看作是一个第二人称的第二人称,他才能真正与作为言语者的自我建
229 立起联系。因此,"自我"的完成行为式意义就是米德所谓的我的所有言语行为都必须能够拥有的"客我"。

米德坚持认为,对于每一种自我关系(包括认识的自我关系)而言,第二人称关系都是不可避免的,也是基本的。但是,随着不同交往模式的形成(和言语的以言行事命题的双重结构一样,米德对这些交往模式也没有作深入的研究)。[3] 认识的自我

---

① 斯特劳森:《个体》(Individuals),London,1959。

② 图根哈特:《自我意识和自我决定》。

③ 哈贝马斯:《何谓普遍语用学?》(Was heiβt Universalpragmatik?),载:《交往行为理论的补充与论证》。

关系被限制在表现式言语行为上，而严格意义上的实践的自我关系则与表现式言语行为分离了开来。正是在“客我”的意义上，完成行为式命题的主语表达的意义同样也明确表现了出来；米德从社会心理学的角度把客我理解为具有言语和行为能力的人的“认同”。

实践的自我关系中的自我通过它的要求从他我那里得到认可来确定自己。但是，目的在于主体间性承认的这些认同要求不能与行为者用言语行为所提出的有效性要求混淆起来。因为接受者拒绝一种言语行为要求的“否定立场”，所涉及到的是具体表达的有效性，而不是言语者的认同。如果言语者事先没有**假定**，接受者会严肃地把他当作一个可以用有效性要求来检验其行为的人，那他就别指望接受者会接受他的言语行为。不论何时，只要一方期望另一方对他的言语行为要求采取“肯定”或“否定”的立场，那么，一方就必然已经承认另一方是能够负责的行为者。因此，在交往行为中，每个人都能在他人身上认识到自己的自律。

但是，第一人称代词的完成行为式用法不仅包括作为自由意志的言语者的自我解释，而且也包括其作为个体的自我理解。230
根据言语者自己在社会关系网中不可替代的地位，“自我”的完成行为式意义表明了言语者的作用。[①]

规范语境确立了在特定的主体间性生活世界里被认为是合法的所有人际关系。一旦言语者与听众之间形成一种人际关系，他也就同时作为社会行为者与规范期待构成的网络发生了联系。但是，只要互动具有语言结构，完成社会角色就决不意味着纯粹的角色再生产。第一人称和第二人称之间互相交织的视

---

① 哈贝马斯：《交往行为理论》，第 2 卷，第 59—60 页。

角是可以交换的，但是，一个参与者只能以第一人称来接受另一个参与者的视角；也就是说，他从来都不是代表，而始终都是单独的个人（in propria persona）。因此，交往行为者受到语言主体间性的纯粹结构的支持而坚持自己，即便是在符合规范的行为中也是如此。在规范指导的行为中，自我实现的直觉要求原则上是不可剥夺的，任何人都不会放弃这种直觉要求。正是由于这个原因，米德才不厌其烦地强调不可预见性和自发性的因素在行为者互动过程中的作用。语言媒介本身就说明了以语言为中介的社会化过程的个体化效果。它属于人称代词的应用逻辑，尤其属于使自己面对第二人称的言语者的视角，这个言语者不可能真正放弃自己的不可替代性，不可能隐身成为无名的第三人称，他必须要求承认他自己是个体存在。

从形式语用学所作的这些简短的考察证明了米德通过另一种途径所得出的结论，米德的结论与我们对概念史的追述也是
231 一致的。作为行为者，言语者要求承认他既是自律意志，也是个体存在。这是交往行为的普遍前提，也是交往行为必需的前提。自我能够通过他人对这种认同的承认来确证自己，它表现为从完成行为式的角度运用第一人称代词的意义。这种意义具有两个方面，即自我决定和自我认识，它要么清晰地表达出来，要么含蓄地表达出来，也就是说被中立化了，它的具体表现形式取决于行为语境和其他的语境。交往行为的普遍语用学前提构成了语义的源泉，历史社会根据这种源泉以各自的方式创造并且应用了心灵观念和灵魂观念，人的概念和行为的概念，以及道德意识等等。

行为者被承认为合法主体的要求获得了**不同的**阐释，这取决于人们是根据传统的道德，还是宗教信念的伦理、自律的道德原则或完全世俗化的程序伦理学来加以解释。如同自律意志概

念一样，个体存在的概念也可以被彻底化。正如我们已经看到的，在我们的传统中，从十八世纪开始，完全个体化的存在观念才摆脱了其救世史的内涵。但是，在社会发展过程中，大多数人普遍倾向于从激进的角度理解自律和有意识的生活方式，并且让自己在交往行动中受这些直觉的指引；在这种社会发展的层面上，这种自我理解根据行动情景和行为系统的不同而发生变化。无论是在市场上、公司里或是与行政机关发生接触，只要这些社会关系多多少少被形式化，法律规范便没有了道德类型的责任；与此同时，来源不明和因袭刻板的行为模式几乎没有给个体的性格塑造留下什么空间。有些例外印证了这条规则，如在法定的违背人权案中的强制执行等。但是，只要人们能够援引 232
法律规范，相互要求承认自己的认同即便是在严格形式化的关系中也不会被完全中立化；在作为主体权利载体的**法人**概念中，这两个环节都被扬弃(aufgehoben)了。

在交往行动中，自我决定和自我实现这类假定保留了严格的主体间性意义：任何根据道德进行判断和行动的人，都必然期待在无限的交往共同体中得到认可；任何在被认真接受的生活历史中自我实现的人，都必然期待在无限的共同体中得到承认。如果我作为一个人格获得承认，那么，我的认同，即我的自我理解，无论是作为自律行动还是作为个体存在，才能稳定下来。在策略行为的条件下，自我决定和自我实现的自我摆脱了主体间性关系。策略行为者不再是从主体间性的生活世界中汲取源泉；他似乎不属于任何一个世界，他面对客观世界，并且只根据主观偏好的标准来进行抉择。他不依赖于他人的承认。自律因此转化成了选择的自由(Willkürfreiheit)，社会化主体的个体化则转化成掌握住自己的自由主体的孤立化。

米德是根据不断进步的个体化的观点来考察社会个体化

的:现代社会强加给个体抉择的重任,他们需要一种后传统的自我认同,并且也需要把行为者实践的自我理解激进化,这种实践的自我理解早就已经在以达成理解为目的的语言应用中被悄悄地设定了下来。但现实看起来却是另外一个样子。社会个体化的过程决不是一帆风顺的。复杂的过程伴随着混乱和矛盾的方面。但是,为了恰当地区分**这些**方面,我们必须根据米德从一开始就以不同的方法论态度所阐述的交往理论来解释传统社会学
233 的基本概念。[①]

10

社会学一般都从两个不同的角度来描述社会的现代化过程,即把社会现代化描述成社会系统的功能分化,或生活世界的非传统化。劳动、资本和商品市场控制着经济系统;公共行政机构具有官僚特征和垄断力量,主宰该系统的是权力。这两个系统的互补分化是现代社会渐渐分化成不同功能的亚系统这个发展线索的历史例证。另一方面,传统的生活世界的瓦解表现为宗教世界观、分为不同层次的统治秩序以及通过把各种功能结合起来而继续从总体上塑造社会的体制发生了解体。

从社会化的个体的角度来看,传统基础的丧失和从自然的依赖状态中获得的解放都是与此联系在一起的。当马克思从反讽的角度谈到"自由"雇佣劳动时,这种双重的意义在他那里就有了反应。具有典型意义的是,生产的雇佣劳动状况,与从生活

---

① 如同对认识成就的先验哲学研究一样,重构性的语言用法分析只能根据观察者的视角来进行。正如先验哲学家在自己与自己相联系的第一者的态度中完成了他的研究一样,米德在互动关系中在以第二者视角把自己与自己联系起来的参与者的态度中完成了他的语言语用学。

条件中获得解放(Freisetzung)这种模糊的体验相联系,生活条件既具有社会整合特征,也具有依赖特征,它们在发挥指导和保护作用的同时,又发挥偏袒和压迫的功能。这种多层次的经验复合体构成了社会学大师们所说的社会个体化的背景。他们强 234
调了与失去约束相关的收获,但他们没有现成的概念,能够使这种直觉从对社会事实的任意评价这种怀疑当中摆脱出来。米德用他从主体间性角度所阐释的“认同”概念,提供了一种在社会个体化的矛盾方面之间作出严格区别的手段。

如果我们不是简单地从目的理性抉择范围的扩大这个角度来解释,那么,在描述意义上,可以说社会化的主体处于不断个体化之中。这种阐释把社会现代化的个体化效果还原为用纽带交换扩大的选择机会。[①] 如果我们把传统生活世界的瓦解完全看作是社会分化的一种功能,那么,我们也就只能这样来描述有关当事人对于非传统化的模糊经验。系统理论提供了这样一幅图景;系统理论在生活世界当中看到了毫无保留地融合到功能发生分化的亚系统中的传统社会的基础和形态。功能系统把社会化的个体赶到了他们的“环境”当中,对它们所要求的只是发挥一种特殊功能。亚系统受它们自己的符码的控制,并且被反思封闭在它们自身之内,从这些亚系统的角度来看,社会化似乎表现为对个性系统的全面包容;个性系统在获得解放的同时也个别化了。

卢曼对帕森斯所说的“包容”作了如下解释:“所谓的包容现象,最初是随着古代欧洲历史上的等级社会的瓦解而出现的,古代欧洲的等级社会规定,每个人(更确切地说是每个家庭)都属

① 奥佛:《无选择权的乌托邦》(Die Utopie Null-Option),载:《论现代性》(Die Moderne),J. 伯格(编),《社会世界特辑》(Soziale Welt, Sonderheft),第 4 期,1986。

235 于一个阶层，而且只属于这个阶层。随着最初的功能分化，人们不得不放弃这种秩序。取代它的是对进入途径的调控，人作为个体生活在功能系统之外，但是，每一个体都必须获得进入所有功能系统的途径……每一功能系统都接纳所有的人，但所接纳的永远都只是在特定的情况下功能上相关的生活行为部分。”①贝克从相应的个体角度也描述了这一过程。这些个体被物化的亚系统拒斥在门外，但是，从特定的功能角度来看，他们同时又被融入物化的亚系统，被当作劳动者和消费者、纳税人和保险人、选民和义务受教育者等等。

对于个体来说，他们的生活世界的非传统化主要表现为多种生活情境和不同行为期待构成的、为人们所偶然体验到的分化，这种分化使他们背上了新的协作和整合的重任。在过去几代人那里，出生、家庭、配偶、职业和政治地位构成了特定的社会历史格局，基本上能够预先确定人生的模式；但过去曾经受到规范束缚的生活语境和生活规划正在日益消失。个体进行抉择的需要随着选择范围的扩大而日益增长。个体的出身背景对于他的人生是否具有成就不会再有什么决定作用：上什么样的学校，选择什么样的职业，拥有什么样的关系，何时结婚、生子、入党，是否会换妻子，换职业、城市乃至国家，等等。“在个体化的社会里，个体必须学会把自己当作是行动中心，当作是自己生活、能力以及伙伴关系等的规划部门。社会必须被个体当作将被创造的人生环境中的变量而被个体所掌握……这样，闯入某人生活
236 的社会决定因素就必须被当作环境变量，通过想像的尺度的衡

① 卢曼：《社会福利国家中的政治理论》(Politische Theorie im Wohlfahrtsstaat)，München，1981，第25—26页。

量来决定是被接受还是被抛弃。”①

因此，系统理论所提供的包容镜像是获得解放并且已经个别化的个体。他在面对多种选择机会的时候看到自己处于多种角色中；当然，他必须在他无法控制的系统条件下作出这些抉择。作为组织成员，作为系统成员，被包容的个体必须服从金钱和行政权力等控制媒介。这些媒介实施一种行为控制，一方面导致个性化，因为它依赖个体的选择偏向；另一方面又导致规范化，因为它只允许在事先已经给定的范围（如有或没有、命令或服从）内进行选择。另外，第一个抉择使个体陷入其他的依赖网络。但是，即便个体越来越成为“社会的再生产单位”，他的自由和个别化也不能等同于“成功的解放”：“自由的个体依赖于市场，并且因此而依赖于教育、消费、社会政策所提供的控制和补贴，依赖于交通规则、消费供给，依赖于医疗、心理和教育等方面的咨询和关照。”② 被包容的功能系统越来越多，但这并不意味着自律的增长，至多只是说明社会控制模式有所改变：“另一层的机关左右着个体，它与作为意识形式的个体支配相反，把个体转化为充满时髦、关系、事态和市场的玩物，它代替了传统的约束机制和社会形式（如社会阶级、小家庭）。”③ 237

根据这种解释，社会个体化与社会整合的转变是紧密相连的，过去，社会整合总是通过价值、规范以及诸如金钱和权力之类的控制媒介来完成的，这些东西都属于理性抉择的孤立行为者的偏好。谁如果以这种方式把传统生活世界的瓦解，仅仅理解为独立亚系统中被排斥的个体受到特殊功能的包容的反面，

---

① 贝克：《风险社会：迈向另一种现代性》（Risikogeseuschaft. Auf dem Weg in eine andere Moderne），Frankfurt am Main，1986，第 216 页。

② 同上，第 219 页。

③ 同上，第 211 页。

他就必然会得出如下结论:社会个体化只是个别化和单个化,而不是严格意义上的个体化。贝克清楚地觉察到了这种为传统社会学基本概念所忽视的意义。他无可奈何地指出:“许多人把个性与个体化联系起来,认为就是成人,就是独特性,就是解放。这样认为可能是对的,但也可能是错的。”① 贝克认为,同现成社会形式的分离以及传统确定性的丧失,亦即自由和醒悟,不仅能够为在其他地方突出社会化的个体提供动力,而且也能够为“一种新的社会整合”提供动力。②

这种新的社会整合必须被理解为个体**自己的成就**。正如米德指出的那样,传统的认同形式无法充分满足这一点。把自我当作在全面参与的可能性之间进行聪明而独断的选择的中心,也不能充分说明这一点。因为对于这个既自由又孤立的个体来说,除了自己的偏好之外,还没有其他范畴能够用来对不断增长的抉择需求进行合理的处理。而个人的偏好是受自我捍卫的自然命令控制的。被剥夺了所有规范因素,并且被还原为认识适应能力的自我机制尽管对受到媒介控制的亚系统的功能形成了一种补充,但它不可能取代理性化的生活世界赋予个体的社会
238 整合成就。只有后传统的自我认同才能满足这些要求,而这种自我认同只有随着个体化的不断推进才能出现。

贝克根据一种动力阐明了这种思考的经验内容,这种动力通过调动女性劳动力而影响了小家庭的社会化范围。贝克认为,统计数据表明,结婚率和出生率趋于下降,离婚率、独身、单亲家庭、配偶变换等则有增长的趋势,尽管社会阶层不同,上升或下降的趋势也有所差别,但这些趋势是妇女就业增加而引起

① 贝克:《风险社会》,第 207 页。

② 同上,第 206 页。

的问题以及根据劳动市场需求而解决这些问题的征兆:“其他棘手的问题与职业流动这个棘手问题是紧密联系在一起的:生育的时间、孩子的个数以及养育等;永远无法平均分配的家务劳动这个永久性的问题;避孕方法的‘片面性’;堕胎这个噩梦般的问题;性爱方式和频率的差异;当然还有敏感的视觉,它在人造黄油广告里都能觉察到性别歧视。”另外,这些矛盾的主题对于男人和女人的不同生活节奏具有不同的影响。贝克提供了一幅戏剧性的景象:“禁忌的解除和新技术的出现对家庭也产生了影响,它们把家庭当中一度拥有过的共同生活基础一点一点地分裂开来:妻子反对丈夫,母亲反对孩子,孩子反对父亲。传统的单元分裂成了它所要求的抉择。”①

不过,在日益增长的抉择的压力下,家庭中的生活世界是变得支离破碎呢,还是仍保持为生活世界(但需要转型),这个命题还悬而未决。如果我们仅仅从劳动市场和就业系统的角度,把非传统化过程当作“包容”的反面,那么,人们就可以预见,个体化生活情境的飘逝将不可避免地导致家庭成员一盘散沙,并且不可避免地要把社会整合关系转化为契约关系。于是,关于婚 239
姻和家庭的私法制度将转化为关于家庭关系的法律,这种法律不但透明,而且永远有效。这种趋势的终点就是家庭的彻底消亡:“单个人的存在形式并不是现代性道路上的特例。它是获得胜利的劳动市场社会的原型。对于社会纽带的否定是根据市场逻辑而实现的,它甚至在其进步的最后阶段就开始消解亲密关系的前提。”②

我们觉察到,这种系统理论的描述实际上是不成功的,当

① 贝克:《风险社会》,第192页。

② 同上,第200页。

然，也不是完全不成功。只有在病理学的边缘地带，它所描述的事态才没有被完全扭曲。它引起的误解并不具备道德特征，而是具有经验基础。它如果深入到生活世界的私人核心领域和公共核心领域，媒介控制的亚系统所要求的决策结构就无法实现其目的。这里，主体所承担的独立行为能力不是自己偏好所控制的理性选择，而是一些**其他**的东西；主体所必须承担的是一种道德的自我反思和存在的自我反思；如果不接受他者的视角，就不可能作出这种自我反思。只有接受了他者的视角，才能在个体当中形成一种新的社会整合。要想彼此承认对方是具有行为能力的自律主体，并且是永远能够对自己的生活历史负责的主体，参与者就必须自己创造其社会整合的生活方式。

贝克明确坚持这样的假设："就它们的谱系来说，发达工业资本主义社会中的人们所特有的生活世界的规范、价值取向和生活方式等并不是工业阶级形式的产物，而是前资本主义传统
240 和前工业社会传统的残余。"[①] 由此也就不难理解，为什么重构前现代社会整合形式的任务今天才强有力地降临到我们头上。从客观上讲，由于系统分化而已经开始很久的社会个体化是一种模糊现象，因此，一种涉及到其所有方面的描述也就变得更加重要了。只有在生活世界**理性化**的基础上，这种过程才意味着是社会化主体的个体化，也就是说，才不是简单地意味着自我反思所控制的个性系统自由化和单个化。米德揭示了自我的主体间性核心。利用这点，他就能够解释清楚为什么不预先改变交往结构，后传统的自我认同就不能形成的原因；但是，一旦交往结构的改变成为社会现实，它就不可能不触及到传统的社会整
241 合形式。

① 贝克：《风险社会》，第 136 页。

第九章　论哲学、科学与文学的关系

1

法学家如撒维尼、史学家如布克哈特、心理学家如弗洛伊德、哲学家如阿多诺等，他们同时也都是杰出的作家。德意志语言和诗歌协会每年都要颁发一次科学散文奖。无论康德或黑格尔，如果不是赋予他们所继承的传统专业语言一种新的形式，就无法把他们的思想准确地表达出来。相对于物理学而言，哲学以及一切人文科学所陈述的命题内涵甚至更加不能与陈述的修辞形式隔离开来。正如玛丽·黑塞所说，即便是理论也没有完全抛弃隐喻，因为新的理论模式、观点、问题等要由隐喻通过对日常语言前理解源泉的直观把握来揭示。没有语言革命，就不可能彻底改变传统的知识形式和科学习惯：这种关系大概无可争议。

弗洛伊德也是一位伟大的作家。我们这样认为，当然不是说他的科学天赋表现在他那优美散文的语言创造力当中。他能够发现新大陆，靠的不是无与伦比的写作才能，而是客观的临床观察、推理能力、感受力，以及在自我怀疑过程中所表现出来的大无畏精神、毅力、好奇心等，这是一个有创造力的科学家所具备的良好品德。把弗洛伊德的作品当作文学来读，没有人会觉得不合适。但问题是，它们难道仅仅是文学作品或者说首先是文学作品吗？不久前，我们的回答还很明确；然而现在反对的呼声越来越高。对真理问题的探讨果真是科学和文学之间传统界
242 限的充分标准？影响很大的解构主义对习以为常的分类提出了疑问。后期海德格尔还把思想家和诗人区别开来。但在他那里，阿那克西曼德的作品和荷尔德林、特拉克尔的作品没有什么两样。保罗·德·曼对卢梭和对普鲁斯特、里尔克的解读并无区别。德里达也没有把胡塞尔、索绪尔和阿尔托区别对待。以为用似乎是经典的理论和小说概念所固有的一些特征就可以对弗洛伊德和乔伊斯的作品加以归类，难道不是异想天开吗？

我们的报纸和文化期刊至今还把专业书籍和文学作品区分得泾渭分明，不同的栏目也是条分缕析：先是虚构作品，接下来是对真理的探讨；前面是诗人和作家的创作，后面则是哲学家和科学家的作品（只要他们兴趣一致）。《法兰克福汇报》在文学副刊的头版刊登哲学家的著作，而且不是他们所拿手的精神史研究著作，而是随笔性质的沉思和札记，这样做的确是一次大胆的挑战。评论家稍作谦逊之后便开始对这场挑战做出解释："将来我们说到国内杰出作家时，不可能不提到布卢门伯格的名字。他的创作集杂文、笔记、哲学叙事于一体，一言以蔽之，他所创作的是绵延不绝的世界历史幻灭的故事。其中最精彩的部分足以与博尔赫斯的讽刺散文媲美。"[①] 我所感兴趣的不是这些美言褒语[②]，而是对文类壁垒的消除。封面上的短评已经提醒说：作

---

① 希尔马赫：《最后的词语面前的笑：论汉斯·布卢门伯格〈无尽的忧〉》（Das Lachen vor letzten Worten. Hans Blumenberg'Die Sorge geht über den Fluss'），载：《法兰克福汇报》，1987 年 11 月 17 日。

② 施拉夫：《再忧的理由》（Ein Grund mehr zur Surge），载：《水星》，1988 年 3 月，第 328 页及下两页。

者对“他们作品归类的不确定性毫无疑义”。

Tempora mutantur(时代在变)。大约三十年前,阿多诺发表了《最低限度的道德》(Minima Moralia)一书,当时,无论作者或读者都没有遇到文类问题。这位杰出的哲学家同时也是一位 243
了不起的作家,他所发表的格言和沉思录,在当时不会妨碍评论家认为应当把他的这部格言集当作他的主要哲学著作来阅读;因为没有人会怀疑,任何一条短小精悍的片断都能把整个理论体系显示出来。那么,这里涉及到的是风马牛不相及的两回事,还仅仅是对同一件事情的不同理解呢?

2

把哲学和科学同文学之间的文类差别消除掉,表明哲学讨论对文学有了新的理解;而哲学讨论是在从意识哲学向语言哲学转向,亦即语言学转向这样一个背景下展开的。语言学转向把主体哲学的遗产清除得一干二净,其方法十分粗暴。只有把诸如自我意识、自我决定和自我实现等内容从哲学基本概念中彻底驱逐出去,语言才能获得独立(从而取代主体性),成为具有划时代意义的存在秩序,成为令人眼花缭乱的能指和相互之间充满竞争和排挤的话语。如此看来,字面意义和隐喻意义、逻辑学和修辞学、严肃话语和虚构话语等相互之间的界限,被(思想家和诗人共同掀起的)普遍的文本运动大潮给冲刷得干干净净。这一思想大概可以追溯到早期海德格尔、结构主义和晚期海德格尔。

主体在自我认识过程中自我关涉,把自己当作对象,因而未能使自己成为具有原始创造力的主体性,于是,主体便陷入了一个怪圈。早在费希特那里,这就已经引起了注意。海德格尔在

《存在与时间》里通过对在世界中的存在的分析打破了这个怪圈。在他看来，理论思维或对象化思维是原始实践世界观的派生样态；后来他又解释说，客观主义倾向和坚持捍卫自我的主体
244 性遥相呼应。体现和支配着事物的思想在笛卡尔和尼采之间的现代形而上学历史上占有一席之地。这种批判可以说是马克思和韦伯的唯物论物化批判的唯心论对应物。所有打破意识哲学以主体为中心的基本思想概念束缚的尝试，都有利于促使向语言范式转变；而这种转变本来是在分析哲学领域内完成的，根本不关工具理性批判的事。但是，由此奠定下来的语言概念却形成了不同的发展方向；关键要看，它们对从康德到黑格尔所阐明的理性概念只是简简单单地加以转化，还是多多少少彻底地予以摒弃。

交往理论趋向始于洪堡，把语言理解模式当作出发点，并揭示出了自我意识、自我决定、自我实现等的“自我”身上所具备的相互渗透的视角和相互承认的结构，从而克服了主体哲学。认识上的自我关涉和实践上的自我关涉将被彻底解构，于是，传统的反思哲学概念变成了主体间的认识、自由交往以及社会化个体等概念。

结构主义趋向始于索绪尔，出发点是语言规则系统。它把具有语言和行为能力，并处于语言实践当中的主体活动归结为语法的基本结构和生成法则，以此来克服主体哲学。这样，主体性就失去了其创造世界的原始力量。列维-斯特劳斯把这一趋向扩展到了人类学，他想把野性思维当作镜子，来透视主体哲学，认为主体哲学是对现代社会充满幻想的自我理解的概括。然而，这种解构无论如何也没有涉及到从事观察的科学家本人，
245 其人种学眼光直逼他所信赖的现象，并坚持把他们看作是处于无意识状态的精神活动的无名结果。

后结构主义思想家放弃了这种科学主义的自我理解，以及它所坚持的现代理性概念中的最后一个环节。他们追随晚期海德格尔，把作为真理事件的语言模式当作出发点，为此，他们认为现代的世界阐释是一种具有划时代意义，同时使得内部世界的发生得以先决和可能的话语事件。当然，德里达认为，这是一种形而上学历史范围内的事件；福柯则指出这是一种出现在不断变化的权力和知识结构中的事件。晚期海德格尔把语言设想为自发存在的家园，这样，他就使得各个层次上的存在观都和本源存在保持一种超验的联系。福柯甚至把历史哲学最后所剩下的与真理的脆弱关系也一扫而光。所有的有效性要求都会产生话语意义。同时，它们也将彻底深入到永远都是自发的话语当中——听任它们相互制约的“冒险游戏”(Hazardspiel)摆布。这种观念要求“牺牲知识的主体”，用谱系学取代科学。谱系学“探究的是我们的本源，我们所讲的语言以及控制我们的法律，以便揭示出打着自我的幌子禁止一切同一性的异质系统”。①

先验主体性瓦解之后，分析的矛头便指向了使各个世界走出自身并相互勾结的无名的语言事件，在整个存在历史上和一切内在世界实践中，语言事件都先天存在，甚至穿越自我、作者及其作品的宽松界限，渗透到了万事万物之中。这样一种分析
“导致了自我的消解，从而使成千上万失去的事件在一场空洞的 246
综合中充斥世界”。② 对福柯、德里达以及后结构主义者来说，这点毫无疑问：“哲学主体性的消解，及其在使之失效的语言中的播散，和在因其缺席而产生的空间中的多样化，大概是当代思

① 福柯：《尼采、谱系学和历史学》(Nietzsche, die Genealogie, die Historie)，载：《论知识的颠覆》(Von der Subversion des Wissens)，München，1974年，第107页。

② 同上，第89页。

想的一个基本结构。”① 结构主义之后，这一思潮使得先验主体性消失得无影无踪，致使语言交往自身内部的世界关联、言语视角和有效性要求等组成的系统也随之从人们的视野中消失。可是一旦没有了这种关联系统，现实层面之间的区别、虚构与真实、日常实践与超验经验、相应的文本和文类等相互之间的区别也就无从谈起，当然也毫无意义。存在的家园被卷进了漫无目的的语言大潮的漩涡之中。

这种彻底的语境主义把希望寄托在变化不定、只能以流动的样态存在的语言身上，结果是内在世界的一切运动都源于这种流动。这一概念在哲学讨论当中得到的支持很微弱；它依靠的主要是审美经验，具体地说，是来自文学和文学理论领域的证据。

3

依塔洛·卡尔维诺既是一个富有想像力的叙事能手，也是一位知识渊博的分析学家，他参与的主要是法国的讨论，他从一个作者的角度对“文学中的现实层面”这个题目进行探讨。他写到：“我写荷马讲到奥德赛说：我偷听到了女妖的歌声。”他分析了作者所创造的不同的现实层面，为此，他：(a)对他的写作活动
247 进行反思；(b)虚构出另一位叙事者；(c)小说中所出现的人物的
体验；(d)讲述其体验内容。(b)到(d)层面就是作品中的现实层面，亦即虚构的现实层面。对这个区域来讲，文本并不要求某个历史叙述、文献记录或证词确凿可信，相反，它“要求文学文本在阅读过程中特别可信，因而这是一种括号中的可信性，就读者而

① 福柯：《尼采、谱系学和历史学》，前言，第 44 页。

言，它就是科勒律治所说的‘把不信悬搁起来’的态度”[1]。这表明，一部文学文本并不要求如实记录世界上的某个事件；尽管如此，它还是用想像事件来一步一步地把读者吸引住，直到他把所叙述的事件当真而欲罢不能。即使是虚拟的现实，读者也应该能够当作真正的现实加以体验——否则，一部小说就不能达到预期的效果。

由于文学文本就这样把虚构和现实之间的沟壑给填平了。因此，卡尔维诺感兴趣的问题是：如果一部文学文本同样也能把作为符号集合的现实自身与其周围的经验现实之间的沟壑给填平，也就是说把一切现实都吸纳进去，那么，这部文学文本是否可以加以反思。这样一来，它就把自己扩展成了一种网罗一切的整体性。不管如何，卡尔维诺的思考对于我们所讨论的问题的重要性在于这样一种语言现实观：在作品中，它居于绝对位置，并且囊括一切。

如果文本这样来总括虚拟的现实，那么，它首先就得对它所处的三种世界关联进行追补反思，它们是与作者生活和创作所处的世界之间的关联，虚构和现实之间的一般关系，以及与叙事中铺染开来的、起码看上去真实的现实之间的关联。文本与它自身之外的现实之间发生关系主要表现在三个地方，即它摆脱
作者思想的地方，它坚持虚构世界和现实世界之间有所差别的 248
地方，以及文本的可信性取决于读者的地方。读者把叙事内容和他所设想的文本之外的现实世界联系了起来。

(a)文本与作者之间的距离可以由文本克服。具体做法是把作者当作第一人称叙事者接受下来。按照上述例句的模式，

---

① 卡尔维诺：《控制论和幽灵》(Kybernetik und Gespenster)，München，1984年，第143页。

卡尔维诺针对一个著名的事件来表现“我写……”这个因素：“《福楼拜全集》的作者福楼拜把《包法利夫人》的作者福楼拜从自身中投射出去；《包法利夫人》的作者福楼拜又把爱玛这个鲁昂已婚中产阶级妇女的形象从自身中透射出去；而中产阶级妇女的形象又把她梦想要成为的爱玛·包法利从自身中透射出去。”① 文本和作者之间最终必须构成一个语义学的圆圈，用福楼拜的那句经典名言来说就是：“包法利夫人，就是我。”我们必须把作者看作是他自身作品系列中的独立变项：“塑造人物形象的自我在何种程度上的确是由这些人物形象塑造出来的？我们越过作家不同的自我层面越多，就越能清楚地认识到，很多这些层面并不属于作家个人，而是属于集体文化、历史时代或类的深层积淀。”卡尔维诺所得出的结论听上去和福柯或德里达的命题很相像：“链条的起点，即第一个真正的写作主体，看上去离我们越来越远，越来越淡漠，越来越模糊：或许，他是一个自我的幽灵，一个空洞的场所，一种缺席。”②

(b)文本不仅可以吞噬作者，也可以把虚构和现实之间在范围上的区别吞没得一干二净。具体做法是，在自身范围内把创造一个新世界的操作过程揭示得一清二楚。卡尔维诺根据例句
249 中第二因素“我写荷马讲到……”对此加以阐明。叙事者可以引进一个人物形象，对水火不容的世界相互之间发生的冲突加以体验和加工：“堂吉诃德这个形象使得两种对立的语言，甚至两个毫无共同之处的文学世界，即神奇的骑士小说和滑稽的流浪汉小说之间，有可能相互了解、相互接触。”③ 这样塞万提斯不

① 卡尔维诺：《控制论和幽灵》，第 149 页。

② 同上，第 150 页。

③ 同上，第 150 页及下两页。

仅开辟了一个新的维度，更是用一个处于两个文学世界交叉点上的人物形象的经历把堂吉诃德式的新的阅世方式完整地表现了出来。通过这个人物形象，文本在自我关涉中也表现了解释世界的操作过程，而正是这使得文本本身成为一部文学文本。

(c)卡尔维诺用例句的最后一部分“我偷听到女妖的歌声”来讨论彻底打通的可能性问题。文本和它的外在现实相遇之处同样在于它所虚构的叙事经历和叙事行为的对象关系；文本要想可信，其人物形象所关联的世界必须能被假定具有客观性。读者必须对所表现的内容认真。现在看来，在这点上卡尔维诺有些投机取巧，因为文本中出现了难以堵塞的漏洞。要想满足现实期待，文本就得控制和掌握住其读者在本体论上的期待视野。作者是他自己文本的同时代人，作为一个读者，他回过头来体验其作品的效果时则是另外一个样子，也就是说，他会从一个全然不同的语境去接近一部他很陌生的文本，而且没有一上来就和这部文本发生内在历史效果联系。对于这种敞开的侧面，卡尔维诺推想文本本身或许可以由其内在的自我反思加以保护——也就是说，文本通过自我反思，把自己当作由其各个部分所组成的整体：“女妖唱的是什么？可以假设，她们所唱的就是《奥德赛》。”①

但是这种对语义学内涵的反思是一种带有防守性质的反
应，它要求读者参与其中。至于文本如何才能获得所假定的叙 250
述事件的现实问题，只能通过文本与读者之间的联系加以解决。因为读者假定的现实决定着文本能否发挥作用，真正“把不信悬搁起来”。

(d)我还没有提到要把文本与读者之间的联系当作第四个

① 卡尔维诺：《控制论和幽灵》，第155页。

世界联系。卡尔维诺根据其例句的第三部分“奥德赛说……”来处理文本与读者之间的联系(当然不是十分清楚)。他指出了叙事框架原则,用以把虚构的读者或听众包容到叙述事件中去。但是,1348年,薄伽丘笔下因瘟疫从佛罗伦萨逃到优美庄园中去的男男女女们,是无法代表1888年某个德国读者或1988年某个日本读者的,当然这里不必考虑他们接近文本所依赖的得到公认的本体论前理解。卡尔维诺可以说是小心翼翼地结束了其出色的研究。作为文学理论家,他在研究上没有画蛇添足,从对多重虚构世界的反思中归纳出一种模式来,把语言提高到一种具有时间维度的本源力量的高度:“文学不了解具体现实,只知道各个(现实)层面。”——亦即书写的语词世界中所包括的虚构的现实层面,文学文本的“特殊可信性”就存在于它们当中。

作为作家的卡尔维诺则是另外一个样子。在他的一部小说中,他介绍了一位作家,他在他的日记中所阐述的恰恰是这种后结构主义的语言观念。他想沉湎到包罗万象而又刨根问底的无名的语言事件当中:“这位作家为了把外在事物表达出来,心甘情愿地把自我投身其中。在他面前摆着两条道路:不是写出一部能够包罗万象的杰作——因为其中穷尽了世间一切——就是写出所有的书,用它的局部图景去捕捉整体。”和理想的作家形象弗兰奈里一样,卡尔维诺也反对形而上学的第一性概念,而坚
251 持一种彻底的语言历史主义:“包罗万象的杰作只能是《圣经》,是《启示录》。但我不认为语言可以穷尽整体性。我的问题是外在的一切,未被书写或无法书写出来的一切。因此,我只有一条路可走,那就是去写所有的书,去写所有作者的书。”[1] 在这句

---

① 卡尔维诺:《寒冬夜行人》(Wenn ein Reisender in einer Winternacht), München,1986,第218页。

话出自其中的小说中，卡尔维诺开始了他的文学尝试，即通过文学自身的读者来把握文学。他想在文学实践中把虚构和现实之间的界限揭示为表象，为一种文本自身所制造出来的差异——并把这部文本(同其他文本一样)看作是一般文本或原始文本的片段，一般文本或原始文本没有界限，因为一切可能存在的界限，如时间和空间维度，都是从它内部产生出来的。

4

《寒冬夜行人》这部小说由十部小说的开头组成。它们处于同一个叙事框架中，所描述的是一个男性读者和一个女性读者力求把片段继续下去或寻找失落本源的故事。第七部小说开头的叙事者的元反思反过来又被很艺术地插入这部小说中，借这位叙事者之口，卡尔维诺在理想作者与理想读者的对话当中所表达出的是他在建构这部多重自我关涉的文本过程中的主导意图。这里首先出现的是表层动机。厌倦的读者难道不是在读完前三十页后就觉得无聊，从而中断阅读？更糟糕的是：作者本身在几页之后难道不是已经感觉到该说的一切都已说完？一部让读者去追随其他十部小说的小说难道不会减少越来越汹涌的书流的复杂性？更加值得严肃对待的是后一个动机：训练读者的愿望。这种训练一般只能使他把小说继续下去。卡尔维诺让他的读者连续十次跨越日常生活与陌生的虚构世界之间的界限，并且同样频繁地从一种幻想的紧张高度把读者解脱出来，这种幻想后来也就不再是幻想；卡尔维诺连续十次粗暴地打消他的 252
读者在日常实践中把隐蔽的故事继续下去这样一个犹未得到满足的愿望，弗兰奈里写道：“我感觉到开头很兴奋，这种开头可以有无穷无尽的发展可能，可以有许多不同的形态……在这么多的纯粹小说所组成的起始段落中出现的叙事魅力，在接下来的叙事中很快便消失了……但愿我能写出一本书，它只是一个开头，在它的整个发展过程中都能保持其最初的潜能……完全就像《一千零一夜》一样一个故事套着一个故事？”①

但要想深入其核心，必须作进一步的思考：“我想自我消解，替我的每一本书都创造出另一个自我、另一种声音、另一个名称来，让自我在毁灭中再生。我的目的是在书中描绘出一个模糊的世界，这个世界没有中心，也没有自我。”② 能够识别出来的作者的个性，可以落实到具体时空当中的作品的头尾同一性，书写下来的语词在其发生语境中的根源——个体化的这种表象对文学的真值，对一本“想充任未曾书写下来的世界的书写对应物”的书的真值构成障碍：“要不是我，我会写得多好！如果在白纸和从来没有人写过、有形而又无形的语词、语句和故事的迷障之间没有我的个性这堵墙在阻碍……如果只有一只手，一只被砍下来的手握管写作……可是，又有谁会来驱使这只手呢？无名的大众？时代精神？集体无意识？我不得而知……不，我如
253 此心甘情愿自我消解，不是想做不定事物的传声筒，而只想成为可以书写并且期待书写、可以叙述并且还没有得到叙述的一切的中间人。”③ 这种想去除一切主体性，而成为无个性的书写力量的渴望表明了以下两点内容，即揭示世界过程以及使我们用他者的眼光观察世界中的事件的语言革命的本真经验，和蒙上这种审美经验、把与超验事物之间的联系推向极端并占有日常生活的愿望。解决或者搁置世界中积累起来的所有问题，应当

① 卡尔维诺：《寒冬夜行人》，第 212 及下页。

② 同上，第 217 页。

③ 同上，第 205 页及下页。

被归结为这样一个简单的功能：打开不断更新的经验视界以及其他观察方式。只有自写自话的书的概念才能满足这样一种要求："我读，因而它写。"

卡尔维诺用语言艺术作品所具有的阐释世界的创造性把经验推向极端，使之成为一个语言概念，这和德里达的理论不谋而合。德里达的理论似乎表现为对神秘失踪的续篇的探求。这些综篇可以使传统的短篇完善起来，还给它们一种本真的形态和同一性——但这种形态和同一性它们从未拥有过，也永远不可能实现。被阅读的读者柳德米拉对每一部新小说都兴趣十足，专心致志，她徜徉在每一个新的世界当中，期待着新的世界能首尾一致。她无疑认识到了，作者的个性和作者的角色并无太多关系，书是自发形成的，是"像南瓜丛里结出南瓜一样"产生出来的。但他们对续篇的追求又使我们看到，这位理想的读者并没有认识到本真从未有过。只有其他者自我，足智多谋并且篡改所有手稿的译者玛拉纳知道这一点。玛拉纳梦想"参与谋划伪经"，而这一梦想揭示出了文学的真理。

玛拉纳苦心孤诣地反对这样一种观念，即认为"每一本书后面都有一个人确保充满幻象和虚构的世界具有真性，原因仅仅
是由于他……本身和这一语言形象认同"。他梦想"一种彻头彻 254
尾的伪经文学作品，完全由错误的指示、模仿、伪造和碎片构成"[①]。玛拉纳/德里达系统地制造出不确定的作品、作者和发生语境的同一性。他注意到两部看起来完全相似的小说样本所代表的是两种完全不同的小说；顶着畅销作者弗兰奈里的名头流传开来的篡改作品和原作极其相似。他调换手稿，把作品和作者、语言和发生地点搅得乱七八糟。他对卡尔维诺想告诉其

---

① 卡尔维诺：《寒冬夜行人》，第 189 页。

读者的秘密了如指掌，这个秘密就是立场会不断地在书与书之间游移。卡尔维诺把探求好像消失了的书籍当作训练，用以揭示文学的真值：没有本源，只有踪迹；没有文本，只有解释；不存在和现实相对立的虚构世界。

虽然文本融解到了追寻伪经文本的事件中，但它只能存在于短暂的接受行为中。只有放到眼前进行阅读，书才有活力。接受者控制着生产。作家了解文学的真相，他不把自己当做作者，而努力依靠他的读者群："或许妇女在躺椅上知道他该写什么……不管怎样，妇女知道期待什么，知道我的语词应当填补什么样的空白。"他意识到有必要"什么都写，但应当始终想到必须根据她的阅读来写作"。[①]

上文是对卡尔维诺在元反思层面上通过评论赋予其小说的接受美学观念所作的阐述。这种理论靠的是一种审美经验，但又远远超出审美范围之外，它必须在审美实践中经受考验。在这点上，卡尔维诺比德里达要坚决。只有当他把一种用第二人称书写的小说的试验坚持下去的时候，卡尔维诺才能证明小说与读者的联系不一定要在文本自身之外。理论要求在实践中加
255 以证明，文学文本被它的读者在一定程度上接受时，它由于不同于日常生活而建立起来的同一性便消失了——这样文学的普遍性要求才能得到兑现。试验一旦获得成功，也就不再会从严格意义上去谈论某种理论。我先前所说的理论，接下来也就表现为文学的一部分，它同样也出现在小说中。文学和文学理论之间也就彼此同一起来了。

---

① 卡尔维诺：《寒冬夜行人》，第 206 页及下页。

5

第二人称小说使读者参与其中，飘荡在虚构世界和他所处的现实世界之间，他既在其内又在其外：在其内，作为众多虚构人物之一；同时又在其外，因为阅读到的读者形象引起了真实读者的注意，并立刻到书外去寻找一个所指。由于小说和它的读者建立起了联系，因此，它打破了虚构的界限，过程很杂乱，但凭借的还是小说手段。

小说的界限是以它与"读者"遭遇的开端和结束为标记的。卡尔维诺在他的小说中补充了这种状态。《寒冬夜行人》这部小说的开头是读者在书店里买到了一本崭新的卡尔维诺小说《寒冬夜行人》，并立刻埋头读了起来，从字面上来讲，阅读直到书的最后一句话和最后一页才结束。这样，卡尔维诺和他的读者建立起了双重联系。他所叙述的是一位（男性）读者同一位女性读者相遇，并和她一起历险（寻找丢失的书），以及在此期间两人堕入爱河直到同床共枕、结为连理的故事。就此而言，这两个读者所承担的都是常规的小说形象，作者对于他们的生活没有一定的限制。一旦涉及到作为第二人称的现实读者，这种自主性起码在语法上受到了限制，因为现实读者必须有所回应。读者与 256
作者之间的这层关系经过三重折射，读者的自律性也随之增长。

首先，和这些有所侧重的小说开头里的第一人称叙事者认同的作者会拉着读者的手，神不知鬼不觉地把他引入其虚构的世界。正在阅读的读者的世界同通过阅读开始向他敞开的世界超现实地相互渗透，形成了一个网络，确保熟悉和领会的过程能够进入第二层的虚构事件。小说中的第一部小说开头写道："小说发生在一个火车站上，一辆机车呼啸而过，煤雾笼罩着本章的开头，烟遮蔽了第一段的一部分。有个人透过朦朦胧胧的车窗在张望，他打开咖啡屋的玻璃门……”与此同时，被阅读的读者和真实的读者的耳边响起了作者的声音：“作为作者，你的注意力现在完全集中在女人身上，多少页里，你一直在围着她转，我也在围着她转，不，是作者在围着这个女性形象转……”

接着，作者在反思层面上把读者与小说本身之间富有艺术性的结构关系透露给了读者。比如作者所指出的柳德米拉，“这位”读者遇上了她，并且心心相印：“读者，你怎么样？是时候了，这本第二人称的书不能再靠一个不确定的男性你了，一个有可能作为虚伪的我的兄弟和翻版的你，也应当直接求助于你，第三章以来，你作为第三人称必不可少，必须出现……这样在男性第二人称和女性第三人称之间就会发生点什么。”[①] 接受者所处的层面必须充满活力，这样小说中出现的那个孤独的读者才不会永远都只是作者的影子。

当然，(男性)读者和(女性)读者只有在第三个反思层面上才能获得自律，对对方的反思加以“肯定”或“否定”，进而亮明自
257 己的观点。值得注意的是，当他们面对不是作为第二人称，而是作为作家弗兰奈里(卡尔维诺另一个抽象的自我)日记中的第三人称的作者卡尔维诺时，他们变得自律了。有意思的是，(男性)读者和(女性)读者并不把这种独立性归功于他们在这个地方所承担的语法角色，即具有三重结构的小说形象，而是归功于他们作为某个作家的对话伙伴的社会角色。作家把他们带入一种论证，一种几乎可以说是具有文学史意义的讨论当中。所以，卡尔维诺实现了其目的，即把读者纳入到文学文本当中，而且不用文学手段，只需动员他的真正读者暂时忘掉小说世界，认真对待虚

① 卡尔维诺：《寒冬夜行人》，第 168 页。

构的人物形象所提出的证据本身。卡尔维诺已经成功地做到了这一点。他必须抛开小说的法则，以便把属于周围世界的一切，亦即某个读者可能有的反应补充到小说里去。因为只有参与论证的读者，即卡尔维诺所设想的读者，才会变成任意一个读者。

绝顶聪明的卡尔维诺当然看到了关键之所在。文本中塑造的读者一方面得是一个抽象的替身，他把他所处的位置向任何一个读者敞开。因此，“这个”读者是无名的。我们应当想一想，他作为一个人是不是太专业、太狭窄，或者说，受购得卡尔维诺最新小说的“崭新”样本这个情节、都市环境、职业等的限制，他的认同是不是太具体了。另一方面，“这个”读者又必须具备一些特殊的品格，不顾一切清规戒律，从他的无名状态下走出来，因为作为小说形象，他不可能不卷入故事。卡尔维诺希望能解决这个问题，具体方法是把语法分工使命同时也赋予一个读者形象，这个形象分为一个无名的男性伙伴和一个具体的女性伙伴。在第一六九页，作者让“这个”女性读者了解到：“迄今为止，这本书考虑到的一直都是那些阅读它，并且有可能和其中被阅
读的读者认同的读者。所以，他没有什么名称，自然地把他和小 258
说中某个第三人称的人物形象等同起来（但是，第三人称的你必须具有一定的名称，即柳德米拉），相反，他被有意识地保持在一个代词的状态下，受一切定语和行为支配。我们不妨看一看该书是否成功地塑造了一个你（女性读者）的真实形象，并且开始使用这种框架，把你放到整本书当中，确定出你的形象轮廓。”

善于编故事的卡尔维诺成功地做到了这一点。他把张力之箭对准另一个方向（并让这支断箭在空中飘着），光彩熠熠，但他付出的代价是必须一步一步地把吸引在柳德米拉周围的虚构读者的无名性给剥夺掉。小说在接受者的层面上将越来越两极化。一极是情节的动力，它使得抽象的读者“你”越来越个体化，

使单称“你”所占据的空位越来越有血有肉，第二人称代词不断地靠近个体名称；另一极是“这个”读者的防御努力，他试图在具体生活面前坚持其语法虚构，尽可能地淡化或搁置对柳德米拉(和她在一起的第一个晚上，他就决定娶她)的爱，最后在回应发生在另一个层面上的相对行为时亮出自己的爱，这点已经遭到质疑。(卡尔维诺的)这部小说并没有超出小说的范围。

自我超越的虚构受制于虚构法则。卡尔维诺想用这部小说说明的内容，必须在小说当中表现出来：小说向生活的过渡以及把阅读当作对生活的筹划。卡尔维诺所描写的柳德米拉这个人物形象，她一生都沉醉在阅读当中。他写到了书写出来的话语控制生活的权力，为此，他用姐姐这个对立形象来映衬柳德米拉。柳德米拉的姐姐未能经受住文本事件的巨大诱惑。罗塔里娅这个六十八岁高龄的女人带有后现代性格，具有反讽味道。她认为文学就是浪费时间，她追随时代潮流不遗余力，甚至还想
259 处理一些“问题”。但她最终也被自己频繁使用的语词诡计和过分的能指抛到了后头。即便伊尔纳里奥这位真正的非读者也没能走出书中的世界；他把柳德米拉的书变成混凝纸，而用混凝纸做成的雕塑又落到了艺术批评家手里，用来制作艺术目录。“这个”读者受到了启发：“你集中精力阅读，试图把柳德米拉的思想移植到书中，你好像指望她会从字里行间走出来与你会面。”①

总之，卡尔维诺所写的这个故事，其场景从字面上讲反映在这部书的世界里面——反映在书店和出版社、文学讨论课和作家的工作间、书架和婚床等里面，这些东西都是夜里读到的。但最终这个世界还是作者一手导演出来的，它由上往下俯视这个读者及其女性读者，这个作为第二人称出现的女性读者始终都

① 卡尔维诺：《寒冬夜行人》，第167页。

是第三人称形象。作者的主权没有谁能阻挡得了:“男性读者和女性读者现在成了丈夫和妻子。一张双人床供你们一同阅读。”柳德米拉把她的书合上,问她的读者:“你也读完了。你就不觉得累吗?”我手里的这本书的最后一页没有再标明页码。难道试图抹去一个世界向另一个世界过渡的痕迹的努力最终没有成功?

6

他同时也指出,柳德米拉可以进入日常生活。和超常事物的关系只是暂时的,既不能永恒化,也不能整体化。文学文本和日常生活之间一直都有个界限,对文学文本的审美经验也不能证明作为一种一般文本事件的语言概念。这种一般的文本事件抹平了虚构和现实之间的差异,控制着整个内心世界。那么,文学所指明但却无法获得的,究竟是什么呢?在何种意义上日常生活对文学构成了限制? 260

言语行为在文学文本中失去的力量,在日常交往实践中保持了下来。在日常交往实践中,言语行为的活动领域是行为的具体语境,其中,参与者必须熟悉所处环境,并且——或许有些愚蠢——要处理一些问题;在文学文本中,言语行为的目的是让人接受,接受又使读者从行为中解脱出来:他所遇到的环境以及他所面临的问题,和他都没有切身关系。文学并不要求读者采取日常交往所要求于行为者的那种立场。虽然两者都卷进了历史当中,但方式不同。我们要想阐明这种差异性,只有从意义和有效性的关系着手。

日常生活中的应用文所要求的陈述的真实性、规范的正确性、表达的真诚性以及价值的优先性,既针对言语者,也针对接受者；相反，文学文本中所出现的有效性要求尽管具有同样的约束力，但它仅适用于文本中的人物形象，而不针对作者和读者。有效性的转换在文本的临界点上中断了，不会通过交往关系一直延续到读者那里。从这个意义上讲，文学言语行为不具备以言表意力量。陈述内容的意义和价值之间的内在联系，只对小说的人物形象、第三人称以及转变成第三人称的第二人称人物形象有效，对于真正的读者则没有什么价值。

这种内在联系和读者脱离了关系，使得读者无法向文本提出具体的问题，比如卡尔维诺让小说中译者玛拉纳这个人物形象制造出弗兰奈里小说的日译本，同时又悄悄地告诉读者这些译本是伪造的。读者知道，作者所说的“假装的弗兰奈里”真是假的。读者不可能“限制作者的职能”。什么有效，什么无效，只有作者能决定得了；只有作者能够明确声称：“说到底，除了伪造
261 之外，没有什么是真的。”① 一旦作者允许读者自行判断弗兰奈里对柳德米拉所说的一切以及柳德米拉回答弗兰奈里的内容是否属实，那么，他就放弃了一个文学作者的独立地位——结果他所创作出来的便是另一种文本。读者对文本的内在有效性要求所持的立场和日常的“外在”立场没有什么两样，他透过文本看本质——因而打破了虚构。

读者对待哲学文本和科学文本所持的就是这样一种态度。这些文本要求他对文本的内在有效性要求进行批判。和审美批判一样，他的批判针对的不是文本和文本所完成的解释世界行为，而是文本中关于世界中的事物的表达。理论文本在一定意义上也不受行为的约束，但和文学文本不同的是，它们远离日常实践，在它们的临界点上不对有效性加以转化，不让读者放弃作

① 卡尔维诺：《寒冬夜行人》，第 232 页。

为文本本身所提出的有效性要求的接受者的角色。

哲学和科学的作者放弃了文学作者的独立地位，而文学作者为了这种独立地位付出了另一种依附的代价。卡尔维诺所讨论的主题就是文学作者对语言的启蒙力量的依附性，而对于语言，文学作者并不能任意支配，他必须通过与超常事物的联系使自己沉浸在语言当中。科学作者也不能彻底摆脱这种依附性，哲学作者当然更不能了。阿多诺认为令人信服的格言是最恰当的表现形式，因为格言作为形式能够把阿多诺内心的知识理想表达出来；这是一种柏拉图式的思想，它在论证语言的媒介中无法表达出来，起码不能清楚地表达出来：知识事实上一定会冲破话语思想的牢笼，在纯粹的直观当中确定下来。[1] 布卢门伯格所爱好的轶事体形式表现为另一种文学样板，西美尔或许堪称典范，尼采当然不在其列。这里，文学形式和哲学信念之间也能切合起来：谁从语境主义的角度去理解理论在生活世界中的根 262
源，谁就会想用叙事的隐喻技巧来揭示真理。

但是，布卢门伯格的"哲学叙事"和沉思录也没有彻底消除文类之间的差别。它们并没有放弃对真理问题的探讨。文学文本相互之间可以不断地模仿，有选择地重复和评述；哲学文本则不然，它们只能相互批判。比如布卢门伯格对阿多诺的不点名批判："由于科学的结果无法再找到与之相应的前判断，因此，科学和谬误之间已失去了对立意义。这样，从事物当中解放出来的紧迫性也就没有了。对科学产生厌恶伴随着一种以科学为生者的'终极尝试'，他们想只补充进去对所有可能存在的学科以

---

① 施奈德巴赫：《辩证法作为理性批判》(Dialektik als Vernunftkritik)，载弗里德堡、哈贝马斯(编)：《阿多诺讨论集——1983》(Adorno—Konferenz 1983)，Frankfurt am Main，1983，第 66 页及下两页。

及整个科学进行'批判'这样一个修饰语就得到这样的印象,似乎人们还和一个越来越隐秘和阴险的对手有着联系。"① 我们翻一翻《最低限度的道德》,就会找到阿多诺对这一元批判所作的回答。

附言:半年后,在同一个地方讨论卡尔·克劳斯的评论家看出了这一点,警告人们注意错误地把科学和哲学文学化所导致的后果:"克劳斯从评论中听到的空谈现在已经渗透到了科学这一理性场所。哲学家和历史学家,甚至所有精神科学家,都相信
263 可以放弃论据,信口开河。"②

---

① 布卢门伯格:《无尽的忧》,第75页。

② 希尔马赫,《言词如何产生行为》(Wie Worte Taten gebären),载:《法兰克福汇报》文学副刊,1988年3月29日。

附　　录

第十章　书评：回归形而上学？

1981年，迪特·亨利希到慕尼黑大学哲学系执教，当时，他就声称要转型。真正的哲学家并不想满足于采取一些无力的措施，来挽救一种仅仅具有历史意义的传统。几十年来，他们应当采取接受的姿态，也就是说，他们必须学会去接受分析哲学："看起来，这个时代已经过去，近十年来，一直在酝酿的转型现在开始出现了。"结合慕尼黑这个地方——从晚年谢林以来，哲学在那里受到怀疑并不是由于它不断从事颠覆活动——来看，这位哲学家补充说道："哲学似乎有了一个崭新的开端，此时此刻，我能够被慕尼黑大学聘用，对此，我充满感激。"

联邦德国几乎再没有人像亨利希那样坚定不移地追随康德和黑格尔之间的思潮，也没有谁像他那样信心十足地致力于复兴这种尚未过时的古典思想。迄今为止，他在他的大作中阐明了自己的思想，如果他突然改变自己的思想风格，扯掉覆盖在激情表面上的克制，抛开方法上的矜持，甩掉一切犹豫和躲闪，为的只是要欢呼哲学新纪元的到来和彻底革新形而上学的要求，那么，我们就必须认真对待他的这一宏大抱负。① 尽管他的这一抱负可能是时代精神运动的产物，但是，亨利希的研究同纯粹

① 在亨利希《哲学专栏》(Philosophie-Kolumne，载：《水星》，第430期)一文中，这种意图表达得还比较含蓄；但任何一位作者都有权要求他的著作受到认真对待。

267 是在时代精神的笼罩下蔓延开来的其他趋势不可混为一谈。

赫尔伯特·施耐德巴赫曾经为剑桥大学出版社编撰过一部(黑格尔之后的)德国哲学史,在这本书中,施耐德巴赫对由于马克思、克尔凯郭尔、尼采和弗洛伊德等这样的行外大家而遭到遮蔽的学院哲学的主题进行了归纳。[①] 施耐德巴赫充分展示了他的博学多识,系统地整理了丰富的材料,并根据诸如历史、科学、理解、价值、存在等一些关键词,敏锐地把这些材料运用到重要的讨论语境中。比如,我们在其中讨论"科学"的那一章中就可以了解到,十九世纪中期,哲学的自我理解发生了怎样的变化,特别是在面对同样都被归入哲学系名下的自然科学和精神科学的时候,哲学的自我理解发生了怎样的变化。一直把整个世界当作自己目标的思想体系,第一次发现受到了以研究方法著称的经验科学的程序合理性的挑战,因而陷入了认同危机。施耐德巴赫区分了四种不同的哲学尝试,它们都不再信赖黑格尔的逻辑学以及百科全书。哲学不是变成专门从事哲学研究的哲学史,因而渐渐与精神科学同化,就是从实证主义的角度使得科学成为特权知识,因而以哲学唯物主义和科学理论的形式留存下来;或者与自身的传统明确划分界限,变成一种批判,而且主要是一种形而上学批判;最后一种模式,也就是第四种模式,则试图恢复哲学的古典要求。

这实际上是对哲学自我理解危机的所有反应的一种对策,试图恢复哲学的古典要求的做法早已有之。施耐德巴赫列举了几本书的名字:1907 年,卡尔·施图姆普夫预言了"哲学的复

① 施耐德巴赫:《1831—1933 年的德国哲学》(Philosophie in Deutschland, 1831—1933),Frankfurt am Main,1983。

活”;1921,凯勒提出要“复兴形而上学”,1925年,彼特·沃斯特
也说到过“形而上学的复兴”。1935年,尼古拉·哈特曼在其《本 268
体论的基础》一书中则预言了“形而上学的复活”。新的本体论转型是由第一代现象学家推动起来的,甚至包括晚年的李凯尔特。

但是,并非一切以“本体论”名义出现的东西都是这种复兴尝试的产物,过去如此,现在依然这样。赫克托-内里·伽斯特内达① 或沃尔夫冈·屈内② 所说的本体论,涉及到的是对决定我们世界观的一般语言结构的语义学解释。唐纳德·戴维森对这种维特根斯坦式的研究前提的解释简单明了:“在共同使用语言时……我们使用一种总体上必须属实的世界图景。我们在揭示出我们语言总体性的时候,必然也就揭示出了现实的总体性……因此,探讨形而上学的一个途径就在于研究我们语言的一般结构。”可是,“形而上学”在这里究竟还意味着什么呢?正如亨利希所说,语义学对我们根据语法对于一般现实的前理解所作出的解释,并不能满足根据“生活观念”对自我和世界的常规意义进行解释的要求。比如,乌尔苏拉·沃尔夫为她编撰的罗素以来论述专名的杰出文献所撰写的导言就是这样认为的。③ 沃尔夫的这篇导言论述有力,富有创见。在文中,她把克里普克根据洗礼——洗礼命名的历史传统——所阐释的专名理论与图根哈特论述单称名词的理论的基本思想联系了起来,进而得出一种本体论的论点,无法同任何一种名称概念协同起来。但是,

① 伽斯特内达:《语言与经验:新本体论论集》(Sprache und Erfahrung, Texte zu einer Ontologie),Frankfurt am Main,1982。

② 屈内:《抽象的对象:本体论与语义学》(Abstrakte Gegenstände, Ontologie und Semantik),Frankfurt am Main,1983。

③ 沃尔夫(编):《专名》(Eigennamen),Frankfurt am Main, 1985。

这样一种语义学解释与形而上学智慧学说之间距离是如此之
269 大，以至于亨利希看起来已不再想依据这样的著作。[1]

回归形而上学是沿着另外一条路子完成的。伽达默尔的杰出研究以及里德的带有强烈政治色彩的著作在一定程度上为回归形而上学运动创造了有利条件。这样一种充满解释学味道的新亚里士多德主义和新黑格尔主义思想走到了一起，因而停在了半途中：它宁愿促使人们产生补充现代思想的要求，也不愿自身去完成向形而上学思想和哲学经典的自我理解的转型。年轻的一代，如吕迪格·布伯纳，同样也是如此。他们深受伽达默尔的影响，都想对亚里士多德的行为概念或黑格尔的道德概念彻底加以修正。[2] 不难看到，里德的学生当中只有少数几位出色地转向了肯定的一面。里德的学生把从老师那里学来的东西向着完全不同的方向引申开来。尽管他们浸淫在时代精神当中，但他们还是同心协力，牢牢坚持里德的时代诊断，特别是里德关于现代社会需要加以均衡的观点。他们坚信，作为一个难免异化的社会的成员，我们所享受到的主体自由，必须扎根在维护力量的历史关系当中。由于现代性自身无法创造出对应的基础，来提供意义和发挥安慰作用，因此，它需要一种能够维护它的反向传统，这种反向传统对于民众来说是宗教，对于学者来讲则是形而上学。

围绕着这一信念，他们从哲学和政治的角度展开了争论。一方只想从功能主义的角度表明，旧事物中好的方面应当加以

① 作为语言分析的支持者和中坚分子，亨利希作出了巨大的贡献，以上所列举的书名都被收入了他所主编的丛书当中。

② 吕迪格·布伯纳：《历史进程与行为规范》(Geschichtsprozesse und Handlungsnormen)，Frankfurt am Main，1984。

发扬，因为它们还能发挥积极作用。另一方则对此表示怀疑，想悄悄地回到这样一个结论上来，即常规情况下根本没有充分的 270
形而上学。第三方认为前面两种观点工具色彩太浓；他们毫不犹豫地走上了第一哲学的康庄大道，来重新发掘存在者自身的客观意义。这里，我们不应当低估里德学派对于联邦德国政治文化的影响。这种类型的哲学家可不想仅仅满足于他的论据，而是想作为哲学专家对国家机制和教会机制承担起义务。作为宪法的智力捍卫者，他走遍全国，把他那些讨论民族精神-道德处境的宏篇巨制提交给政府机构，并为主教组织了一个智囊团，以协助克服危机。概而言之，长达十多年的反动使得黑格尔右派有力的时代诊断复兴了起来，成为一种惊人的新保守主义力量。这样的环境有助于人们期望复兴形而上学思想。然而，有利的环境并不能提供不同的论证结构。

多年来，罗伯特·施佩曼一直争取直接回归形而上学，他的努力最值得重视，成就也最大。① 但我还不想考察他是如何采用了康德的那道屏障，把我们走向任何一种客观神学的路子统统堵死。亨利希选择了一种截然不同的出发点；他不仅从现代意识立场出发，而且想捍卫这种意识立场。他的杰出分析总是透露出要把康德和黑格尔统一起来的意图。② 一种意识理论而非宇宙论应当恢复起柏拉图思想的普遍性。早在六十年代中期，这种理论的框架就在其讨论“费希特的自我”的研究中显示了出来。这项研究已经非常著名，他后来也把它加工成了一本专著。可是，由于与分析哲学之间存在着内在的联系，因此，加

① 罗伯特·施佩曼、莱因哈特·勒维：《追问：目的论思想的历史与再现》(Die Frage Wozu. Geschichte und Wiederentdeckung des teleologischen Denkens)，München，1981。

② 亨利希：《自我关系》(Selbstverhältnisse)，Stuttgart，1982。

271 工也就显得不那么系统。亨利希被这种典型的解释模式深深地吸引住了;一时间,他几乎认为,依靠分析手段,可能会使他自己的理论变得更加具有说服力。亨利希的哲学论文让人大为吃惊,他最终把这些论文收集起来,并且起了一个非常含糊的标题《逃避路线》,让人搞不清楚,这些论文究竟是要用来说明建构理论的视界,还是仅仅想用来勾画从越来越无法忍受的现代性中逃脱出去的路线。①

在这本书中,亨利希所使用的语言比较简单,有时甚至很直白。作者也是第一次直接在用自己的名义发言。他抛弃了他那渊博的历史知识以及分析知识。一种外在陈述足以说明问题,因为亨利希想要搞清楚的生活意义的范围,和早先各种伟大的宗教一样,无需教化作为前提,就可以"完全"获得生活意义。这种观点的核心内容还是意识哲学自我意识的基本结构。如果认知主体反观自身,那么,他在和自我遭遇的过程中就会处于双重地位:他既是世界中的一个人,也是面对整个世界的一个主体。他的存在具有双重意义,既在芸芸众生之中,又面对芸芸众生;他既是由单个事物有序构成的世界中的一个经验存在,同时又是一个能够建立同一性的主体性,世界以及世界中所出现的一切作为总体性和他保持着联系。

也就是说,"有意识的生活"有一个超越的根源,它超越了世界。作为主体,我们天生所依赖的就是这种真正具有双重意义的主体性生活;其目的在于把自身完全敞开,并以此来保持独立。亨利希的唯心论吸收了这样一种直觉:在有意识的生活中,
272 沉思的自我理解和世界理解同自律是并行不悖的。

① 亨利希:《逃避路线》。

由此看来，现代性是可以得到肯定的，而这种现代性从一开始就同时产生出了客观的自然知识和建立在自我意识上的自律。现代性在努力自我确证的过程中，沿着上述两条路线都出现了危险。由于以自然为目的的经验科学被提升为绝对的理性权威，因此，主体被迫从事物出发来理解自我。相反，一旦具有自我意识的主体在反思过程中面对自我，而且被推到极端，那么，自律的基础也就动摇了——这样，主体性也就只是纯粹自我捍卫这块沼泽地里喷出的气泡。亨利希认为，通过权力分配，可以祛除客观主义的自我物化和虚无主义的自我消解这双重危险。他把自然世界完全交给依靠程序的科学和探讨万物与个性存在的分析，一句话，即完全交给了研究。同时，他把哲学或思想列为有意识的生活在形而上学层面上所具有的天生自我启蒙的权利。辩证法思想应当包括已经被断定具有片面性的研究。思想没有被科学理性要求所迷惑，它牢牢地控制着本来就属于它的领地——有意识的存在的自我关系，这种有意识的存在既是人格，同时也是主体。由于哲学解释了这种自然的自我意识的基本关系，它同时也就深入到了生活意义的根源，并解答存在问题，即解答我是谁的问题。

谁如果跟着亨利希走到这一步，就必然会被下一步所吸引住，因为下一步是所有问题的关键。亨利希认为哲学究竟是怎样一种状况呢？是要学习柏拉图成为一种普遍理论，还是保持其作为澄清存在这样一种比较保守的角色？亨利希提出要“直接分析生活方式”。这就使我们想起了雅斯贝尔斯。不过，按照雅斯贝尔斯的理解，解释“包容者”(Umgreifenden)可是一种后形而上学的活动。雅斯贝尔斯也把哲学的自我理解同研究和客 273
观科学区别开来，但他的区别只是为了不让科学的理论要求超过哲学。对存在的澄明，要按照一种可能会出错但必须符合普遍有效性要求的知识标准进行——此外，这也是雅斯贝尔斯为何会同时被批判理性论“发现出来”的一个原因。[①] 亨利希所立足的问题结构和雅斯贝尔斯是一样的。但是，他给自己提出了相悖的任务，既要坚持现代意识结构，又要证明哲学论述是形而上学，是一种超越科学的理论形态。

形而上学的特点表现为：哲学思想既不是像科学那样可以证伪，也不是像仅仅以复数形式出现的现代生活意义那样呈现出多元特征。自我意识的理论声称具有一种特殊的实在性；因为它可以用一种表现在理论知识中的自由来证明自身。由于笛卡尔主义把认知者固定在生活历史当中，因此，和昔日的宗教一样，哲学也只是一种学说——亨利希在《逃避路线》中写道：“哲学作为学说必须被认真看待，并通过讲授而加以传承。”同时，哲学也确定了不同世界宗教的地位：“哲学在双重意义上是宗教的继承者：哲学取代了宗教，但同时，哲学也接受了宗教的动机，并且用它自己的方式满足了这些动机，数千年来，宗教使这种方式成为了最高的有意识的生活方式。”理论生活方式，作为生活方式王国中最高的一层，取代了宗教的拯救途径：“因为存在着一种源于合理关涉自我的行为，存在着一种保护共同体的行为，存在着一种服务于彻底有意识的生活的行为。”当然，自柏拉图以降，这种最终具有理论基础的生活方式一直为少数哲学家所持
274 有：“经典宗教所谓的信仰，对于思想来说即是理念生活。”

通过诸如此类源自形而上学的表述，亨利希提出了一种和“现代意识结构”格格不入的要求。谁如果试图用依靠传统学说形式并且可以不出错误的知识来对科学的证伪论加以补充，谁如果想从规范的角度描绘生活方式并把生活方式进行等级排

---

① 库尔特·撒拉蒙：《雅斯贝尔斯》(Karl Japers)，München，1985。

列，谁就会显得十分自信——肯定要比汉德克自信；汉德克当时正准备重新赋予诗歌预言的特质。汉德克和亨利希的姿态有近似的地方。即使小人物被他们吓住，也不必因此而否定他们的自信。我感到吃惊的倒还不是这种激进的姿态，而是他们的不寻常之处仅仅在于：他们的激进姿态和已经去魅的世界的前提无法协调起来。这并不意味着，我们不必冒非神话化彻底丧失曾经保存在神话当中的语义学潜能的危险。

面对尼采以来不断出现的批判，亨利希并没有努力去为从康德开始占据主导地位的意识哲学范式进行辩护。他所坚持的是自我意识的直觉经验，以及一种“现实的非话语的终极理由”。亨利希自己极力想阐明所谓费希特的真正洞见，即十分自信的主体性的能动性必须摆脱难免会使自己成为客体的主体的自我关系。面对这样一种两难境地，亨利希所坚持的东西也就很难付诸实现。根据认知主体自我对象化所遇到的两难境地，以及在经验和超验层面上的双重自我，福科在其《事物的秩序》引人
注目的最后一章中也对主体性展开了批判，福科的这一批判我 275
们完全可以称之为一种范式转型。

此外，亨利希用其主体哲学命题把自己进入在黑格尔那里就已经受到关注的客观精神领域的途径封锁了起来。和康德的理性建筑术一样，文化科学和社会科学在对外在自然的物理学研究和精神的先验自我启蒙之间无立足之地。具有符号结构并由语言建构起来的文化领域和社会领域要求研究和思想之间，对象化合理性与有意识的生活的合理性之间，存在一种中介。

再者，亨利希在哲学和科学之间进行了一种权力分配，这就迫使他断定分析哲学只是一种研究。这样，他就不仅剥夺了思想积极参与到语义学研究中去的可能性，而且也把语言分析命

题的广阔视野还原成很少几个经验立场(奎因,塞拉斯)。语言分析的主题相应地也就萎缩成笛卡尔式的精神-肉体-问题。

当然,亨利希根据分析唯物论也做了一些反向研究。可是,作为一种让人担忧的客观主义的先驱,这种哲学唯物论长期以来一直和一种有着特殊理由因而更加有效的系统功能论处于游离状态。

最后,证伪论深深地影响了现代思想,以至于把哲学和科学对立起来的尝试完全失去了其可信性。亨利希尽管还坚持认为哲学和科学之间有着一定的合理联系,但这种联系具体表现为,相对于思想,研究获得了高级知识的特征。这种多余的确切性不能再用自明性来加以论证。其他同事之所以赞同亨利希,只
276 是为了不让所有的基本观点都摆脱不了科学理论的证伪命运,因此,他们所做的论证努力并非无足轻重。[①]

亨利希运用充足的理由试图挽救的推理动机对哲学的命运实际上有着决定意义。但是,要想让人们信服,他必须通过科学或者依靠科学使这些动机付诸实现。仅仅认为在哲学上我们始终都是青年黑格尔派的同代人,这并不能起到任何作用。从青年黑格尔开始,哲学就努力改变自己的媒介;阿佩尔认为是一种"转型"。最能说明这种局势的是麦卡锡主编的文集的标题:《追寻哲学》。这本文集认真而概要地探讨了美国和欧洲的后形而上学思想的诸种命题:从戴维森到普特南和麦金太尔,从伽达默尔到利科和阿佩尔。[②]

亨利希给人这样一种印象,就是盲目依赖语境,来来回回不

① 关于阿佩尔的先验语用学,请参阅库尔曼:《反思的终极论证》(Reflexive Letztbegründung),Freiburg,1985。

② 巴恩斯、博曼、麦卡锡:《追寻哲学:终结还是转型》。

断变换范式,因而再也无法获得合理的意义——于是,他就从外部把理性嫁接到科学发展的文化过程当中。针对亨利希,普特南进入了这个领域,与奎因和罗蒂展开交锋,他依靠想像的而非现实的真理概念替科学理论中的普遍主义立场辩护。① 伯恩斯坦在他的那部值得注意的著作的第二部分进一步深入到了语境主义的前院。② 普特南和伯恩斯坦都抛开了主体哲学的基本概念。普特南认为真理就是合理的可接受性(或者是在理想语境下的论证),这个观点已经点明了一种主体间性的理论命题。伯 277
恩斯坦则从实用主义和语言解释学的基本前提出发,阐明了这个观点;他既立足于皮尔斯,也依靠伽达默尔。

语言理解范式同时也促成了最初对德里达、福科以及利奥塔等法国新结构主义哲学家的积极讨论,他们影响深远,在美国有罗蒂积极响应,在我们这里也受到了认真的对待。③ 维尔默和霍耐特从内部和法国沿着尼采路线的理性批判展开论争,而且是立足于霍克海默和阿多诺开辟的天地。维尔默从审美理论和历史哲学的角度展开论证,霍耐特则沿着社会理论的路数进行追问。④ 此外,从这两本书中我们还可以看到,德国哲学同样也能够提供充满文学才华的文本。

可是,随着意识向语言理解的范式转型,回归形而上学这样一个牵动着亨利希的问题并没有被明确下来。相反,托伊尼森

① 普特南:《理性,真理与历史》。

② 伯恩斯坦:《超越客观主义和相对主义》。

③ 罗蒂:《实用主义的后果》(Consequences of Pragmatism),1982;瓦尔登菲尔斯:《生活世界的网络》(In den Netzen der Lebenswelt),Frankfurt am Main,1985。

④ 维尔默:《论现代与后现代的辩证法》(Zur Dialektik der Moderne und Postmoderne),Frankfurt am Main,1985;霍耐特:《权力批判》(Kritik der Macht),Frankfurt am Main,1985。

最近的一些著作在这方面作出了有力的尝试,至少是抓住了绝
对者这个尖端环节,尽管他这次还是从主体间性概念出发——
托伊尼森在否定神学的废墟中可是经过了长期跋涉。[①] 在当时
一次极其轰动的报告中,托伊尼森从主体间性理论的角度灵活
运用了黑格尔的具体普遍性概念(当然没有使用语言分析手
段)。托伊尼森的分析十分详细,在他看来,具体普遍性概念可
以说是诊断时代的一把钥匙,能够解释清楚现实当中的逃避运
278 动。然而,一旦真理开始消解为合理的可接受性,托伊尼森就止
步不前了;他坚持这样一种形而上学:“如果我们仅仅想通过把
主体性扩展为主体间性来寻求真理,那么,真理就有陷入主体化
的危险。要求事物自身必须具有合理性,或者要求理性必须能
在事物自身当中被揭示出来,这样就防止了这种主体化的危
279 险。”[②]

① 托伊尼森:《阿多诺论否定性》(Negativität bei Adorno),载:《阿多诺讨论文集——1983》。

② 托伊尼森:《自我实现与普遍性》。

作者后记

《移动的现代视界》最早发表在 1987 年 12 月 6 日和 7 日的《新苏黎世报》上，后收入迈耶尔（M. Mayer）主编的《我们身居何处？》（Wo stehen wir?，München，1988 年，第 46 页及下两页）。《康德之后的形而上学》曾发表在克莱默（K. Cramer）主编的亨利希纪念文集《主体性理论》（Theorie der Subjektivität，Frankfut am Main，1987 年，第 425 页及下两页）。附录是一篇书评，它引发了我和亨利希的争论，看来，好朋友有时也会为一些实质性的不同而争得面红耳赤。

其余的文章都未曾正式发表过。《后形而上学思想的主题》是我在许多地方（Aarhus，Utrecht，Halle）做过的报告。《论行为、言语行为、以语言为中介的互动以及生活世界》一文的英文版本曾收入弗洛斯塔德（G. Fløistad）主编的文集《当代哲学问题》（Philosophical Problems to-day）中。《意义理论批判》是斯塔科维奇（H. Stachowiak）主编的语用学手册中的一篇。《论塞尔的〈意义，交往及表现〉》收在勒波尔主编的塞尔纪念文集中。《多元声音中的理性同一性》是我在吉森（Gieβen）举办的第十四界德国哲学大会上所做的讲演。我曾在 1988 年第十八界世界哲学大会(Brighton, England)上宣读过《个体化与社会化》中的部分内容。《论哲学、科学与文学的关系》是一次出位之思,考察的是文学理论问题,在此我要感谢姚斯的启发,当然,他对卡尔维诺有关小说的解读和我的完全不同,或许他比我理解得要更好一些。

哈贝马斯

人名索引

索引项后的数字指原书页码，查检时请按本书边码。

译者后记

二十世纪九十年代初,在导师乐黛云教授的要求和鼓励下,我开始阅读和翻译德国当代哲学家和社会理论家哈贝马斯教授的著作,进展可以说是十分缓慢,遇到了许许多多的问题和各种各样的困难。无奈之际,斗胆给哈贝马斯教授本人写信问学,记得他在给我回复的同时,还寄来了一本当时刚刚出版的著作,这就是《后形而上学思想》,并且强调说这本书浓缩了他的所有哲学思想,希望我好好阅读。事实上,后来也就是靠着这本书,我才慢慢地进入了哈贝马斯的思想体系。自己从中受益匪浅,自然希望能把此书翻译出来,介绍给汉语学界,以求能促进汉语学界对哈贝马斯思想的接受。

我历来不主张著译者利用撰写前言或后记的机会,对文本作过多的主观性解释,或是把读者强行拉到自己的思路上来,或是由于自己理解的不当而把读者引向迷途。既然已经把文本陈列了出来,就应当让读者自己去阅读和理解,相信每个人在读完原书后也都会有自己特有的领悟和独到的见解。

在这本书中,哈贝马斯与亨利希围绕着形而上学立场所展开的争论固然占据了核心位置,而且产生了深远的影响,但争论不是主要目的,起码不是哈贝马斯的主要目的。哈贝马斯的主要目的是想通过这场所谓的"形而上学之争",来集中表明他对英美语言哲学,特别是实用主义语用学(皮尔斯、塞尔以及米德等)的批判和借鉴,以便在逻辑学和语义学之间开辟出一条语用学的路子,从普遍语用学的角度为交往行为理论提供有力的证明,以便破除传统理性的意识哲学前提,把交往理性转移到语言哲学前提上去。

众所周知,语言哲学是二十世纪的一门显学,其专业术语比较杂多,也比较晦涩,一般难以用贴切的中文语词准确地传达出来。在翻译过程中,我参考了国内目前已经出版的一些西方语言哲学文献,绝大部分术语基本采用了约定俗成的译法,特殊情况下,我对个别术语作了必要的修正翻译。为了便于阅读和理解,我尽可能地把有关概念和术语的原文附录在后面。有些修正翻译未必准确贴切,希望能得到方家的批评和指教。

为了更好地完成任务,我特地邀请了专门研究英美文化诗学的付德根博士,和我共同翻译书中涉及英美语言哲学较多的三章。他认真的工作态度、深厚的语言功夫和知识修养,为本书的准确翻译和及时出版奠定了基础,在此谨向他表示感谢,希望我们将来能有更多更好的合作。为明确起见,请允许我把我们的具体分工详细列举如下:

前言 …………………………………………… 曹卫东译
移动的现代视界 ……………………………… 曹卫东译
康德之后的形而上学 ………………………… 曹卫东译
后形而上学思想的主题 ……………………… 曹卫东译
论行为、言语行为、以语言为中介的互动以及
　　生活世界 ………………………………… 曹卫东译
意义理论批判…………………………… 曹卫东、付德根译

论塞尔的《意义,交往及表现》…………………… 曹卫东译
多元声音中的理性同一性……………… 曹卫东、付德根译
个体化与社会化………………………… 曹卫东、付德根译
论哲学、科学与文学的关系……………………… 曹卫东译
书评:回归形而上学? ……………………………… 曹卫东译

译作出版之际,我要向哈贝马斯教授表示深深的谢意。在我留学德国期间,他不惮烦琐,有求必应、有问必答,不但及时提供专业上的指教,还帮助我进入德国当代学术思想的氛围。同时还要感谢苏尔坎普出版社的哈特博士,她的信任和帮助使我能够安心而从容地翻译哈贝马斯的著作。部分译稿曾分别刊登在《哲学译丛》和《学术思想评论》等杂志上,在此谨向帮助发表拙译的老师和朋友表示谢意。

没有中国国际航空公司班松梅女士以及曹轫先生的长期理解和大力支持,如此艰难而枯燥的翻译任务是难以完成的,希望这些并不轻松的文字能给她们的生活带来一些快乐和希望。

曹卫东
1999 年 8 月于法兰克福大学社会学系

人文与社会译丛

第一批书目

1.《政治自由主义》(增订版),[美]J. 罗尔斯著,万俊人译 118.00 元
2.《文化的解释》,[美]C. 格尔茨著,韩莉译 89.00 元
3.《技术与时间:1. 爱比米修斯的过失》,[法]B. 斯蒂格勒著,裴程译 62.00 元
4.《依附性积累与不发达》,[德]A. G. 弗兰克著,高铦等译 13.60 元
5.《身处欧美的波兰农民》,[美]F. 兹纳涅茨基、W. I. 托马斯著,张友云译 9.20 元
6.《现代性的后果》,[英]A. 吉登斯著,田禾译 45.00 元
7.《消费文化与后现代主义》,[英]M. 费瑟斯通著,刘精明译 14.20 元
8.《英国工人阶级的形成》(上、下册),[英]E. P. 汤普森著,钱乘旦等译 168.00 元
9.《知识人的社会角色》,[美]F. 兹纳涅茨基著,郏斌祥译 26.00 元

第二批书目

10.《文化生产:媒体与都市艺术》,[美]D. 克兰著,赵国新译 49.00 元
11.《现代社会中的法律》,[美]R. M. 昂格尔著,吴玉章等译 39.00 元
12.《后形而上学思想》,[德]J. 哈贝马斯著,曹卫东等译 58.00 元
13.《自由主义与正义的局限》,[美]M. 桑德尔著,万俊人等译 30.00 元

14.《临床医学的诞生》,[法]M. 福柯著,刘北成译 55.00 元
15.《农民的道义经济学》,[美]J. C. 斯科特著,程立显等译 42.00 元
16.《俄国思想家》,[英]I. 伯林著,彭淮栋译 35.00 元
17.《自我的根源:现代认同的形成》,[加]C. 泰勒著,韩震等译 128.00 元
18.《霍布斯的政治哲学》,[美]L. 施特劳斯著,申彤译 49.00 元
19.《现代性与大屠杀》,[英]Z. 鲍曼著,杨渝东等译 59.00 元

第三批书目

20.《新功能主义及其后》,[美]J. C. 亚历山大著,彭牧等译 15.80 元
21.《自由史论》,[英]J. 阿克顿著,胡传胜等译 89.00 元
22.《伯林谈话录》,[伊朗]R. 贾汉贝格鲁等著,杨祯钦译 23.00 元
23.《阶级斗争》,[法]R. 阿隆著,周以光译 13.50 元
24.《正义诸领域:为多元主义与平等一辩》,[美]M. 沃尔泽著,褚松燕等译 24.80 元
25.《大萧条的孩子们》,[美]G. H. 埃尔德著,田禾等译 27.30 元
26.《黑格尔》,[加]C. 泰勒著,张国清等译 135.00 元
27.《反潮流》,[英]I. 伯林著,冯克利译 48.00 元
28.《统治阶级》,[意]G. 莫斯卡著,贾鹤鹏译 98.00 元
29.《现代性的哲学话语》,[德]J. 哈贝马斯著,曹卫东等译 78.00 元

第四批书目

30.《自由论》(修订版),[英]I. 伯林著,胡传胜译 69.00 元
31.《保守主义》,[德]K. 曼海姆著,李朝晖、牟建君译 16.00 元
32.《科学的反革命》(修订版),[英]F. 哈耶克著,冯克利译 58.00 元

33.《实践感》,[法]P. 布迪厄著,蒋梓骅译 75.00 元
34.《风险社会》,[德]U. 贝克著,何博闻译 17.70 元
35.《社会行动的结构》,[美]T. 帕森斯著,彭刚等译 80.00 元
36.《个体的社会》,[德]N. 埃利亚斯著,翟三江、陆兴华译 15.30 元
37.《传统的发明》,[英]E. 霍布斯鲍姆等著,顾杭、庞冠群译 21.20 元
38.《关于马基雅维里的思考》,[美]L. 施特劳斯著,申彤译 78.00 元
39.《追寻美德》,[美]A. 麦金太尔著,宋继杰译 68.00 元

第五批书目

40.《现实感》,[英]I. 伯林著,潘荣荣、林茂译 30.00 元
41.《启蒙的时代》,[英]I. 伯林著,孙尚扬、杨深译 35.00 元
42.《元史学》,[美]H. 怀特著,陈新译 89.00 元
43.《意识形态与现代文化》,[英]J. B. 汤普森著,高铦等译 68.00 元
44.《美国大城市的死与生》,[加]J. 雅各布斯著,金衡山译 29.50 元
45.《社会理论和社会结构》,[美]R. K. 默顿著,唐少杰等译 128.00 元
46.《黑皮肤,白面具》,[法]F. 法农著,万冰译 14.00 元
47.《德国的历史观》,[美]G. 伊格尔斯著,彭刚、顾杭译 58.00 元
48.《全世界受苦的人》,[法]F. 法农著,万冰译 17.80 元
49.《知识分子的鸦片》,[法]R. 阿隆著,吕一民、顾杭译 45.00 元

第六批书目

50.《驯化君主》,[美]H. C. 曼斯菲尔德著,冯克利译 68.00 元
51.《黑格尔导读》,[法]A. 科耶夫著,姜志辉译 45.00 元
52.《象征交换与死亡》,[法]J. 波德里亚著,车槿山译 68.00 元
53.《自由及其背叛》,[英]I. 伯林著,赵国新译 48.00 元

54.《启蒙的三个批评者》,[英]I. 伯林著,马寅卯、郑想译 48.00 元
55.《运动中的力量》,[美]S. 塔罗著,吴庆宏译 23.50 元
56.《斗争的动力》,[美]D. 麦克亚当、S. 塔罗、C. 蒂利著,
李义中等译 31.50 元
57.《善的脆弱性》,[美]M. 纳斯鲍姆著,徐向东、陆萌译 55.00 元
58.《弱者的武器》,[美]J. C. 斯科特著,郑广怀等译 82.00 元
59.《图绘》,[美]S. 弗里德曼著,陈丽译 49.00 元

第七批书目

60.《现代悲剧》,[英]R. 威廉斯著,丁尔苏译 45.00 元
61.《论革命》,[美]H. 阿伦特著,陈周旺译 59.00 元
62.《美国精神的封闭》,[美]A. 布卢姆著,战旭英译,冯克利校 68.00 元
63.《浪漫主义的根源》,[英]I. 伯林著,吕梁等译 28.00 元
64.《扭曲的人性之材》,[英]I. 伯林著,岳秀坤译 22.00 元
65.《民族主义思想与殖民地世界》,[美]P. 查特吉著,
范慕尤、杨曦译 18.00 元
66.《现代性社会学》,[法]D. 马尔图切利著,姜志辉译 32.00 元
67.《社会政治理论的重构》,[美]R. J. 伯恩斯坦著,黄瑞祺译 25.00 元
68.《以色列与启示》,[美]E. 沃格林著,霍伟岸、叶颖译 128.00 元
69.《城邦的世界》,[美]E. 沃格林著,陈周旺译 85.00 元
70.《历史主义的兴起》,[德]F. 梅尼克著,陆月宏译 48.00 元

第八批书目

71.《环境与历史》,[英]W. 贝纳特、P. 科茨著,包茂红译 25.00 元
72.《人类与自然世界》,[英]K. 托马斯著,宋丽丽译 35.00 元

73.《卢梭问题》,[德]E. 卡西勒著,王春华译 15.00 元
74.《男性气概》,[美]H. C. 曼斯菲尔德著,刘玮译 28.00 元
75.《战争与和平的权利》,[美]R. 塔克著,罗炯等译 25.00 元
76.《谁统治美国》,[美]W. 多姆霍夫著,吕鹏、闻翔译 35.00 元
77.《健康与社会》,[法]M. 德吕勒著,王鲲译 35.00 元
78.《读柏拉图》,[德]T. A. 斯勒扎克著,程炜译 28.00 元
79.《苏联的心灵》,[英]I. 伯林著,潘永强、刘北成译 59.00 元
80.《个人印象》,[英]I. 伯林著,林振义、王洁译 35.00 元

第九批书目

81.《技术与时间:2. 迷失方向》,[法]B. 斯蒂格勒著,赵和平、印螺译 59.00 元
82.《抗争政治》,[美]C. 蒂利、S. 塔罗著,李义中译 28.00 元
83.《亚当·斯密的政治学》,[英]D. 温奇著,褚平译 21.00 元
84.《怀旧的未来》,[美]S. 博伊姆著,杨德友译 85.00 元
85.《妇女在经济发展中的角色》,[丹]E. 博斯拉普著,陈慧平译 30.00 元
86.《风景与认同》,[美]W. J. 达比著,张箭飞、赵红英译 68.00 元
87.《过去与未来之间》,[美]H. 阿伦特著,王寅丽、张立立译 58.00 元
88.《大西洋的跨越》,[美]D. T. 罗杰斯著,吴万伟译 108.00 元
89.《资本主义的新精神》,[法]L. 博尔坦斯基、E. 希亚佩洛著,高铦译 58.00 元
90.《比较的幽灵》,[美]B. 安德森著,甘会斌译 79.00 元

第十批书目

91.《灾异手记》,[美]E. 科尔伯特著,何恬译 25.00 元

92.《技术与时间:3. 电影的时间与存在之痛的问题》,
[法]B. 斯蒂格勒著,方尔平译 65.00 元
93.《马克思主义与历史学》,[英]S. H. 里格比著,吴英译 78.00 元
94.《学做工》,[英]P. 威利斯著,秘舒、凌旻华译 68.00 元
95.《哲学与治术:1572—1651》,[美]R. 塔克著,韩潮译 45.00 元
96.《认同伦理学》,[美]K. A. 阿皮亚著,张容南译 45.00 元
97.《风景与记忆》,[英]S. 沙玛著,胡淑陈、冯樨译 78.00 元
98.《马基雅维里时刻》,[英]J. G. A. 波考克著,冯克利、傅乾译 108.00 元
99.《未完的对话》,[英]I. 伯林、[波]B. P. -塞古尔斯卡著,
杨德友译 65.00 元
100.《后殖民理性批判》,[印]G. C. 斯皮瓦克著,严蓓雯译 79.00 元

第十一批书目

101.《现代社会想象》,[加]C. 泰勒著,林曼红译 45.00 元
102.《柏拉图与亚里士多德》,[美]E. 沃格林著,刘曙辉译 78.00 元
103.《论个体主义》,[法]L. 迪蒙著,桂裕芳译 30.00 元
104.《根本恶》,[美]R. J. 伯恩斯坦著,王钦、朱康译 78.00 元
105.《这受难的国度》,[美]D. G. 福斯特著,孙宏哲、张聚国译 39.00 元
106.《公民的激情》,[美]S. 克劳斯著,谭安奎译 49.00 元
107.《美国生活中的同化》,[美]M. M. 戈登著,马戎译 58.00 元
108.《风景与权力》,[美]W. J. T. 米切尔著,杨丽、万信琼译 78.00 元
109.《第二人称观点》,[美]S. 达沃尔著,章晟译 69.00 元
110.《性的起源》,[英] F. 达伯霍瓦拉著,杨朗译 85.00 元

第十二批书目

111.《希腊民主的问题》,[法]J. 罗米伊著,高煜译 48.00 元
112.《论人权》,[英]J. 格里芬著,徐向东、刘明译 75.00 元
113.《柏拉图的伦理学》,[英]T. 厄温著,陈玮、刘玮译(即出)
114.《自由主义与荣誉》,[美]S. 克劳斯著,林垚译 62.00 元
115.《法国大革命的文化起源》,[法]R. 夏蒂埃著,洪庆明译 38.00 元
116.《对知识的恐惧》,[美]P. 博格西昂著,刘鹏博译 38.00 元
117.《修辞术的诞生》,[英]R. 沃迪著,何博超译 48.00 元
118.《历史表现中的真理、意义和指称》,[荷]F. 安克斯密特著,周建漳译 58.00 元
119.《天下时代》,[美]E. 沃格林著,叶颖译 78.00 元
120.《求索秩序》,[美]E. 沃格林著,徐志跃译 48.00 元

第十三批书目

121.《美德伦理学》,[新西兰]R. 赫斯特豪斯著,李义天译 55.00 元
122.《同情的启蒙》,[美]M. 弗雷泽著,胡靖译 48.00 元
123.《图绘暹罗》,[美]T. 威尼差恭著,袁剑译 58.00 元
124.《道德的演化》,[新西兰]R. 乔伊斯著,刘鹏博、黄素珍译 65.00 元
125.《大屠杀与集体记忆》,[美]P. 诺维克著,王志华译 78.00 元
126.《帝国之眼》,[美]M. L. 普拉特著,方杰、方宸译 68.00 元
127.《帝国之河》,[美]D. 沃斯特著,侯深译 76.00 元
128.《从道德到美德》,[美]M. 斯洛特著,周亮译 58.00 元
129.《源自动机的道德》,[美]M. 斯洛特著,韩辰锴译 58.00 元
130.《种族与文化少数群体》,[美]G. E. 辛普森、[美]J. M. 英格尔著,马戎、王凡妹译(即出)

第十四批书目

131.《城邦与灵魂:费拉里〈理想国〉论集》,[美]G. R. F. 费拉里著,刘玮编译 58.00 元

132.《人民主权与德国宪法危机》,[美]P. C. 考威尔著,曹晗蓉、虞维华译 58.00 元

133.《16 和 17 世纪英格兰大众信仰研究》,[英]K. 托马斯著,芮传明、梅剑华译 168.00 元

134.《民族认同》,[英]A. D. 史密斯著,王娟译 55.00 元

135.《世俗主义之乐:我们当下如何生活》,[英]G. 莱文编,赵元译 58.00 元

136.《国王或人民》,[美]R. 本迪克斯著,褚平译(即出)

137.《哲学解释》,[美]R. 诺齐克著,林南、乐小军译(即出)

138.《自由与多元论:以赛亚·伯林思想研究》,[英]G. 克劳德著,应奇等译 58.00 元

139.《暴力:思无所限》,[美]R. J. 伯恩斯坦著,李元来译 59.00 元

140.《中心与边缘:宏观社会学论集》,[美]E. 希尔斯著,甘会斌、余昕译 88.00 元